ミネルヴァ日本評伝選

自分の力量を以て国の法度を申付く

今川義元

小和田哲男著

ミネルヴァ書房

刊行の趣意

「学問は歴史に極まり候ことに候」とは、先哲荻生徂徠のことばである。

歴史のなかにこそ人間の智恵は宿されている。人間の愚かさもそこにはあらわだ。この歴史を探り、歴史に学んでこそ、人間はようやくみずからの正体を知り、いくらかは賢くなることができる。新しい勇気を得て未来に向かうことができる。徂徠はそう言いたかったのだろう。

「ミネルヴァ日本評伝選」は、私たちの直接の先人について、この人間知を学びなおそうという試みである。日本列島の過去に生きた人々の言行を、深く、くわしく探って、そこに現代への批判を聴きとろうとする試みである。日本人ばかりではない。列島の歴史にかかわった多くの異国の人々の声にも耳を傾けよう。

先人たちの書き残した文章をそのひだにまで立ち入って読み、彼らの旅した跡をたどりなおし、彼らのなしとげた事業を広い文脈のなかで注意深く観察しなおす――そのとき、はじめて先人たちはいまの私たちのかたわらによみがえってくる。彼らのなまの声で歴史の智恵を、また人間であることのよろこびと苦しみを、私たちに伝えてくれもするだろう。

この「評伝選」のつらなりのなかから、列島の歴史はおのずからその複雑さと奥ゆきの深さをもって浮かび上がってくるはずだ。これを読むとき、私たちのなかに新たな自信と勇気が湧いてきて、その矜持と勇気をもって「グローバリゼーション」の世紀に立ち向かってゆくことができる――そのような「ミネルヴァ日本評伝選」にしたいと、私たちは願っている。

平成十五年（二〇〇三）九月

上横手雅敬
芳賀　徹

今川義元木像（静岡市・臨済寺蔵）

「桶狭間今川義元血戦」（筆者蔵）

「富士川合戦猿之助初陣高名圖」（筆者蔵）

今川氏親木像（静岡市・増善寺蔵）

寿桂尼画像（静岡県小笠郡小笠町・正林寺蔵）（左は浜松ホトニクスによる復元）

はじめに

映画やテレビ・ドラマの影響と思われるが、今川義元《いまがわよしもと》の、武将としての評価は芳しくない。「お歯黒をしていてお公家さんみたい」とか「桶狭間の戦いのときも、馬に乗れなかったので輿《こし》に乗っていった」などといわれ、〝軟弱武将〟のレッテルが貼られてしまっている。お歯黒をしていたことは事実だし、輿に乗って出陣していったことも事実である。その意味については本文でふれるが、そうした表面的というか、外見的なことがらで、あるイメージが形作られてしまっているとの印象がぬぐえない。

義元によって侵略された三河に義元の銅像がないのは当然としても、駿河・遠江においては、義元は、確実に一時代を築きあげた歴史上の人物である。銅像の一つや二つあってもおかしくないのに、現在の静岡県内には義元の銅像はおろか、観光スポットになっているところすら一カ所もない。徳川家康の銅像が浜松城址と駿府城址にそれぞれあるのとくらべると、義元は明らかに冷遇されているといえる。

おそらく、その理由は、永禄三年（一五六〇）五月十九日の桶狭間の戦いの、ぶざまな負け方が関係していると思われる。二万五〇〇〇の大軍を擁しながら、わずか二〇〇〇の織田信長に討たれるという不甲斐なさが評価を低める結果になったことは否めない。

また、そのあと、義元の子氏真《うじざね》が、何らいいところなく、ずるずると、家を滅亡させてしまったことも、人気を低くする要因になったと思われる。

しかし、そうした義元に対する一般的評価に対し、戦国大名権力論の立場からの評価はかなりちがっている。くわしくは本文の中で述べるが、太原崇孚《たいげんそうふ》、すなわち雪斎《せっさい》という名補佐役を得て、外交・軍事はもとより、領国経営のさまざまな面で、文字通り、戦国大名として、第一級の施策を推進していたのである。

織豊大名、さらには近世大名として生き残ることなく、比較的早い段階で姿を消した形なので、戦国大名とはいかなる権力だったのかをみていく上で、義元は恰好の素材といってもよい。私も本書で、義元を通して、あらためて戦国大名とは何か、戦国大名権力とは何であったかを考えてみたい。

今川義元——自分の力量を以て国の法度を申付く

目次

第三章　義元家督継承をめぐる謎 …… 65

目　次

図版写真一覧

図版写真一覧

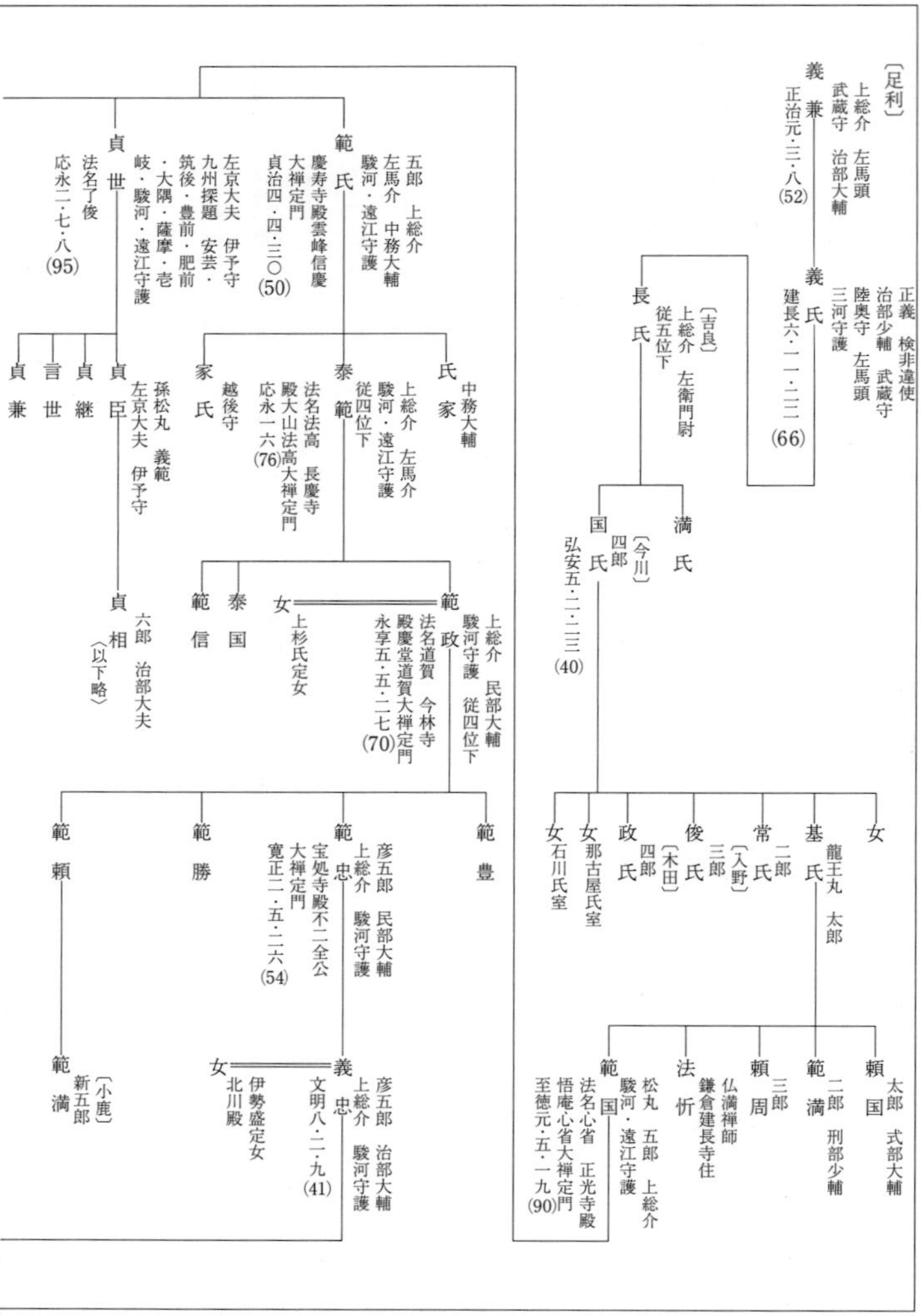
〔足利〕
義兼 上総介 左馬頭 武蔵守 治部大輔 正治元・三・八 (52)
義氏 正義 検非違使 治部少輔 武蔵守 陸奥守 左馬頭 三河守護 建長六・一一・二一 (66)
長氏 〔吉良〕 上総介 左衛門尉 従五位下
満氏
国氏 〔今川〕 四郎 弘安五・二・二三 (40)
女
基氏 龍王丸 太郎
常氏 二郎 〔入野〕
俊氏 三郎 〔木田〕
政氏 四郎
女 那古屋氏室
女 石川氏室
頼国 太郎 式部大輔
範満 二郎 刑部少輔
頼周 三郎
法忻 仏満禅師 鎌倉建長寺住
範国 松丸 五郎 上総介 駿河・遠江守護 法名心省 正光寺殿 悟庵心省大禅定門 至徳元・五・一九 (90)
範氏 五郎 上総介 左馬介 中務大輔 駿河・遠江守護 慶寿寺殿雲峰信慶大禅定門 貞治四・四・三〇 (50)
貞世 左京大夫 伊予守 九州探題 安芸・筑後・豊前・肥前・大隅・薩摩・壱岐・駿河・遠江守護 法名了俊 応永二・七・八 (95)
氏家 中務大輔
泰範 上総介 左馬介 駿河・遠江守護 従四位下 法名法高 長慶寺殿大山法高大禅定門 応永一六 (76)
家氏 越後守
貞臣 孫松丸 義範 左京大夫 伊予守
貞継
言世
貞兼
範政 上総介 民部大輔 駿河守護 従四位下 法名道賀 今林寺殿慶堂道賀大禅定門 永享五・五・二七 (70)
女 上杉氏定女
泰国
範信
貞相 六郎 治部大夫 〈以下略〉
範豊
範忠 彦五郎 民部大輔 上総介 駿河守護 宝処寺殿不二全公大禅定門 寛正二・五・二六 (54)
範勝
範頼
義忠 彦五郎 治部大輔 上総介 駿河守護 文明八・二・九 (41)
女 伊勢盛定女 北川殿
範満 〔小鹿〕 新五郎

今川氏系図

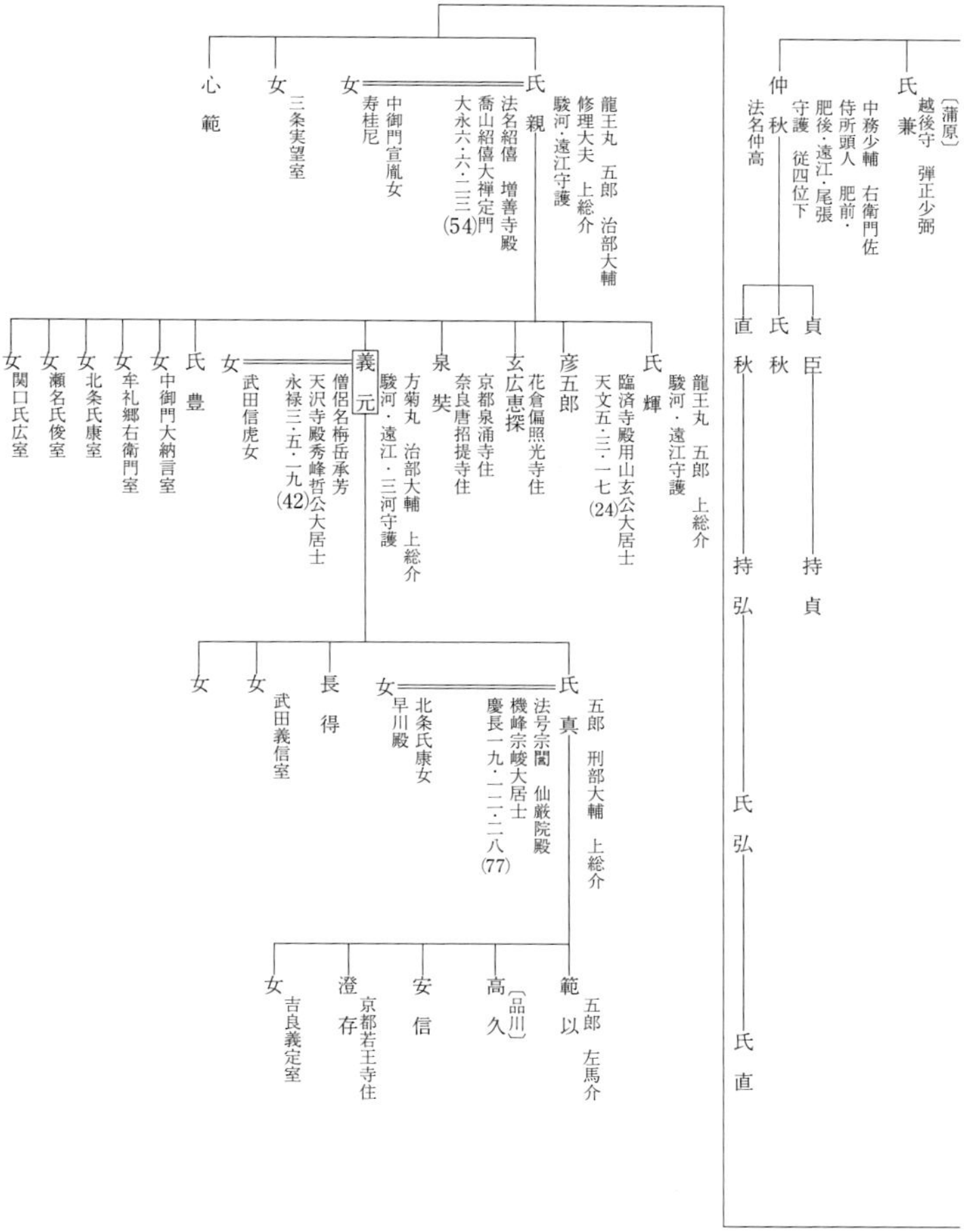
〔蒲原〕
氏兼
越後守　弾正少弼
仲秋
中務少輔　右衛門佐
侍所頭人　肥前・
肥後・遠江・尾張
守護　従四位下
法名仲高
貞臣
持貞
氏秋
直秋
持弘
氏弘
氏直
氏親
龍王丸　五郎　治部大輔
修理大夫　上総介
駿河・遠江守護
法名紹僖　増善寺殿
喬山紹僖大禅定門
大永六・六・二三
(54)
女
中御門宣胤女
寿桂尼
女
三条実望室
心範
氏輝
龍王丸　五郎　上総介
駿河・遠江守護
臨済寺殿用山玄公大居士
天文五・三・一七
(24)
彦五郎
玄広恵探
花倉偏照光寺住
泉奘
京都泉涌寺住
奈良唐招提寺住
義元
方菊丸　治部大輔　上総介
駿河・遠江・三河守護
僧侶名梅岳承芳
天沢寺殿秀峰哲公大居士
永禄三・五・一九
(42)
女
武田信虎女
氏豊
女
中御門大納言室
女
牟礼郷右衛門室
女
北条氏康室
女
瀬名氏俊室
女
関口氏広室
氏真
五郎　刑部大輔　上総介
法号宗誾　仙巌院殿
機峰宗峻大居士
慶長一九・一二・二八
(77)
女
北条氏康女
早川殿
長得
女
武田義信室
女
範以
五郎　左馬介
〔品川〕
高久
安信
澄存
京都若王寺住
女
吉良義定室

諏訪
甲府
井ノ口（岐阜）
富士山
足柄峠
小田原
万沢
富士浅間宮
善得寺
清洲
那古野（名古屋）
由比
興国寺
桶狭間
駿府（静岡）
興津
熱海
丸子
江尻湊
（清水港）
堀越
安祥
岡崎
小豆坂
藤枝
焼津
今川荘
豊川
島田
吉良荘
懸川
（掛川）
小笠
引間（引馬，浜松）
伊良湖岬
御前崎
大湊
太平洋

今川義元関係地図

第一章　長き今川の流れ

1　南北朝内乱と今川氏

苗字の地は三河国今川荘

今川氏は、足利氏から分かれた吉良《きら》氏の分かれである。略系図で示すと次頁のようになり、足利一門として、細川・斯波《しば》・畠山の〝三管領〟家と同族であった。今川氏の興亡についてくわしく記す『今川記』（『続群書類従』第二十一輯上）には、

今川に細川そひて出《いで》ぬれば堀口きれて新田流るゝ

という南北朝期の落首が載せられており、今川氏・細川氏ら足利一門勢力によって新田氏の勢力が追討されたことを伝えている。

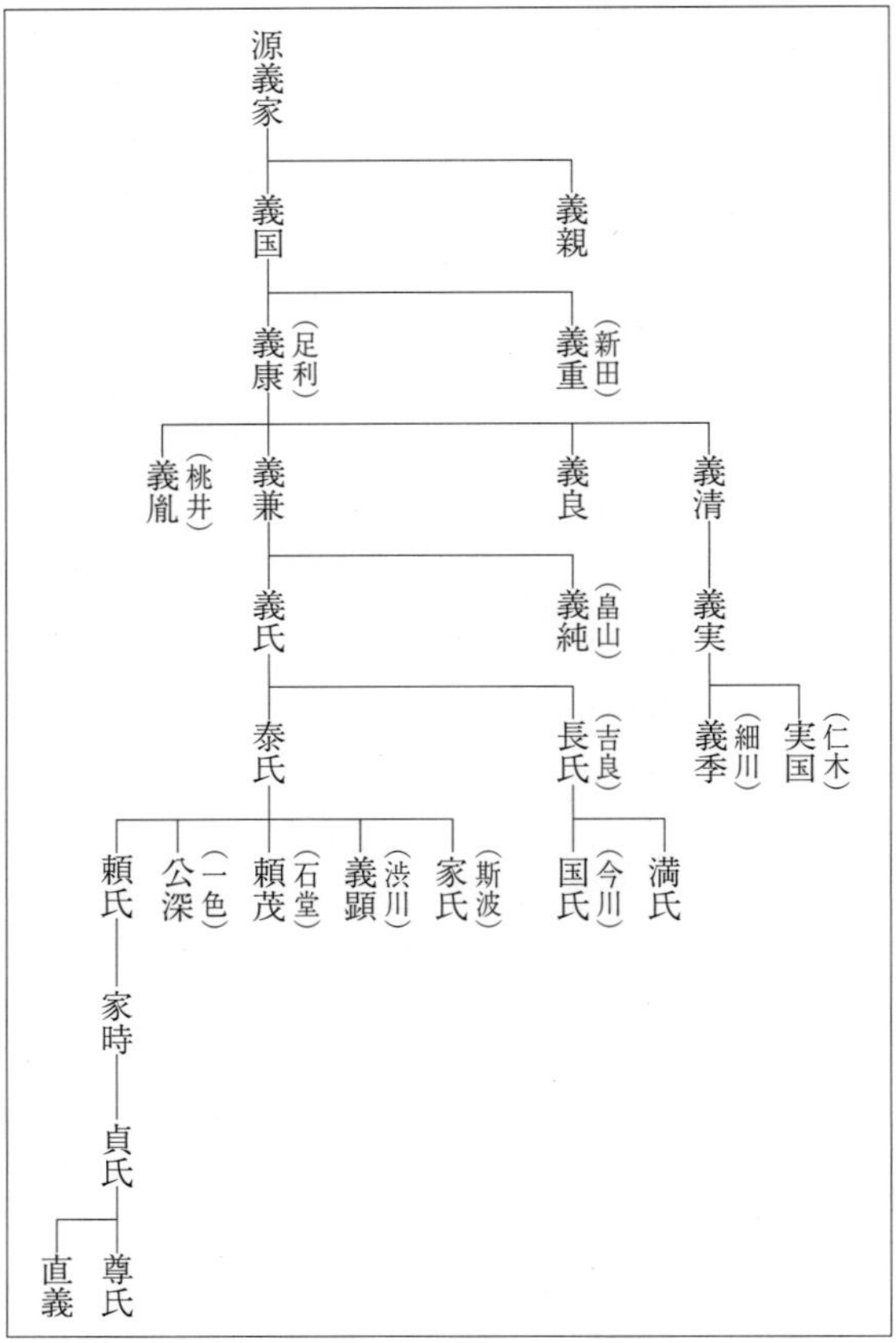

足利一門略系図

この略系図からうかがわれるように、足利義氏の子長氏が吉良氏となり、その子国氏から今川氏がはじまっている。そのあたりを『今川記』はつぎのように記している。

義氏に長男有り。上総介長氏と号す。其後義氏、北条義時の息女に嫁し、泰氏を生ず。此子息、母方北条なり。其比天下は、義時・泰時のまゝなれば、泰氏、惣領を継ぎ、嫡流の家督なり。長氏は兄ながら庶流になりて、義氏の隠居領三州西尾へ移りて、引籠り給ひけり。義氏も、長氏に世をつがせざりし事、残多思ひ給へども不及力、せめての親の情にや、源氏の宝物霊剣を、長氏の領所西尾に籠置も、内、龍丸とて、龍の目貫打とおしたる八幡殿御刀を、長氏にひそかに渡し給ひける。是則吉良・今川の先祖也。

鎌倉時代、足利氏は三河国と上総国の守護であったが、義氏は長男の長氏を三河国吉良荘に住まわせ、ここから吉良氏がはじまる。『今川記』の記述から明らかなように、足利氏の嫡流は、義氏と北条義時の娘との間に生まれた泰氏がついでいる。

当時は、家督は長幼の順ではなく、親が子どもの器量をみて判断して決めており、特に、正室から生まれた子が嫡男としての扱いをうけることが多く、この場合も、泰氏は、長氏の弟でありながら、母が、ときの実力者、執権北条義時の娘ということで、足利氏をついでいるのである。

さて、いまここで引用した部分で一つ注目されるのは、「八幡殿」、すなわち、八幡太郎義家ゆかりの「宝物霊剣」に龍丸という名前がつけられていたという点である。しかもそれは、兄に生まれながら、家督をつげなかった長氏に相伝されたことがわかる。

ちなみに、この「宝物霊剣」がその後、今川氏に相伝されるわけであるが、今川氏の当主に予定さ

今川氏発跡地石碑（愛知県西尾市今川町）

れた嫡男の幼名、すなわち童名が龍王丸となっているのも、このことからきているのである。なお、ふつうは、「りゅうおうまる」と読まれるところであろうが、『大館記』に「今河辰王」という記述があるので、「たつおうまる」と読んでいたのではないかと思われる。

吉良氏の家督は長男満氏がつぎ、長氏は、吉良荘に隣接する今川荘（愛知県西尾市今川町）に隠居したが、そのとき、二男の国氏を伴っており、少しして、今川荘を国氏に譲り、国氏が今川を称している。ここに、今川氏が誕生したのである。現在、かつての居館址とされるところに、「今川氏発跡地」という石碑が建てられている。

なお、本来ならば、龍丸という名の「宝物霊剣」は吉良氏に相伝されるはずのところ、それは今川国氏に伝えられた。その理由を『今川記』は、国氏が弘安年中（一二七八〜八八）、城陸奥入道の謀反鎮圧にあたり、父長氏の名代として出陣し、軍功をあげ、「鎌倉殿御感の御教書」を与えられ、遠江国引間荘を与えられたからだとしている。長氏は、吉良氏の家督は長男の満氏に与えたが、龍丸の剣の方は弟の国氏に与えたことがわかる。

このときの「鎌倉殿御感の御教書」というのは残念ながら伝わっていない。ただ、こののち、国氏の孫にあたる範国が遠江国の守護となって、遠江に入っていくことになり、今川氏と遠江が、意外と早くつながっていたことを示しているといえよう。

さて、今川氏の系図によると、国氏には四人の男子と二人の女子がいた。左に示した通りである。

国氏
- 太郎基氏
- 次郎常氏 関口祖
- 三郎俊氏 入野祖
- 四郎政氏 木田祖
- 女子 那古屋氏
- 女子 石川氏

長男の太郎基氏が今川氏をつぎ、次男以下がそれぞれ別家をたてており、次郎常氏が関口郷（愛知県宝飯《ほい》郡音羽町）に住んで関口氏を称し、三郎俊氏が入野に住んで入野氏を称した。ただ、三河国内には入野という地名の場所はなく、苗字の地を特定することはむずかしい。今川範国の子貞世、すなわち了俊の著わした『難太平記』には、「入野芸州は三浦、大多和の人々。母方にて一分ゆづり得て入野とは申也」とあるので、相模国にあった母方の所領を譲られた可能性がある。現在、三浦半島に大多和という地名表示ではないが、横須賀市に大田和というところがある。ただ、入野氏を称した理由はそれだけではよくわからない。

娘の一人が嫁いだ那古屋《なごや》氏というのは名児耶氏とも書く。『難太平記』がこれらの家を「今川の川ばたの人々」と表現するように、今川一門を構成していた。

なお、彦根市の龍潭寺が所蔵する「新野左馬之助家系図」によると、国氏の長男として今川左馬頭《さまのかみ》義為《よしため》という名をあげ、その次男に新野《にいの》左馬介《さまのすけ》義晴《よしはる》がおり、遠州新野に所領を与えられて新野氏の祖になったとしているが、事実であったかどうかについては慎重でなければならないと思われる。

四男の政氏が木田氏を称したのは、木田郷（愛知県幡豆《はず》郡吉良町木田）に本拠を置いたからで、こうした分割相続によって、庶流家が派生していったのである。

中先代の乱と今川四兄弟

今川氏の家督をついだ基氏には五人の男子があった。それぞれ、長男が太郎、次男が次郎、三男が三郎、四男が四郎、五男が五郎であるが、どういうわけか、今川氏の各種系図には三男の三郎が洩れ、四人の男子しか記載されていない。しかし、「今川三郎」なる武将が、後述する中先代の乱の戦いで戦死しており、また、家督をついだ末弟の範国が五郎だったことをみると、基氏の子どもたちは、つぎの五人だったとみてよいと思われる。三男の三郎に頼周《よりちか》という名乗をあてたのは、『尊卑分脈』所収今川氏系図による。

基氏─┬太郎頼国 式部大輔
　　　└次郎範満 刑部少輔

三郎頼周
四郎大喜法忻 仏満禅師
五郎範国 上総介

このうち、四男の四郎だけは、名前からも明らかなように仏門に入っている。当時は、「一子出家すれば九族天に生ず」などといって、子どものうちの一人を仏門に入れて一族の菩提を弔わせる風習があり、また、人を殺すことを職業とし、殺生戒を犯している武士たちにとって、親族を仏門に入れることは、堕地獄の恐怖から逃れる手段ともなっていた。基氏は、親としての目で、合戦が不得意そうな四男を選び、仏門に入れたものと思われる。

なお、この四男は、鎌倉浄妙寺の第三十四世、同円覚寺の第三十世、同建長寺の第四十世の住持をつとめており、室町時代初期を代表する名僧の一人として、仏満禅師《ぶつまんぜんじ》とよばれているのである。

そして、残りの四兄弟が、足利尊氏の下で大活躍をすることになる。時代が、ちょうど元弘・建武の争乱から、観応《かんのう》の擾乱《じょうらん》という、まさに、南北朝内乱に突入し、戦いが本格化するときにあたっていたからである。

中先代の乱は、周知のように、建武二年（一三三五）七月、北条高時の遺児時行《ときゆき》がおこした建武新政府に対する大規模な反乱である。高時を先代、足利尊氏を後代とし、その中間にあたるので中先代とよばれた。

北条時行は、七月十四日、信濃で挙兵し、これに北条氏譜代の臣だった諏訪頼重《すわよりしげ》とその子時継および滋野《しげの》一族らがこれに呼応し、二十二日には、武蔵の井出沢《いでさわ》で、当時、鎌倉にいた足利尊氏の弟直義の軍勢を破り、二十五日に鎌倉を占領した。

鎌倉陥落の報はすぐ京都にいた足利尊氏のもとに届けられた。尊氏は、北条時行討伐の必要性を後醍醐天皇に説き、自分を征夷大将軍に任命するよう迫った。しかし、後醍醐天皇は、天皇自らが政治を担う〝天皇親政〟を目ざしており、尊氏を将軍にすれば、幕府を開き、再び武家政権の時代にもどってしまうと考え、尊氏の申し出を拒絶したのである。

尊氏のもとには、京都に向けて敗走する直義らの様子が伝えられ、北条時行軍に、建武新政府に不満をもつ武士たちが加わりはじめていることもわかってきた。尊氏は、このまま手をこまねいていると大変な事態になると判断し、後醍醐天皇の許可を待たず、八月二日、兵を率いて京都を出陣した。そのあと、天皇は、尊氏を征夷大将軍ではなく征東将軍に任じているので、出陣そのものは追認された形となったが、両者の亀裂はここからはじまっていた。

尊氏は、三河まで敗走してきていた直義と合流し、八月九日の遠江橋本の戦いで時行軍を打ち破ったのを皮きりに攻勢に転じ、十二日、小夜中山の戦いで、今川頼国が時行軍の大将名越邦時《なごえくにとき》を討ち取ったことで、完全に流れが変わり、このあと、逃げる時行軍を追って足利尊氏・直義兄弟は東海道を東へ向けて攻め下っていったのである。この戦いに、今川四兄弟のうち、末弟の範国を除く三兄弟が尊氏・直義軍に従軍し、三人とも壮絶な討ち死をとげてしまった。

頼国と三男の頼周は、八月十八日の相模川の戦いで戦死し、二男の範満も、その直後の武蔵小手指《こてさし》原《はら》の戦いで討ち死にをとげている。結局、この戦いで鎌倉は奪還されたわけであるが、今川氏にとっては、武士として残った四人の息子のうち、三人まで戦死させてしまうという結果であった。

ふつう、この建武二年八月の、兄たち三人の死によって、末弟で、ただ一人生き残った範国が今川氏の家督を相続したといわれている。ただ、前述『難太平記』の中で、了俊は、祖母の香雲院殿、すなわち今川基氏夫人から、「基氏は家督を範国に譲っていた」ということを聞いていたと回想しているのである。事実、範国は、兄たちの死より前に、建武政権から、兄三人をさしおいて遠江国の守護に任命されており、五男ながら、範国が今川氏の家督をついでいたとみてよいように思われる。

遠江国守護範国

鎌倉を奪還した尊氏に、後醍醐天皇から「すぐ上洛せよ」との命令があった。尊氏はその命令に従うつもりでいたが、弟の直義がそれに待ったをかけた。「陰謀うずまく京都から出ることができたのは天運である。京都にもどれば殺される」といって、そのまま鎌倉にとどまることを主張した。尊氏は直義の意見に従って、旧鎌倉将軍邸の場所に新しく居館を築き、そこでしばらく様子をみることにした。

一方、後醍醐天皇の方は、いつまでたってももどってこない尊氏にしびれをきらし、同年十一月十九日、新田義貞《にったよしさだ》を総大将とする追討軍を東下させることになった。

尊氏は、はじめ、新田義貞の軍勢を三河で迎え撃とうと考え、高師泰《こうのもろやす》を三河矢作川まで下している。ところが、両者の間で戦端が開かれようというその土壇場になって、尊氏は、「天皇に弓を引くのは自分の本意ではない」と、自ら謹慎してしまい、鎌倉の浄光明寺《じょうこうみょうじ》に籠ってしまったのである。急遽、総大将は直義が代行する形となったが、これでは足利軍の意気はあがらない。矢作川の防衛線は簡単に突破され、十二月五日の駿河手越河原《てごしがわら》の戦いにも敗れ、足利軍は箱根まで後退する羽目になった。

箱根を越えられてしまえば、新田軍が鎌倉になだれをうって攻めこんでくるのは確実である。新田軍が伊豆の三島まで迫ったという知らせを聞き、尊氏はようやく浄光明寺を出た。『梅松論《ばいしょうろん》』に、そのとき尊氏は、「守護命を落されば、我有ても無益なり。但違勅は心中にをいて更に思召さず」といったということがみえている。この「守護」は直義のことで、要するに、「直義が死んでしまえば、自分一人ではどうにもならない。天皇の命令にさからうのは本意ではないが、この際、しかたがない」といったところであろう。尊氏自身の思いの中には、後醍醐天皇への反逆ではなく、あくまで敵新田義貞を倒すのだという目的を限定したものとして位置づけようとしていたものと思われる。

このとき、直義が箱根峠に進み、箱根路を進んできた新田義貞の本隊と戦い、尊氏が足柄峠《あしがらとうげ》に進み、足柄路を進んできた義貞方の尊良《たかよし》親王・脇屋義助《わきやよしすけ》の軍勢と戦っている。後者は実際に戦いがあった地が駿河側の竹ノ下というところだったので、この戦いを総称して箱根・竹ノ下の戦いとよんでいる。箱根・竹之下の戦いと書かれることもある。

この戦いで尊氏・直義方が勝ち、今度は、足利軍が逃げる新田軍を追って、東海道を西へ攻めのぼっているのである。

足利軍は、そのまま京都に攻めのぼり、翌建武三年（延元元・一三三六）正月、京都に入ったものの、二月十一日の摂津豊島河原《てしまがわら》の戦いに敗れ、一度、九州に落ち、再びもどってきて五月二十五日、史上有名な摂津湊川《みなとがわ》の戦いで楠木正成《くすのきまさしげ》を破り、六月、光厳《こうごん》上皇を奉じて入京に成功している。結局、このとき光明天皇が践祚《せんそ》し、それに対抗して後醍醐天皇が吉野に潜幸し、ここに南北朝の分裂となったのである。

そのあと、しばらく目立った動きはなかったが、建武四年（延元二・一三三七）八月、後醍醐天皇の要請をうけた北畠顕家が、陸奥霊山《りょうぜん》城から兵を率いて鎌倉に向い、鎌倉は北畠顕家の手に落ちた。そして、翌暦応元年（延元三・一三三八）正月二日、顕家は義良《のりよし》親王を奉じて鎌倉を出発し、京都をめざして進軍を開始している。

北畠軍のすさまじい進撃ぶりに、尊氏方の途中の国々の守護たち、駿河の石塔義房《いしどうよしふさ》、遠江の今川範国、三河の高師兼《こうのもろかね》らは全く手出しをすることができず、通過していくのをみているだけであった。無人の野を行くように北畠軍は進撃し、美濃へと進んでいった。

尊氏は、美濃の青野原に陣をしいた。そこを突破されれば、北畠軍にそのまま京都に攻めこまれてしまうわけで、尊氏にとっては文字通り背水の陣であった。

この戦いを青野原の戦いとよんでいるが、今川範国は、この青野原の戦いで、尊氏から激賞される働きをしているのである。北畠軍が遠江を通過していったあと、範国はその北畠軍のうしろについていった。これを後詰《ごづめ》とよんで、戦法の一つとなっていたのである。つまり、北畠軍は、前方に足利尊氏軍が待ちかまえる形の美濃に進んだが、うしろから今川範国ら北朝方の軍勢が後詰として迫ってきたため、挟み撃ちされる危険を考え、美濃強行突破をあきらめ、伊勢へ迂回していったのである。このときの状況からすれば、もしも美濃を北畠軍によって強行突破されていれば大変な事態を迎えたことはまちがいなかったわけで、尊氏は、今川範国らの後詰があったから、窮地を脱することができたのである。

駿河守護の石塔義房は後詰をしなかったため、青野原の戦いの直後、駿河守護を解任されている。代わって駿河守護に補されたのが今川範国であった。今川了俊の『難太平記』にも、「駿河国并数十ケ所の所領は、此後詰の時の恩賞也」としている。遠江の方は、このあと仁木義長《にきよしなが》が守護となり、のち、千葉貞胤《さだたね》・高師泰《もろやす》、再び仁木義長と短期間でめまぐるしく交替し、範国がまた遠江守護にもどっているのである。

赤鳥の笠験

ところで、駿河守護として駿府に入った範国が、駿河の惣社神部神社のある富士浅間宮にはじめて参拝したときの興味深いエピソードが『難太平記』にみえる。やや長いが、このあと、戦国期まで、今川氏がずっと使う赤鳥《あかとり》の笠験《かさじるし》にかかわるものなので、つぎに引用しておこう。

国々入部し給ひし時、我等(了俊)少年の初にて供して、富士浅間宮に神拝時、神女託して云《いはく》。遠江国ちかくして吾氏子にほしかりしかば、赤坂の軍《いくさ》の時、我告《つげ》し事はしれりや〱と云《いへ》り。入道殿(範国)座を退て、何事にか候けむ。不㆓覚悟㆒と申給しかば、笠じるしの事を案し時、我赤鳥をたびし故に、勝事をも得、此国を給ひきと託宣せしかば、故殿其時思合《おぼしあひ》て、女の具は軍にはいま《(忌)》ふ事そかし。いかで思ひよりせむ。誠に神の御謀と信を取給しより以来、我等も子孫もかならず此赤鳥を可㆑用と被㆑仰《おほせられ》き。さるは鎮西にても大事の陣にては、毎度女騎あまた我等が夢にも見、人の夢にもみえし也。必如㆑此の勝利有し也。そははや我家の武具の随一になりき。

範国がはじめて駿府の富士浅間宮に参拝したとき、巫女が託宣して、「赤坂の軍の時、我告し事は知れりや〱」といったというのである。「赤坂の軍」というのは青野原の戦いのことをさしている。

範国には思いあたることがあった。それは、急に笠験に赤鳥を思いついたことである。赤鳥とは垢取とも書くが、このあと、今川氏の笠験として使われている。いま引用した部分にもあるように、赤鳥＝垢取は女性が使う櫛で、「女の具」である。合戦に「女の具」は忌むのがふつうなのに、青野原の戦いのとき、急に赤鳥を思いついたのは不思議だという思いがあった。

垢取りの図

範国は、巫女の託宣に納得したという内容である。

ここからは、新守護今川範国に恩を売っておこうとする神社側と、新守護として神威を背景に支配に乗り出そうという両者の思惑がみごとに一致している状況を読みとることができるのではなかろうか。

観応の擾乱と範氏

尊氏・直義兄弟の息のあったコンビにより、室町幕府は順調にすべりだした。ところが、尊氏の執事高師直と直義が対立するようになり、とうとう両者は観応二年（正平六・一三五一）二月、尊氏軍と直義軍が摂津打出浜《うちでがはま》で戦火をまじえ、全国的な争乱へと突入していくことになってしまった。この争乱を、年号をとって観応の擾乱とよんでいる。

この戦いの過程で、直義との戦いを有利に運ぼうと、尊氏が一時、南朝方に〝帰順〟するということもあった。ほとんど終息したかにみえた南朝勢力が、このことで再び息をふきかえし、尊氏・直義・南朝の三つの勢力が天下を三分する形でしばらく推移する形になってしまった。『太平記』が、「又、天下三ニ分レテ、合戦息《やむ》時非ジト、世ノ人、安キ心モ無リケリ」というのは、このころのことである。

観応の擾乱にあたって、範国とその子範氏・貞世兄弟は尊氏方につき、特に範国は、同年十二月二十七日から二十八日にかけての駿河薩埵峠《さったとうげ》の戦いでめざましい働きをし、尊氏自筆の感状を与えられている（広島大学文学部所蔵「今川家古文章写」）。すなわち、

昨日の合戦の忠せち（節）、ことに一人当千とおぼえ候て、めでたくかんじ入て候

正平六

十二月廿八日

大御所（足利尊氏）

御判

今川上総（範氏）（ママ）守殿

というもので、「一人当千」と賞讃されている。年号が正平となっているのは、前述したように、この時期、直義方との戦いを有利にしようと、南朝方に〝帰順〟していたからである。

結局、この薩埵峠の戦いで尊氏方が勝利したことにより、尊氏方は、逃げる直義方を追って、翌文和元年（正平七・一三五二）、尊氏は鎌倉に入り、直義は降伏している。そして、この観応の擾乱の論功行賞によって、範氏が遠江守護に補任《ぶにん》されているのである。のち、範国が遠江守護になったのにともない、範氏は駿河守護になった。

このあと、尊氏は南朝と手を切ったが、駿河・遠江は比較的南朝勢力の強いところだったため、範国・範氏父子による、駿河・遠江における南朝勢力掃討の戦いはしばらく続けられた。

その範氏が、貞治四年（正平二十・一三六五）四月晦日《みそか》、父範国に先だって没し、その子氏家が、同年十月、駿河守護に補任され、翌年四月、駿河国国務職と検断職が与えられたが、そうした職務を遂行できた期間はきわめて短かった。

ちなみに、氏家の駿河守護在職の徴証は同六年四月で消えており（佐藤進一『室町幕府守護制度の研究』上）、対外的な活動という点ではさらに短く、同五年十月に、了俊とともに武藤楽阿《らくあ》の月次《つきなみ》和歌会に出席しているのが最後である（川添昭二「遠江・駿河守護今川範国事蹟考」『荘園制と武家社会』）。つぎの守護として氏家の弟泰範《やすのり》の名前があらわれるのが応安二年（正平二十四・一三六九）五月なので、貞治六年四月から応安二年五月までの間に没したものと思われる。

ところで、この氏家について、今川氏親の菩提寺である増善寺《ぞうぜんじ》所蔵の「今川家略記」に、範氏が没し、慶寿寺《けいじゅじ》に葬られたとする文章に続けて、「因《より》て其嫡男氏家中務大輔家督す。嗣子なくして又早世」と記されている。つまり、「今川家略記」は、氏家が今川氏の家督をついだと解釈していることがわかる。

この点について、以前、私は『今川氏の研究』(小和田哲男著作集第一巻)の中で、氏家の発給文書が一点しかなく、しかもそれは守護職権にもとづくものではなく私信であること、また範氏死後も、その父、つまり氏家にとって祖父にあたる範国が健在で、「一家物領職」は再び範国の手にあったと考え、氏家を一代に数えることは疑問であるという立場をとってきた。

それに対し、平野明夫氏は、今川氏にとって、駿河守護職は今川氏の家督継承者がつとめるものとの認識があったはずであり、駿河守護職を継承した氏家は、同時に家督も相続したはずだと指摘する(「義元までの今川の流れ」『今川義元のすべて』)。従うべき意見と思われるが、この時期、了俊ないし、了俊の子への家督譲与の動きが複雑にからんでいるところであり、また近世、高家となった今川氏の当主たちの認識の中に氏家の存在がほとんどないこともあるので、ここでは今後の検討課題としておきたい。

泰範と了俊

氏家には子どもがいなかった。弟泰範は出家して、鎌倉建長寺の喝食《かっしき》となっており、ふつうなら、それを還俗《げんぞく》させてあとをつがせることになる。ところが、氏家が死に臨んで後継者に指名したのは、叔父にあたる了俊の子貞臣《さだおみ》であった。つまり、自分の弟ではなく、従兄弟をあとつぎとしたのである。このあたりの人間関係を略系図にするとつぎのようになる。

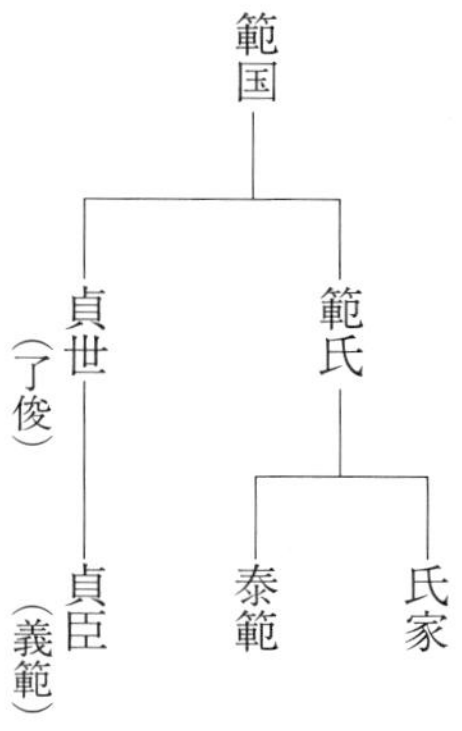

氏家が、なぜ弟ではなく、従兄弟の貞臣に譲ろうとしたのかをみていく上で注目される一文がある。了俊の『難太平記』に、「駿河国をば、故殿（範国）は我等（了俊）に譲り給ふべき御志ありしを、総州（範氏）の志浅からぬ事有しかば、たびたびいなみ申き。総州、故殿に先立給ひし後、亦《また》被レ仰しをも、故中務大輔入道（氏家）に申与し也」とある部分である。

これでみると、はじめから範国は、駿河国守護職を了俊に与えようとしていたらしい。了俊は、兄範氏をたて、範国の申し出を断わり、駿河守護には範氏がなった。ところが、範氏が、父範国に先立って死んでしまったとき、再度了俊に打診があったというのである。

そのときも了俊は固辞し、範氏の子氏家につがせている。すなわち、これでみると氏家は、「自分が駿河守護になれたのは了俊のおかげである」との意識が強くあり、死に臨んで、その恩返しのつもりで、了俊の子貞臣へ譲ろうとしたことがわかる。

なお、この間のいきさつについては、『寛政重修諸家譜』の了俊のところに記されているつぎの注の部分が参考になるのではないかと思われる。

今の呈譜に、範氏卒するのゝち、長男氏家その家督を継といへども、いく程なくして死するにより、従弟孫松丸義範貞世長男が駿河国の領地をうけつぐ。のち貞世、範氏が二男、鎌倉建長寺の喝食たりしを還俗せしめ、義範が駿河国の所領をかへしあたへ、氏家が家をつがしめ、上総介泰範と名のらしむといふ。

この義範というのが、了俊の長男貞臣のことである。これでみると、家督は一度は氏家から義範、すなわち貞臣に譲られたということになる。ただ、一度譲られたものが、再び本家筋の泰範のもとにもどされた理由については明らかではない。

了俊は、周知のように、九州探題を二十五年間もつとめ、室町幕府草創期の中枢を担った一人である。しかし、最後は勇退ではなく、九州探題を解任され、しかも新たに得たポストは駿河半国守護というものであった。了俊にしてみれば、栄光の座からの転落であり、不満いっぱいの人事であった。

しかも、新しく得た駿河半国守護というのは、駿河一国の守護だった泰範に失政があり、半国を取りあげ、その半国が了俊に与えられるという形であり、泰範の側にも不満の残る人事であった。応永六年（一三九九）十一月におこった応永の乱で、了俊が、首謀者大内義弘に通じているとして相模藤沢に追放されたのは、この不満が原因の一つになっていたと思われる。

一方、この応永の乱にあたり、幕府方として活躍したのが泰範であった。泰範はそのあと、駿河・遠江二カ国守護となっているのである。そして、叔父了俊の助命嘆願に動いている。『今川記』は、

泰範は日比《ひごろ》争論事有り。了俊とは不快にて有しかども、かゝる事は内親《(肉カ)》の恨なり。此時いかでこらうべきとて、身命をなげうち、頻《しきり》に御訴訟申。了俊父子、其身安穏にて、漸々《やうやう》遠州堀越・川合・中村を懸命の地に安堵し、此処にて閑居有り。

と、そのあたりのいきさつを伝えている。了俊系の遠江今川氏がここからはじまるのである。

2　守護大名今川氏の発展

上杉禅秀の乱と範政

泰範が応永十六年（一四〇九）九月二十六日に没したあと、家督は子の範政《のりまさ》がつぎ、駿河守護となった。範政が相続したころから、幕府と鎌倉府、つま

り、将軍と鎌倉公方との対立がエスカレートし、鎌倉府管下の伊豆および甲斐と境を接する駿河守護の特別な任務の重さがはっきりしてきたのである。しかも、先に系図で示したように、今川氏と鎌倉の扇谷上杉氏とは姻戚関係にあり、問題がより複雑になっていた。

駿河守護としての特殊な任務を範政がはっきり自覚することになったのは、応永二十三年（一四一六）から翌二十四年にかけての上杉禅秀《ぜんしゅう》の乱のときであった。乱そのものの発端は、鎌倉公方足利持氏が、常陸の越幡《おばた》六郎の所領を没収したことである。このことを関東管領の上杉禅秀（氏憲）が持氏に諫言したところ容れられず、禅秀が関東管領を辞職してしまったことから問題は大きくなった。しかも、持氏が、禅秀とは対立関係にあった上杉憲基《のりもと》を後任の関東管領に据えたことで、ついにのっぴきならない事態となったのである。これは、禅秀が犬懸《いぬがけ》上杉氏、憲基が山内《やまのうち》上杉氏という、上杉氏内部の対立問題ともからまっており、とうとう、禅秀は鎌倉公方持氏に対する反乱を組織するに至った。

このとき、持氏は鎌倉を逐われ、伊豆、さらに駿河へ逃れ、駿河守護今川範政の保護を受けることになるが、『今川記』（「富麓記」）に興味深い記述がある。

国清寺に火をかけせめける程に、今川三河守、畠山伊豆守と名乗り、両人爰《ここ》にて討死也。此三河守は上杉扇谷中務大輔朝顕の孫也。朝顕の息女今川範満（範政三男）の内室と成て、上杉式部大夫朝広以下の子共あまた出来、皆鎌倉に祗候《しこう》有り。母方の祖父の家を継、上杉を名乗けり。されば此人々も持氏の御身にかはり、所々に討死也。

ここに、上杉朝顕の息女が嫁いだのを範政の三男範満としているが、まちがいで、『今川記』の「伝記上」に、「泰範の一男民部大輔範政、後には上総介と申。母は上杉中務大輔朝顕の女なり」とあるように、泰範に嫁いでいたことが明らかである。

注目されるのは、今川三河守が、上杉禅秀の乱のとき、持氏側となって討死していることと、この時期、今川泰範の子どもの何人かが、扇谷上杉氏の一族の養子になっていた点である。まさに、幕府と鎌倉府の「国堺」に位置する駿河の守護大名の立場のむずかしさを象徴的に示す出来事といってよい。しかも後述するように、この、関東との姻戚関係が、その後、今川氏の継承問題を引きおこすことになる。

さて、上杉禅秀の乱は、幕府から駿河守護今川範政、越後守護上杉房方《ふさかた》、信濃守護小笠原政康《まさやす》らに出兵命令が下り、結局、応永二十四年一月十日、禅秀与党の主な者が鎌倉雪ノ下八生院《はっしょういん》で自刃し、終わっている。

『今川家譜』および『今川記』の「伝記上」に、「持氏ト管領憲基ハ、駿州今川館ヨリ鎌倉へ帰入玉（給）フ。今度関東ノ太平ハ範政ガ大功ニヨル旨、京都ヨリ御教書ヲ被レ下《くださる》」と記されている。そのときの御教書と思われるものが「今川家古文章写」にある。すなわち、

勝定院殿（足利義持）
関東の事、早速落居目出度候。仍《よ》つて、今度の忠節他に異なり候の間、富士下方を宛行う所に候者也
后五月七日（応永二十四年）
今川上総介殿（範政）

という文面となっていた。なお、範政の正室は上杉氏定《うじさだ》の娘であり、この氏定も、上杉禅秀の乱にあたっては、持氏方として活躍した。

範忠への相続と内訌

上杉禅秀の乱にあたり、範政の働きを「今度の忠節他に異なり候」と激賞した足利義持が応永三十五年（一四二八）に死んだ。義持には義量《よしかず》という男子がおり、将軍職を譲っていたが、その義量が父に先立ち死んでしまっていたため、あととりの男子がいなかった。

義持は、臨終の際、後継者を指名していなかったので、弟たち四人にくじを引かせて決めることになった。その四人というのは、青蓮院義円《しょうれんいんぎえん》・大覚寺義昭《ぎしょう》・相国寺永隆《しょうこくじえいりゅう》・梶井義承《ぎしょう》である。名前からもわかるように、四人とも僧籍にあった。

あたりくじと決まったのが青蓮院義円で、還俗して義教《よしのり》と名乗った。第六代将軍の誕生である。そして、この義教と鎌倉公方足利持氏の対立は、さらに決定的な段階に進んでいった。

永享四年（一四三二）九月、義教は、三代将軍義満の先例にならい、「富士遊覧」と称して駿河まで下っている。これは、持氏の出方をうかがい、同時に圧力をかけるのがねらいであった。範政は義教のために、駿府今川館の中に望嶽亭《ぼうがくてい》という新しい建物を建て、接待につとめている。

ところで、その範政であるが、義教接待の少し前から、義教に対し、末子の千代秋丸《ちよあきまる》に相続させたいと願い出ている。当時、守護大名の家督相続にあたっては、将軍の認可が必要だったからである。それに対し義教は、嫡男彦五郎に相続させるべきであると、範政からの申請を却下している。

義教は、千代秋丸の母が扇谷上杉氏定の娘だということを知っていて、鎌倉公方側の人間が駿河守護になることは好ましくないと考えていたのである。範政からの再度の申請も却下されたが、父範政の決意が固いことを知った嫡男の彦五郎が、自ら身を引く形で出家してしまったのである。

それでも義教の考えは変わらなかった。その様子をみていた範政の二男の弥五郎が、「それなら私が」と、後継者候補に名乗り出てきたため、事態はますます複雑となった。このとき、山名時熙《ときひろ》が千代秋丸を推し、細川持之が弥五郎を推したため、のちの応仁・文明の乱と同じような構図が生まれはじめていたこともわかる。

ただ、このときは、将軍義教の権限がまだ強く、義教は彦五郎こそ家督をつぐのに最もふさわしいと考えていたため、範政の意向通りにはならず、結局、永享五年（一四三三）五月二十七日に範政が死んだことで、義教の命令で彦五郎がつぐことになった。これが範忠《のりただ》である。

範忠は、「自分は将軍義教のおかげで駿河守護になり、今川氏の家督もつげた」との思いが強くあり、そのため、以後、義教に対しては絶対的といってよいほど忠誠をつくしている。その最初が永享《えいきょう》の乱であった。

永享の乱と結城合戦

永享の乱は、さきにみた上杉禅秀の乱と似た構図ではじまっている。鎌倉公方足利持氏と、関東管領上杉憲実の対立である。ちがうのは、上杉禅秀の乱のときに、幕府が鎌倉公方足利持氏を支援したのに対し、今度の永享の乱は、幕府が関東管領側を支援した点である。

永享十年（一四三八）、範忠に出陣の命令があり、七月、範忠は足柄峠を越えて相模に兵を進め、鎌倉に迫り、上杉憲直《のりなお》らと戦い、持氏勢を追いつめていった。その結果、この年の十一月四日、持氏は金沢の称名寺で剃髪している。持氏としては、剃髪したことで命が助かると思ったようであるが、幕府側は持氏の息の根をとめてしまおうと考え、翌十一年二月十日、鎌倉の永安寺に謹慎していた持氏を攻めさせた。結局、持氏はそこで嫡男義久とともに自刃している。

この永享の乱で、持氏とその嫡男義久は自刃したが、二男安王丸《やすおうまる》、三男春王丸《はるおうまる》、四男永寿王丸《えいじゅおうまる》の三人は、下野の日光山に落ちのびていて無事だった。永享十二年（一四四〇）、彼らはひそかに下総国の結城氏朝《ゆうきうじとも》に迎えられた。そして、結城氏朝が持氏の三人の遺児を擁して幕府に対決する姿勢を示したのである。これを結城合戦とよんでいる。

義教は、上杉憲実のあと関東管領になった上杉清方《きよかた》に出陣を命ずるとともに、今川範忠にも出陣を命じており、四月十六日の結城城の戦いで手柄をたてている。『今川記』には、このとき、義教は範忠の奮戦ぶりを聞いて、「副将軍に任じよう」といったという。もっとも、幕府の職制に副将軍というのはないので、正式なポストとみるのは早計かもしれない。

結城城の戦いで結城氏朝らは戦死し、捕らえられた安王丸・春王丸の二人も、京都へ護送される途中、美濃の垂井《たるい》で殺されている。一人遅れて捕らえられた永寿王丸も京都へ護送されたが、途中で殺される前に、当の義教が京都で赤松満祐《みつすけ》によって殺されたため、命拾いをしている。この永寿王丸が足利成氏《しげうじ》となるのである。

「天下一苗字」の恩賞

ところで、永享の乱のあと、範忠は、義教からやや風変わりな恩賞をもらったことが、『今川記』の「伝記下」にみえる。

> 父子（持氏・義久）自害して京都の御本意を遂《とげ》られ、今川家数度の軍忠の功を御感の余り、惣領一人一名の御免許の御書、此時、範忠に下し給はる。普光院殿善山足利六代将軍義教公乃御所の御時なり。此御書、当家の重書の第一なり。其時より惣領の外は、今川と名乗事なし。

ここに、「惣領一人一名の御免許」とみえるのは、要するに「今川という苗字は、今後、惣領家だけが名乗ることを許す」というものである。それが義教の「御書《ごしょ》」として出されたという。残念ながら今日、その「御書」は伝わっていない。

こうした恩賞がほかに類例があれば問題ないが、ほかでこのような例があるということは聞いたことがない。そのため「天下一苗字」の恩賞を疑問視する向きもあるが、私はこうした恩賞はありえたのではないかと考えている。

それは、今川一族瀬名《せな》氏の末裔で幕臣となっていた瀬名貞雄《さだお》が明和九年（一七七二）に著わした「今川一苗之記」（国立公文書館内閣文庫蔵）に、さきの『今川記』と同様のことを記したあと、「是ヨリ天下一名トナリ、惣領ノ外名乗ル者ナシ。依テ同姓一族悉《ことごと》ク名字ヲ在名ニ改ルト言《いへ》リ。」とみえるからである。今川了俊の後裔、すなわち遠江今川氏が、住んでいたところの「在名」である堀越《ほりこし》にちなんで堀越氏と称するようになったのはこのころのことであり、その一族、瀬名に住んでいた今川一秀《かずひで》が瀬名一秀になるのもちょうどそのころだからである。前述、千代秋丸の子あるいは孫の代から居住地の「在名」小鹿《おしか》にちなんで小鹿氏と称するようになるのもこのころのことであり、「天下一苗字」の恩賞は実際にあったことがうかがわれる。

また、今川氏が歴史のある名族でありながら、その後、今川氏を名乗る家が意外と少ないことも、このときの「天下一苗字」の恩賞に由来するものかもしれない。

3　戦国前夜の今川氏

堀越公方の下向

永享の乱で足利持氏が自害したあと、関東管領だった上杉憲実も身を引くつもりでおり、実際、弟の清方に関東管領職を譲っている。しかし、関東の政治状況は憲実を必要としていたという側面もあった。

憲実は、持氏の遺児で一人生き残った永寿王丸に鎌倉公方をつがせようと考え、それを実現させている。新しい鎌倉公方足利成氏の誕生である。ところが、清方の死後、新しい関東管領に憲実の嫡男憲忠が就任したことで、事態は悪化していった。父持氏を殺された成氏と、持氏を死に追いやった上杉憲実の子憲忠とがコンビを組んだわけで、ある意味において、うまくいくはずのない組み合わせだったわけである。

とうとう享徳三年（一四五四）十二月二十七日、成氏が憲忠を鎌倉の自邸に招き、そこで殺してしまうという事態になった。年号をとって享徳の乱とよばれる争乱のはじまりである。

将軍義政は駿河守護今川範忠、信濃守護小笠原光康、越後守護上杉房定に成氏討伐を命じ、範忠に代わって子の義忠が名代として出陣している。結局、康正元年（一四五五）六月十六日、義忠らが鎌倉に攻め入っているが、成氏はその前に鎌倉を脱出し、下総の古河《こが》に移っていた。

成氏は、その後、古河を本拠に幕府に対する抵抗を続け、まわりからは古河公方とよばれている。鎌倉公方としての権限を握り続けており、また、中央で享徳四年（一四五五）から康正元年に改元されたあとも享徳をずっと使い続けていた。つまり、古河公方足利成氏は、中央政府から独立した体裁をとっていたことがわかる。

一方、将軍義政の立場とすれば、そのようなことは許しがたい行為であり、成氏に代わる新しい鎌倉公方を下向させる必要に迫られ、結局、天龍寺の香厳院《きょうごんいん》の僧となっていた弟を還俗させて鎌倉に送りこむことになった。これが足利政知《まさとも》である。

ところが政知は、伊豆まできたところで、それより東には進めなくなってしまった。古河公方支持勢力が意外と強く、鎌倉に入ることは危険だと判断したのである。その結果、鎌倉府管下の国々の中では一番西、駿河に隣接する伊豆に居を定めることになった。御所が築かれたところが堀越《ほりごえ》(静岡県田方《たがた》郡韮山《にらやま》町)だったことから、これ以後、足利政知は堀越公方の名でよばれることになる。つまり、関東に古河公方と堀越公方の二人が併立してしまったのである。政知が伊豆に腰を落ち着けたのは長禄二年(一四五八)八月のことであった。

そして、その少しあと、今川氏では範忠から義忠への家督交替が行われている。「今川家古文章写」に、

慈照院殿(足利義政)

御判

上総介範忠本領等の事、早く譲状ならびに当知行の旨に任せ、今川治部大輔義忠領掌、相違有るべからざるの状、件の如し

寛正二年(一四六一)三月廿日

と、将軍義政から相続が認められていることがわかる。「上総介範忠本領等」とあって、「遺跡」とは

なっていない。つまりこれは、範忠が生前に義忠に家督を譲ったことを意味している。ちなみに、この約二カ月後の五月二十六日に範忠は没した。

当時、関東武士の多くは古河公方成氏の方についていたので、堀越公方政知の軍事力はゼロに等しかった。今川義忠の軍事力に頼る状態であった。たとえば、文明三年（一四七一）三月、足利成氏の軍勢が箱根山を越えて伊豆に攻め込んできたときの様子を、『鎌倉大草紙』は、「武州・総州の成氏の味方の者ども、文明三年三月、箱根山を打越、伊豆の三島へ発向して政知をせめんとす。政知は小勢にて駿河より加勢を請、三島へ人数を出し防　戦《ふせぎたたかひ》ける」と記している。

ここに、「駿河より加勢」とあるのはいうまでもなく駿河守護今川義忠から送られた加勢であり、堀越公方は、今川義忠の後ろ楯によってはじめて存在しえたといっても過言ではなかったのである。

応仁・文明の乱と義忠

しかし、この時期、義忠は、東の伊豆にだけ目を向けているわけにはいかなかった。京都で応仁・文明の乱が勃発したことにより、西にも目を向けなければならなかったのである。

このあたりの義忠の動きについては、つぎの『今川記』（「富麓記」）の記事が簡潔であり、しかも要点をついた内容となっている。

応仁元年より京中に軍《いくさ》起りて、五畿七道も乱れ、軍兵馳上り合戦やむ事なし。上下闘争かぎりなし。今川義忠公は豆州様《(足利政知)》と御相談有り。分国の仕置有。軍勢を催し、京都の御難儀あらば馳上るべき由の御用意にて、京都の御一左右を相待給ふ處に、京都公方様は管領細川右京兆勝元御一味にて、花の御所に御座《おわす》。今出河殿《(足利義視)》は伊勢国へ御下向有りしが、後には西陣へ御上洛有。山名方へ迎奉ると聞えける間、今川義忠いつまでかくて有べきとて、分国の勢千餘騎引率。先陳《(陣)》原・小笠原・浜松《(名カ)》・庵原・新野を先として、後陳《(陣)》は高木蔵人・葛山・朝比奈丹波守等也。御上洛有りしかば山名殿よりも道迄御使有。色々頼み御申しかども、義忠は公方の御けいごの為に罷登《まかりのぼ》り候、何方にても義政御所の御座御方へ可レ参《まゐるべき》よし御返事有。花の御所細川殿へ御参り有り。

応仁・文明の乱は、周知のように、東軍細川勝元《かつもと》側に二十四カ国十六万、西軍山名宗全《そうぜん》側に二十カ国十一万の大軍が集まり、京都を舞台として、応仁元年（一四六七）から文明九年（一四七七）まで、足かけ十一年間にもおよんだ大乱であった。各国の守護大名が、己の存亡をかけて、東西両軍に分かれて戦っている。

この応仁・文明の乱にあたり、駿河守護今川義忠は東軍に属した。ここに引用した『今川記』によれば、義忠が、上洛途中、山名宗全から誘いがあったときの言葉として、「自分は将軍を警固するために上洛した。義政がいる方に行く」と、西軍への従軍を断わったいきさつが書かれているが、これはあくまで〝たてまえ〟であり、〝ほんね〟は別のところにあったというべきであろう。

駿河の西隣りの遠江の守護は斯波義廉《しばよしかど》であり、斯波義廉は西軍だった。つまり、斯波義廉と同じ西軍に属したのでは、遠江を手に入れることができないことは目にみえていた。遠江奪回を悲願とする今川氏としては、西軍に属することは考えられないことだったのである。

そして義忠にとっては、その後の展開は思った通りの動きとなった。京都での戦いが一段落したとき、細川勝元から、「駿河にもどり、西軍の斯波義廉の遠江を攪乱するように」との命令を受けたからである。

ところが、命令を受けた時点では遠江守護は西軍の斯波義廉だったものが、文明三年（一四七一）になって、東軍の斯波義良《よしすけ》に代わってしまい、義忠の思惑ははずれてしまった。その後しばらくの間、義忠に動きがみられないのはそのためである。

しかし、その二年後の文明五年十一月二十四日、義忠が将軍義政から遠江国懸革荘《かけがわ》（掛川市）の代官職に補任されたことで遠江をめぐる今川義忠と斯波義良の確執が生じた。

この義忠への懸革荘代官職補任は、三河守護で東軍の細川成之支援のため、義忠に足がかりの場を提供するものであったが、遠江守護代狩野《かのう》宮内少輔《くないのしょう》がそのことに不満をもち、結局、翌文明六年八月から十一月にかけての両者の衝突という事態になり、義忠は遠江の見付府中に狩野宮内少輔を攻め滅ぼしてしまったのである。これは、家永遵嗣《じゅんじ》氏が「塩貝坂合戦の背景」（『戦国史研究』三五号）でいうように、東軍の中での同士討ちということになり、東軍中枢部の武将たちの意図とはちがう方向に動きはじめたことを示している。

このあたりのいきさつについて、従来は、義忠が文明八年（一四七六）に遠江の国人領主横地《よこじ》氏と勝間田《かつまだ》氏を攻めたのは、西軍の勢力を掃討するためと単純に解釈していたわけであるが、そうではなく、家永氏の指摘のように、幕府（東幕府）は斯波義良の遠江守護在職を支持し、横地・勝間田氏などの遠江の幕府奉公衆に対し、義忠に抗戦するよう命令が下されたとみるのが正しい見方と思われる。つまり、義忠は、従来いわれてきたように、横地・勝間田氏を滅ぼし、その凱旋の帰途、横地・勝間田氏の残党の不意討ちをくって不慮の死をとげたのではなく、幕府（東幕府）の支援を得た勢力と戦って破れたということになる。

そのようにみることによって、伊勢新九郎盛時、すなわち北条早雲の登場も整合的にとらえることができるように思われる。そこでつぎに、義忠と北条早雲の妹といわれる北川殿との結婚に至るいきさつについてみてみたい。

義忠と北条早雲姉妹の結婚

応仁・文明の乱が勃発した応仁元年、今川義忠が将軍義政の警固を名目として上洛したことについてはすでにみた。これまでの理解では、上洛中、早雲の妹を見そめ、結婚したとされてきた。これが義忠の正室北川殿である。

ただ、『今川家譜』などには、北川殿の方が姉だったとしており、早雲の姉なのか妹なのかについては判断がむずかしいところである。早雲の生年を従来の通説通り永享四年（一四三二）とすれば北川殿は妹としなければ辻褄があわなくなるし、北川殿を姉とみれば、早雲の生年の方を疑わなければならなくなる。ここでは、早雲の姉妹ということにして進めることにしたい。

義忠と北川殿との間に、文明三年（一四七一）に嫡男が生まれる。これが龍王丸で、のちの今川氏《うじ》親《ちか》である。そして、その前に女子が一人生まれており、これがのち、正親町《おおぎまち》三条実望《さねもち》に嫁いでいる。

つまり、文明三年以前に子どもをもう一人生んでいるということから計算すると、結婚は応仁元年か二年ということになる。ちなみに義忠は、応仁元年に上洛したあと、翌二年に駿河にもどり、文明二年に再度上洛し、そのときは同年十二月に駿河にもどっている。それゆえ結婚は一回目の上洛のときであり、駿河にもどるとき、北川殿もともなったのではないかと思われる。

従来は、私も含め、たまたま上洛中に義忠が北川殿を見そめたとうけとめてきた。二人が結婚するに至るいきさつなど穿鑿《せんさく》してこなかったのである。ところが、前掲家永遵嗣氏の「塩貝坂合戦の背景」で、早雲・北川殿の父にあたる伊勢盛定が、義忠と幕府政所執事伊勢貞親との取次役だったことを明らかにされているのである。しかも、『蜷川親元日記《にながわちかもと》』の寛正六年（一四六五）十月二十四日条から、伊勢盛定が、横地・勝間田氏と伊勢貞親の取次もしていたことを指摘している。

これらのことから、義忠と北川殿の結婚は、単純に、上洛中の義忠が、たまたま早雲の姉妹北川殿と会って見そめたというのではなく、伊勢盛定との人脈によるものだったことが明らかになったものと思われる。

これまでの通説だと、伊勢盛定の子盛時、すなわち早雲が、応仁・文明の乱で足利義視方につき、義視が伊勢に逃れたときもそれに従い、状況が好転して義視が京都にもどったとき、そのまま伊勢にとどまり、そこに、駿河の北川殿からお呼びがかかり、駿河に下向したとされてきたが、実際はかなりちがっていたようである。

このあたり、家永氏は、「塩貝坂合戦の背景」の中で、「義忠の戦死後に子の盛時が今川氏の内紛を収拾するため駿河に現われるのは、父の代理ないしは後継者としてと解される。」とまとめている。卓見である。

義忠の戦死と後継者問題

塩貝坂は、地元では塩買坂と書かれ、読み方は「しょうかいざか」である。以下、塩買坂と表記する。現在の静岡県小笠《おがさ》郡小笠町と御前崎市の境近くを通るかつての塩の道の一部である。

この塩買坂の戦いで今川義忠が戦死した年月日については諸説あり、つぎの五説に分かれる。

(1)文明七年(一四七五)四月六日

「今川家略記」『今川記』『駿河記』『駿国雑誌』

(2)文明七年六月十九日

「和漢合符」『後鑑《のちかがみ》』

(3)文明八年(一四七六)

『妙法寺記』

(4)文明八年四月六日

『寛政重修諸家譜』「今川系図」

(5)文明十一年(一四七九)二月十九日

『今川家譜』「正林寺今川系図」

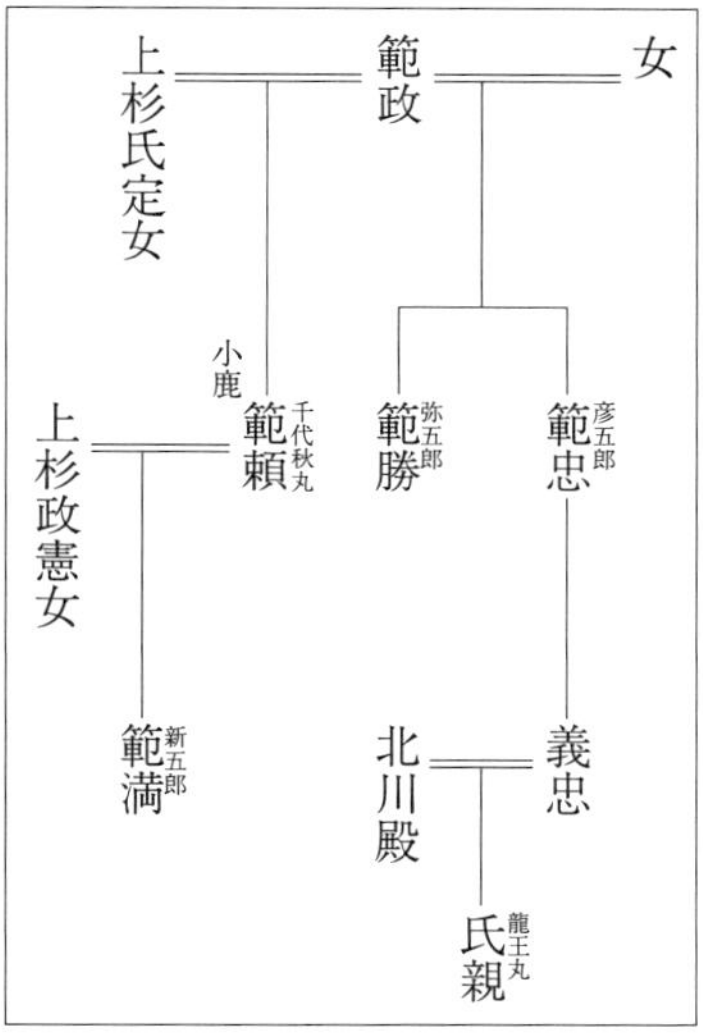

今川氏略系図

これらを並べてみると、史料としての信憑性の点では『妙法寺記』に軍配があがると思われる。同書は、「駿河ノ守護殿遠江ニテ打死、同供イヤヘ(矢部カ)・アサイナ(朝比奈)討死」と、文明八年の条に簡単に記すだけである。月日については四月六日の可能性が高い。

義忠の戦死は今川氏の人間にとっては全く予想外のできごとであった。しかも、あととりの男子龍王丸はまだ六歳の幼児である。当然のように、「六歳の幼児に国事を任せるのは無理だ」という声があがってきた。そのあたりを『今川記』(『富麓記』)はつぎのように記している。

爰に今川一門、瀬名・関口・新野・入野・なこや(名児耶)、かの家の老臣三浦・両朝比奈・庵原《いはら》・由比《ゆい》の人々二つに分て、不快に成て已《すで》に合戦に及ぶ。是《これ》主人御幼少の間、私の威を高して争ひける故也。

ここで、家中が二つに割れた様子がみえるが、それは、その後の経過からみると、一派は、「当主が幼くても、まわりが盛りたてていけばやっていける」という龍王丸擁立派であり、もう一派は、「一族の中からしかるべき人物を後継者としたい」という一派である。そして、「しかるべき人物」として押したてられてきたのが今川一族で、今川から在名の小鹿に変えられた小鹿《おしか》新五郎範満《のりみつ》であった。略系図にして示すと図のようになる。

これでみても明らかなように、範満は義忠の従兄弟であり、そのときの年齢は伝わらないが、今川家中をたばねていくことができる年齢だったのだろう。

しかし、幕府は、この小鹿範満を駿河守護とすることに難色を示した。その理由は、この略系図からも明らかであろう。範満の母、祖母、いずれも上杉の人間なのである。幕府は、この時点でも、駿河守護は関東との国堺の重鎮とするとらえ方をしており、関東と姻戚関係の強い小鹿範満を駿河守護には任命したくなかったのである。

おそらく、そうした幕府の意向をうけて仲裁に乗り出したのが早雲だったのではなかろうか。家永遵嗣氏の指摘のように、伊勢盛定が義忠と幕府の間にたっており、その職務が子の伊勢盛時、すなわち早雲に引きつがれていたと思われる。しかもその早雲は、龍王丸にとって伯父ないし叔父にあたる。

そこで伝えられるように、早雲が両派の間に割って入り、「龍王丸が成人するまで、小鹿範満に家督代行をお願いしよう」とする折衷案を示し、両派、それで納得し、内訌《ないこう》が未然に防がれたものと思われる。

その結果、ようやく文明十一年（一四七九）になって、将軍足利義政からつぎのような御判御教書（「今川家古文章写」）が与えられ、龍王丸が正式な家督継承者として認定されたのである。

慈照院殿《（足利義政）》

御判

亡父上総介義忠遺跡所領等の事

譲状の旨に任せ、今川龍王丸に相続領掌相違すべからざるの条、件の如し

文明十一年十二月廿一日

なお、この御判御教書をとりつけたあと、駿河での早雲の活躍はみられなくなる。小鹿範満が家督代行者になったので、早雲の出る幕がなくなったためとも考えられるが、幕府から与えられた職務を遂行し、京都にもどったのではないかと考えられる。このあと、京都側の史料に、伊勢新九郎の名が、文明十五年（一四八三）から幕府の申次衆として登場してくるのである。

第二章　父氏親と母寿桂尼

1　氏親の戦国大名化

伯父北条早雲の補佐

家督代行者となった小鹿範満が駿府今川館に入ったので、龍王丸は丸子《まりこ》の泉ケ谷に移り、そこで成長した。一方、伯父（叔父か）の伊勢新九郎盛時は、いつのことか明らかではないが、再び京都にもどっている。京都側の文献でみる限り、文明十五年（一四八三）十月十一日から同十九年（一四八七）四月十四日まで、申次衆として伊勢新九郎の名前がみえるのである。

ところで一般的にいって、男子の場合、成人、すなわち元服は十五歳が標準であった。龍王丸は文明三年（一四七一）の生まれなので、文明十七年（一四八五）にはすでに十五歳になっていた計算で、「龍王丸の成人まで小鹿範満に家督代行をお願いする」という約束からすれば、文明十七年には、龍王丸に家督をもどさなければならないところであった。しかしいつの時代も、一度権力の座につくと、自分からはなかなか降りることができなかったらしく、小鹿範満も、そのまま居座りをはかろうとしたらしい。

おそらく、そのあたりの状況が北川殿から京都にいる兄（弟か）の早雲のもとに報じられたのであろう。龍王丸側には、例の文明十一年の将軍義政からの御判御教書があり、その文書を盾に、小鹿範満の降板を迫ることも可能であったが、早雲側には不安材料があった。丸子泉ケ谷の龍王丸の屋敷の防備が手薄だったのである。へたに交代を申し出れば、範満の軍勢によって攻められ、龍王丸を亡きものにされる策謀も考えられたからである。

早雲の小鹿範満襲撃

そこで早雲は、申次の職を辞し、ひそかに駿河に下り、焼津《やいづ》の石脇《いしわき》城に入った。龍王丸に心を寄せる武将たちと連絡をとりあい、同年十一月九日、駿府今川館に小鹿範満を急襲して殺し、家督を龍王丸にとりもどしている。文明十九年は改元して長享元年となるわけであるが、早雲による駿府今川館襲撃をこの年としたのは、つぎに示す龍王丸印判状（「東光寺文書」）が島田市の東光寺に出されているからである。

今度御宿願に就いて、東光寺給主諸公事等、悉《ことごと》く先々の旨に任せ、差し置かれ候。同山屋敷境迄、諸給主其の分たるべし。若《も》し、此の上違乱の族有るに於いては、大衆速やかに急度《きっと》注進申さるべく候。堅く御成敗有るべき者也。仍つて執達、件の如し

長享元年丁未
十月廿日　　　　　　　　龍王丸（黒印）
東光寺

これは、戦国武将による印判使用の初見例として古文書学の分野では特に有名な文書であるが、冒頭の「御宿願」は、龍王丸による家督奪回の「御宿願」と考えられる。龍王丸の名による寺社勢力を味方につける作戦が進められていたことが読みとれる。

なお早雲による今川館奇襲の日を十一月九日としたのは、かつて足立鍬太郎《あだちくわたろう》氏が『今川氏親と寿桂尼』の中で、得願寺の過去帳に、

大慈院殿歓山喜公大禅定門　霜月九日小鹿殿ノ事

とある「小鹿殿」を小鹿範満と推定したことに拠っている。『今川記』「伝記下」は、年月日の記載はないものの、譜代の重臣たちが次第に龍王丸に心を寄せるようになった様子をみた早雲が、ひそかに同志を募り、駿府今川館に攻め入り、小鹿範満を自害に追いこんだとしている。流れとしては、以上のようだったのではなかろうか。

早雲としては、力で家督を龍王丸に取りもどしたわけで、それで仕事は終わったわけである。その

まま、再び京都にもどるという選択肢もあった。

しかし、このときは京都にはもどらなかった。元服して、龍王丸改め氏親と称するようになった甥と、その生母である北川殿から、駿河にとどまるよう懇願されたのではないかと思われる。仮に京都にもどっても、申次衆より上に出世できる見込みもなく、また早雲の目には、すでに衰退しつつあった幕府権力の先行きがみえてしまっていたのかもしれない。それゆえ駿河にとどまることを決意しているのである。

このとき通説によれば、氏親が早雲の軍功を賞し、興国寺城《こうこくじ》主にしたとする。前掲『今川記』「伝記下」には、「此忠、莫大成とて、伊勢新九郎入道に、下方十二郷を給はり、興国寺の城に移り……」と、氏親からの恩賞であったことが強調されている。

ただ最近の研究によると、たとえば『静岡県史』通史編2中世では、早雲は自ら堀越御所に近い興国寺城入りを買って出たとする解釈をしている。堀越御所の上杉政憲は小鹿範満側の人物であり、また、伊豆に近い駿河国の東部、すなわち東駿地域は範満派の武将も多いことから、自ら東駿の要《かなめ》の地である興国寺城に入り、氏親の駿河支配を援護しようとしたものと思われる。

つまり、富士下方十二郷を与えられ、興国寺城を居城とするようになったのは、一応、氏親からの恩賞という形をとるが、駿河の中で、伊豆に近い興国寺城を本拠としたのは、早雲の意思だったことがわかる。

こうして早雲は、氏親の補佐役として、今川氏の駿河支配がやや弱い東駿地域に入り、駿河支配を推進した。それとともに、氏親の父義忠によって先鞭がつけられながら、義忠の死によって頓挫していた遠江への侵攻を開始する。もちろん、領土を拡大するというねらいもあるが、駿河支配を安定的に推し進めるために、遠江に駒を進める必然性があったのである。

氏親の軍師だった早雲

そこで明応三年（一四九四）から、今川軍を率いた早雲の遠江侵略戦が本格化する。早雲はその時期、単なる氏親の補佐役というより、早雲は今川軍の軍師だったといってよいのではないかと私は考えている。

明応三年の遠江侵略戦で、遠江中央部、すなわち中遠に勢力をもっていた原氏を討ち、さらに、文亀元年（一五〇一）からは遠江西部、すなわち西遠まで進み、その先、三河にまで攻めているが、今川軍を率いていたのはいずれも早雲であった。

もっとも、この時期、西にばかり目が向いていたわけではなく、永正元年（一五〇四）には軍勢を東に向け、山内上杉顕定《あきさだ》の軍と武蔵《むさし》立河原《たちかわはら》で戦ったりしていた。この戦いには氏親自身も出陣しており、早雲から実際の戦い方の手ほどきをうけていたことがうかがわれる。

しかし、早雲はいつまでも今川氏親の軍師的立場にあったわけではない。周知のように、早雲は、明応二年（一四九三）、堀越公方足利茶々丸を逐って伊豆を奪取し、同四年には、西相模の小田原まで手に入れ、独立した戦国大名としても歩みはじめていたのである。そして、永正五年（一五〇八）の三河遠征を最後に、早雲が今川軍を率いる形はみえなくなり、早雲はもっぱら相模の平定に力を注ぐことになる。

そのころには氏親も力をつけてきており、早雲の援助なしに、自らの力で勝利をかちとっている。永正七年（一五一〇）から同九年にかけての斯波氏との激しい戦いに勝利すると、ついに同十三年（一五一六）八月に、引間《ひくま》城の大河内氏を滅ぼし、遠江の平定に成功し、ここに、駿河・遠江二カ国の大名として地歩を固めるのである。

今川検地の初見

今川氏は、この氏親のとき、それまでの守護大名から戦国大名へ転化したといわれている。一般的には、守護大名から戦国大名への脱皮を規定する要素として、検地の施行と、分国法制定の二つが知られている。検地によって、それまでの基本的土地制度が否定され、戦国大名的な土地の一元支配が進められたからであり、また分国法、すなわち戦国家法の制定によって、幕府からの自立をはかったからである。ここではまず、検地の方からみていこう。

今日、知られているかぎりで、今川検地の初見例は、永正十五年（一五一八）の遠江国相良荘《さがらのしょう》での検地である。これは、相良荘般若寺領にかかわる今川氏親の判物（『相良史』所収文書）からうかがわれるもので、文中、「寺社領之内本増分共」という表現と、「庄内検地」という文言がみえることから、検地が行われていたことがはっきりする。

「本増分共」といういい方は、検地が行われて増分が出ることが一般的だったことから、たとえ、検地という文言がなくても、検地が施行されたことを物語るからである。「踏出《ふみだし》」という表現も同様である。

ちなみに、氏親の時代でみると、検地の施行が文書によってたしかめられるのは、相良荘のほかに永正十七年（一五二〇）の遠江国笠原荘、遠江国羽淵《はぶち》領家方、大永四年（一五二四）の遠江国宇苅《うかり》郷、遠江国蒲東方《かばひがしかた》の四カ所であり、いずれも遠江国である。

氏親段階の検地施行が遠江でしか確認することができないのはどうしてであろうか。たまたま、遠江における検地だけ記した文書が残ったという線も考えられないではないが、その可能性は低いように思われる。

氏親は、すでにみたように、当初、軍事的には早雲の補佐を得ていた。補佐は、軍事部門だけでなく、領国経営全般に及んでいた可能性がある。検地に関していえば、早雲が永正三年（一五〇六）に相模で検地を行っているが、これが今日知られるかぎりで、戦国大名検地の一番早い例である。早雲にとって、相模は新しい領地であり、この点は氏親にとって遠江が新しい領地だというのと共通する。つまり早雲は、新しく征服した土地を早く掌握するために検地を行った。氏親は、その早雲のやり方をまねて、新しく征服した遠江に検地を行ったとみることができるのではなかろうか。

「今川仮名目録」の制定

守護大名から戦国大名への脱皮を具体的に示しているのが大永六年（一五二六）四月十四日に制定された「今川仮名目録」である。全文三十三カ条からなる分国法、すなわち戦国家法である。周知のごとく、室町時代、室町幕府の初代将軍足利尊氏によって「建武式目《けんむしきもく》」が制定され、そのあと必要に応じて「建武以来追加」という形で追加法が制定され、全国法として機能していた。今川氏でも、義忠までの守護大名段階においては、全国法が今川氏領国にも適用される形で、特にそれによって問題が発生するということもなかった。

ところが、守護大名領国制とは異なる戦国大名領国制の段階に移行するにつれ、「建武式目」や「建武以来追加」では律しきれないさまざまな問題が生まれるようになってきた。そこで、氏親によって、氏親の亡くなるおよそ二カ月ほど前に「今川仮名目録」が制定されるのである。

その制定意図は、三十三カ条を記したあとのしめくくりの文章によってわかる。「仮名目録」といわれるように、全文、漢字まじりの仮名で書かれているので、原文のままつぎに引用しておこう(『中世法制資料集』第三巻　武家家法Ⅰ)。

右条々、連々思当るにしたかひて、分国のため、ひそかにしるしおく所也。当時人々こさかしくなり、はからさる儀共相論之間、此条目をかまへ、兼てよりおとしつくる物也。しかれハひひきのそしり有へからさる歟《か》。如レ此《かくのごとき》之儀出来《しゅったい》之時も、箱の中を取出、見合裁許あるへし。此外天下の法度、又私にも自二先規一の制止は、不レ及レ載レ之也

大永六丙戌年四月十四日　紹僖（今川氏親）　在印判

ここで注目される点が三つある。まず一つは、「今川仮名目録」制定の年月日が、大永六年四月十四日だったことである。すでに述べたように、氏親自身、その約二カ月後の六月二十三日に没していることと考えあわせてみておく必要がある。

氏親は晩年の十年ほどは中風《ちゅうぶ》（手足のまひ）だったといわれている。寝たきりではなかったとしても、第一線で政務を執れる体でなかったことは明らかである。

つまり紹僖という、氏親が出家したときの名前で出されているが、実際の制定者は氏親本人ではなかったことが考えられる。事実、武田信玄が制定したという「甲州法度之次第《こうしゅうはっとのしだい》」は、信玄の家臣駒井高白斎《こうはくさい》が実際は制定し、信玄の名によって発布されている。状況としては「今川仮名目録」も、家臣の誰かが立案した可能性は高い。

では、それは誰だったのだろうか。私は、重臣の誰かではなく、氏親夫人だったのではないかとみている。そして、このことが、注目される二つ目の点とからまってくる。

さきに引用した「今川仮名目録」のあとがきともいうべき部分に、「連々思当るにしたかひて、分国のため、ひそかにしるしをく所也」とあることを思い出していただきたい。「今川仮名目録」は、「こういう法を作った」と、領民に周知させる形で告知したのではなく、訴訟のときの裁定規準を内々に作った形だったのである。だからこそ、「ひそかにしるしをく所也」といういい方になっているものと思われる。

これは氏親が、自身の死期が近いことを悟り、また嫡男氏輝がまだ十四歳と若いこともあって、領国経営が順調にいかない可能性を想定し、判例集のような裁定規準さえ作っておけば困難が生じないと判断したものである。「今川仮名目録」作成に、訴訟を担当した奉行人たちの声は反映されたと思われるが、大筋は氏親の正室寿桂尼の手によって成ったのであろう。

そして、注目される点の三つ目は、「此外天下の法度」があるといっている点である。室町幕府が定めた「天下の法度」の有効性を認めているところは、のちに、子の義元によって制定された「仮名目録」追加二十二条と根本的にちがうところである。義元は「天下の法度」を否定しており、このあたり、氏親段階と義元段階の置かれているちがいとしてみていく必要があるように思われる。氏親段階では、戦国大名権力として自立はしても、室町幕府および将軍から領国支配の認証を与えられているという意識があったと思われる。

ただ、そうした大枠でしばられながら、「天下の法度」とちがう法の成立を目ざしていたことは明らかで、たとえば「今川仮名目録」第八条は、「天下の法度」とは全くちがっていた。すなわち、

一、喧嘩に及輩、不レ論二理非一、両方共に可《べき》レ行二死罪一也。将又《はたまた》あひて取かくるといふとも、令《しめ》二堪忍一、剰《あまつさへ》被《きづつけらる》レ疵にをいてハ、事ハ非儀たりといふとも、当座をんひん《（穏便）》のはたらき、理運たるへき也（以下略）

とあり、一読して明らかなように喧嘩両成敗法である。それまで、わが国には、喧嘩両成敗という考え方はなかった。むしろ、自力救済の言葉に明らかなように、名誉のために相手と闘うことは是認されており、それが「天下の法度」であった。

つまり、氏親の意を受けた制定者は、「天下の法度」とは異なる法の観念を「今川仮名目録」にも

ちこんでいたのである。

2　氏親と寿桂尼の結婚

今川氏親の代で守護大名から戦国大名へと大きく羽ばたいたことを追っている内《うち》に氏親の晩年まで話が進んでしまったが、本書の主題である義元を生んだ母寿桂《じゅけい》尼《に》と氏親の結婚のときにまで時計の針をもどすことにしたい。

応仁・文明の乱以後、公家の娘が地方の武将に嫁いでいくということがかなりみられるようになる。中御門《なかみかど》宣胤《のぶたね》の娘が今川氏親に嫁いだのもその例である。

中御門宣胤の娘

一般論としてよくいわれるのは、応仁・文明の乱以後、地方の武将たちによる荘園侵略が激しさを増したため、荘園からの年貢によって生活を成り立たせていた公家たちが困窮し、地方の有力武将に娘を嫁がせることによって生活の安定をはかろうとしたとする解釈である。それとともに、地方の武将たちに京文化への憧憬があり、お互いの思惑が一致したという側面もあった。

では、氏親の場合、相手が中御門宣胤の娘だったのはいかなる理由によるものだったのだろうか。

中御門氏は、藤原北家勧修寺《かじゅうじ》流の一つで、坊城《ぼうじょう》家よりの分かれである。羽林家《うりんけ》の一つというわけで、公家としては中級であった。

宣胤は権大納言にまでのぼっており、歌人としても知られていた。実はこの点が、宣胤の娘と氏親の結婚の伏線となっていたようなのである。氏親には祖父にあたる範政は文化人大名で、歌人でもあったわけであるが、特に『万葉集』の秘事口伝を受けており、それが範政から宣胤に伝えられたという経緯があった。

さらに前述したように、氏親の姉が正親町三条実望に嫁いでおり、この実望と宣胤が懇意だったことも、二人の結婚に至る大きな要因と思われる。

宣胤にしてみれば、娘を駿河の戦国大名今川氏親に嫁がせることで生活を安定させることができ、また氏親にしても、京都指向を満足させることができるわけで、お互いにとってプラスになる結婚だったわけである。

ところが、この、中御門氏側にとっても、今川氏側にとっても大事なことと思われる二人の結婚がいつのことなのか、史料に残されておらず、不明のままとなっているのである。

なお、中御門宣胤娘のことを本書ではこれから寿桂尼と表現するが、いうまでもなく寿桂尼というのは、夫氏親が没したあと落飾して「志ゆけい」と称してからの名前であり、本来からいえば、氏親没後から使うべきところである。しかし、出家以前の名前が伝わらないので、便宜的に寿桂尼としておくことにしたい。

二人の結婚年次を永正八年(一五一一)ごろとする解釈があった。それは、同十年に長男の氏輝が生まれていることからの類推であり、ほかに、永正五年とする説もあった。

それに対し、米原正義氏は「駿河今川氏の文芸」(『戦国武士と文芸の研究』)の中で、永正二年(一五〇五）説を展開している。それは、中御門宣胤の日記である『宣胤卿記』に、永正元年の時点で、両家の使者が頻繁に往き来をしている状態が描写されており、それらは婚礼の準備にかかわるものと解釈しているのである。そして、『宣胤卿記』は永正二年分がちょうど欠本になっており、米原氏は、「寿桂が氏親に嫁いだのは、欠本に当たる永正二年ではあるまいか」とする。

『静岡県史』は別の観点で、そのころの氏親の軍事行動から、軍事行動が少ないか、認められないのは永正二年と四年から六年の半ばまでだということを明らかにした上で、永正二年の結婚の可能性を指摘しており、総合的に判断して、永正二年に、寿桂尼が氏親に嫁いできたとしてよいと思われる。

寿桂尼の生んだ子ども

氏親の生年については、文明三年（一四七一）説と同五年説とがあり、どちらをとるかで氏親の結婚年齢はちがってくる。私は文明三年説をとっており、それで計算すると永正二年には三十五歳になっている。当時としては晩婚の部類である。

寿桂尼については全くわからないが、当時の女性の一般的結婚年齢からいって、十八歳か十九歳くらいだったのではないかと思われる。

すでにみたように、結婚しても数年間は子宝に恵まれなかった。長男氏輝の誕生は永正十年（一五一三）のことであった。

ところで、氏親の子どもについてであるが、『今川記』は、「氏親の息男あまたあり。男三人、其の他女三人あり」として、男三人・女三人の合わせて六人という解釈をとっている。しかし実際は、男は六人、女は七人である。そのちがいがなぜなのかはわからない面もあるが、『今川記』がいうのは、正室寿桂尼との間にもうけた子が男三人、女三人ということだったのかもしれない。
男六人は、つぎの通りである。

長男　氏輝（永正十年生）
次男　彦五郎
三男　玄広恵探（永正十四年生）
四男　象耳泉奘（永正十五年生）
五男　義元（永正十六年生）
六男　氏豊（大永元年生）

次男の彦五郎のみ生年が不明である。このうち、長男の氏輝と五男の義元は、母が寿桂尼だったことが確実であり、次男の彦五郎も家督継承候補として出家せずに駿府今川館に起居していたことからすると、寿桂尼から生まれた可能性が高い。

三男の玄広恵探の母は側室の福島氏であることが確実であるが、ほかの子どもたちの母については皆目わからない。

女七人は、つぎの通りである。ただし、生年およびその順番は不明である。

中御門宣綱室
北条氏康室
瀬名氏俊室

関口氏広室
小笠原春茂室
牟礼郷右衛門室
鵜殿長持室

つまり、義元には、五人の男兄弟と、七人の姉妹がいたということになる。ただし、それが実の兄弟姉妹だったのかとなると、問題がないわけではない。系図や家譜に子どもと書かれていても、実子とはかぎらないからである。

その一例として、ここに名前の出ている関口氏広室について少しくわしく追ってみたい。通説では、関口氏広室となった女性は、義元の妹とされている。したがって、そこから生まれた娘は義元にとって姪となる。これが築山御前で、松平竹千代、すなわち徳川家康の正室となっている。

ところが、「井伊年譜」や「井伊直平公御一代記」(『引佐町史料』第一集)などの井伊氏関係の史料によると、遠江の国人領主井伊直平《なおひら》の娘が今川義元の側室となり、のち、自分の妹という形にして関口氏広に嫁がせたとしている。つまり、拝領妻というわけである。おそらく、こうした養妹という形の女性も系図や家譜に書かれる際には妹ということになってしまうのであろう。

関口氏広室を除いた六人の女子のうち、何人が寿桂尼の生んだ子どもかはわからない。『今川記』のいう男三人、女三人というのを寿桂尼の生んだ子どもの数と解釈すれば、女の子も三人ということになるが、これについても不明である。

ただ、北条氏康室となった瑞渓院《ずいけいいん》という女性が寿桂尼の娘だったことは確実である。氏康と瑞渓院との間に生まれた氏規《うじのり》が、北条・今川同盟の証人、つまり人質として駿府に送られてきたとき、寿桂尼は、孫にあたる氏規をかわいがり、湯山への湯治のときなどは一緒に連れていくほどであった。山科言継《ときつぐ》の『言継卿記』にも「大方之孫」と出てくる。当時、寿桂尼は「大方」とよばれており、氏規がその孫だったからである。略系図にするとつぎのようになる。

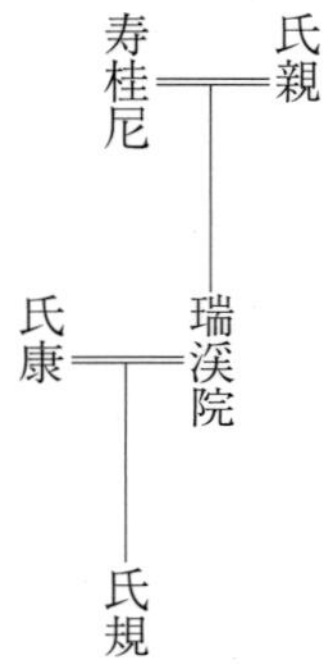

氏親の晩年と寿桂尼

すでに述べたように、氏親は中風で、晩年の十年間ほどは寿桂尼が夫氏親に代わって政務をとる形であった。氏親が「今川仮名目録」の制定を急いだのも、死後、政務の混乱がないよう、法制をしっかり定めておこうと考えたからである。

死期が近いことを知った氏親は、大永五年（一五二五）、嫡男氏輝を元服させた。連歌師宗長の『宗長日記』の大永五年のところに、十一月廿日、龍王殿御元腹（ママ）ありて、五郎氏輝。をの〳〵祝言馳走。例年にもこえ侍るとなり。同廿五日、彼祝言法楽連歌。
発句、
霜とをし（遠）はつもとゆひ（初元結）のわかみどり

とみえる。ここにあるように、それまでの幼名龍王丸から、仮名《けみょう》を五郎、諱《いみな》を氏輝としたことがわかる。従五位下・上総介に叙任され、次期家督継承者であることを内外に告げた形である。

この年、氏輝は十三歳なので、元服の年齢としてはやや早いという感じがある。しかし、氏親自身の病状などを考え、早目の家督継承というものを実行に移したのであろう。

そして前述したごとく、「今川仮名目録」の完成を見届けるかのように、翌大永六年六月二十三日、氏親は没した。享年五十六なので、まずまずの年齢ということになるが、ただ、あとつぎの男子がまだ十四歳というのが気がかりだったとは思われる。

「増善寺殿喬山貴公大禅定門」と諡《おくりな》され、七月二日、増善寺において盛大な葬儀が営まれた。その様子が「今川氏親公葬記」および「増善寺殿法事記録」（ともに増善寺所蔵）として残され、盛大だった葬儀の状況をうかがうことができる。

その中で注目されるのは、氏親の六人の男子のうち、尾張に養子に行っていた氏豊は参列できなかったとして、長男の氏輝、三男の玄広恵探、五男の義元が参列しているにもかかわらず、次男の彦五

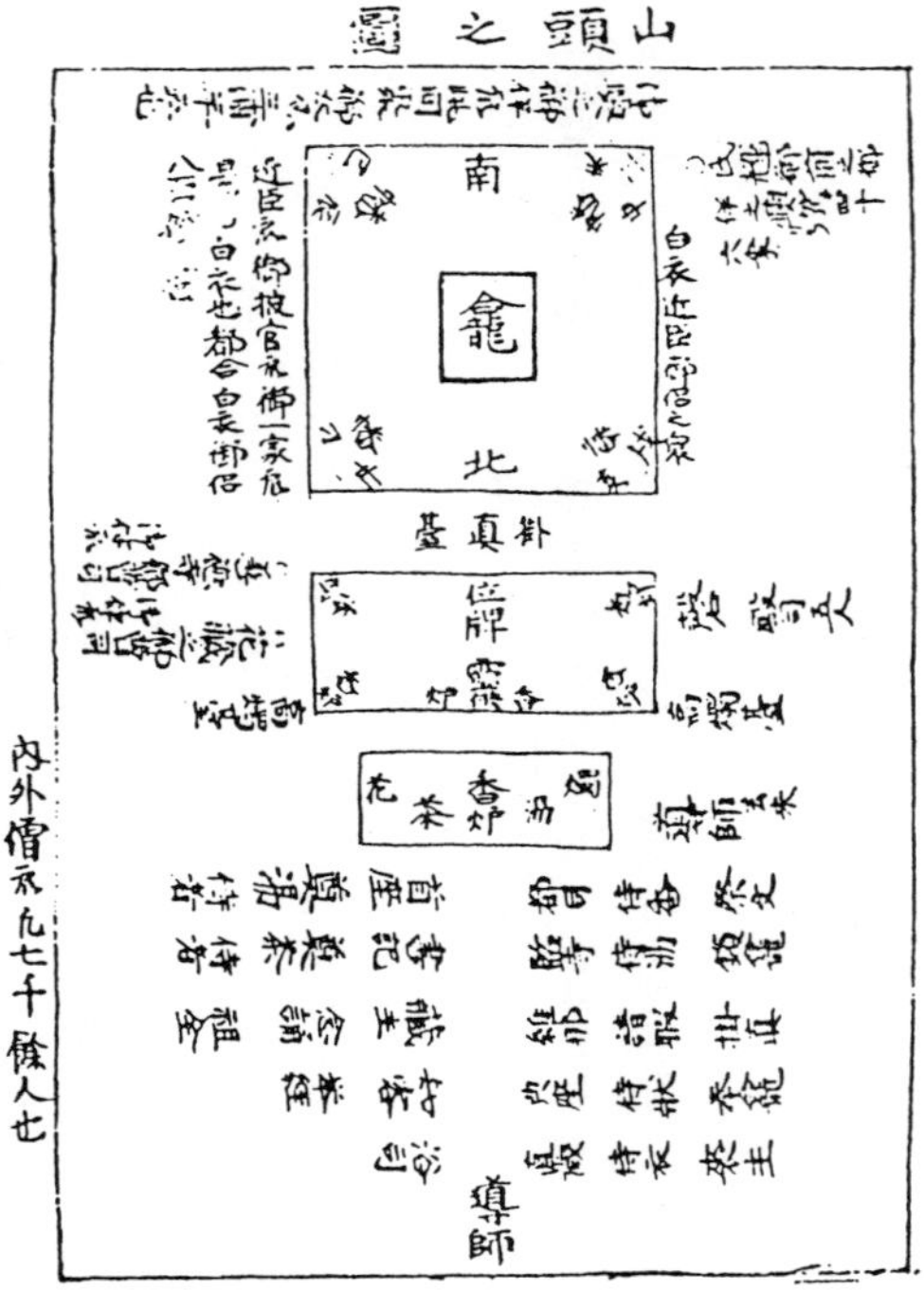

山頭の図　「今川氏親公葬記」（増善寺蔵）より

郎、四男の象耳泉奘の名がみえないことである。どうしてなのかはわからない。

喪主は当然のごとく氏輝がつとめ、その祭文、すなわち弔辞が全策和尚《ぜんさくおしょう》によって読まれている。やや長いが、氏親一代の功績をたたえた文章でもあるので、引用しておこう。

於戯《ああ》、賢なるかな先考は、国家の柱楹《ちゅうえい》。徳、東海に旺《さか》んに、恩、京城に沾《ま》す。喬山突兀《きょうざんとっこつ》として、勢八八紘《はっこう》に聳《そび》ゆ。忠義は乱れず、仁愛、情を傾く。君臣佐使《さし》、世、昇平を致す。家業扶起《ふき》して、猶以て栄を作《な》す。一茎の梵刹《ぼんさつ》、大廈《たいか》自ら成る。真俗不二、傑たり、英たり。嗚呼《ああ》、痛《いたま》しきかな。此の日何の日ぞ。逝《し》して無声に入る。此の夕《ゆうべ》何の夕ぞ、夢を破りて遠行《えんぎょう》す。撫育の恩顧、吾儕《ごせい》、驚くに堪《たえ》たり。昨《きのう》秋声を迎え、陰蛩《いんきょう》鳴きを添う。今《きょう》、暁に向《なんなん》として、雁、月明に叫《さけ》ぶ。慈毓《じいく》に報《むく》いんと欲して、何ぞ羊羹《ようかん》を冉《すす》めん。蘋蘩沼沚《ひんぱんしょうし》、死せること然ること生けるが如し。行潦《こうりょう》水冷やかにして、愽山《はくざん》、煙り横たわる。伏して惟《おもんみ》れば、尚《こいねが》わくは亨《う》けたまえ。

氏親の死とともに、正室中御門氏は落飾し、「志ゆけい」と称する尼になった。寿桂尼というわけである。

3　「女戦国大名」の登場

氏輝を後見する寿桂尼

ふつうならば、夫が死に、子どもがあとをつげば、世代交代ということになり、妻として、母としての役目は終えるところである。ところが、このときはそうはいかなかった。あとをついだ子どもがまだ十四歳だったからである。

もっとも、中には、十四歳でも立派にあととりとしての役目を果たした者もいたが、氏輝は年少というだけでなく、病弱だった。そのため、今川氏の家督はついでも、全体をたばねていくには無理があったのである。

そうした場合、一般的には、重臣の誰かが補佐役となるなどして、当主を盛りたて、また一人前になるよう後見するところであろう。しかし、この場面で、重臣の誰かが選ばれるということはなかった。寿桂尼が自らその役を買って出たのである。

すでに述べたように、氏親の晩年十年間ほどは中風で、政務をとったのは妻の寿桂尼であった。寿桂尼にしてみれば、「いままで通りにやればいい」という思いがあったにちがいない。政務に通じていたし、「今川仮名目録」の制定にも尽力していたからである。そうしたことも手伝って、世に珍しい、母の補佐を受ける氏輝新政権がはじまった。

室町時代、嫁取婚の隆盛によって家父長制が進み、特に武家社会では、男尊女卑の風潮がとりわけ顕著であった。女性の地位が大きく下降してきているときであり、女性が政治の第一線で活躍するということは稀有なこととなっていたのである。

氏親が大永六年六月二十三日に没し、家督は氏輝がついだ。しかし、それから先二年近く、氏輝が発給する文書はみられない。政務を執っていないからである。その代わり、氏輝の母寿桂尼の発給文書が同年九月二十六日からみられるようになる。氏親死後、三カ月の空白があるが、たまたま、その間の文書がみつかっていない可能性もあるし、あるいは、その間、氏輝に政務を執らせるかどうか判断を迷っていたためかもしれない。

結局、氏輝に政務を執らせることが無理と判断されたことで、氏輝の母寿桂尼が前面に出ることになった。ただしそこには、あくまで氏輝の代役であるという大前提があった。女性が家督をついだわけではなく、氏輝が政務を執ることが可能となった時には、政権そのものが氏輝にもどされることは暗黙の了解としてあったのである。

たとえば、大永六年十二月二十六日の文書で新野池成新田百町の開墾計画については、「そうせん(氏親)

じ殿御ゆいごんに任せ、まつ〳〵ふミ渡し申へし。たゞし、御やかたよろづおはからひのときハ、その時のなりにしたがうべき也」と述べており、「御やかた」、すなわち御屋形氏輝が政務を執ることができるようになったときは、氏輝に従うべきことが求められている。

寿桂尼としては、代役がどの程度の期間ですむのか、見通しはなかったと思われる。予想通りだったのか、予想に反してということになるのかわからないが、はじめの代役は二年間続けられている。

氏輝が文書を発給するようになったのは大永八年（一五二八）三月二十八日である。この日、同じ三月二十八日付の氏輝発給文書が六点確認されており、それ以前の文書は現時点ではまだ一通も発見されていない。このことからすると、氏輝が大永八年三月二十八日に政務についたと考えることができる。しかし、残された氏輝文書からみると、氏輝が政務をとることができたのは、その後、約半年間だけであった。同年十月十八日から、また、寿桂尼の発給文書がみられるようになり、氏輝の発給文書が姿を消すのである。

ようやく、享禄五年（一五三二）から氏輝の発給文書がみられるようになるので、氏輝が政務を執りはじめたことがうかがえる。

「帰」の印判

こうした事実をふまえると、氏親が没した大永六年（一五二六）六月二十三日から、連続して氏輝が文書を発給するようになる享禄五年四月二十一日までの約六年間は、名目上の家督継承者は氏輝でありながら、実質的には母の寿桂尼がその地位にあったことが明らかである。

寿桂尼の「歸」印

そのようなことから、今日、寿桂尼を「女戦国大名」とよんでいる。戦国時代、夫に代わって出陣したり、夫の留守に敵に攻められ城を守りぬいたなど、戦った女性は何人もいたが、政務を執った女性となると、この寿桂尼のほかには、播磨赤松氏に洞松院《とうしょういん》尼がいるくらいであり、とにかく珍しい存在だったことはまちがいない。

さて、たびたび寿桂尼の発給文書というい方をしてきたが、ここで、具体例を示しておきたい。初見文書（「大山寺文書」）はつぎの通りである。

「大山寺《（折封ウハ書）》　理養坊」

□（朱印、印文「歸」）

とをたうミ《（遠江）》の国むらくし《（村櫛）》のうち大山寺りやう《（領）》田地参町四段、ならひにやまはやし《（山林）》等之事

右、国ふにう《（不入）》として、さうゐ《（相違）》なくりやうしやう《（領掌）》せしめをハンぬ《（畢）》。新きくハん所《（祈願所）》として、武運ちやうきう《（長久）》、国家あんせん《（安全）》のきねん《（祈念）》、しゆさう《（修造）》勤行等、たいてん《（怠転）》あるへからす。そうせん寺殿の御判にまかせて、つきめ《（継目）》さういあるへからさるもの也。仍《よって》如レ件

大永六ひのへいぬ年九月廿六日

大山寺理養坊

特徴的なのは、ほぼ全文、女文である仮名文で書かれていることである。また、冒頭に朱印が捺《お》されており、注記にある通り、印文は「歸《とつぐ》」という字一文字であり、これは帰の旧字である。

文書を出す場合、成人男子は花押をもつことができるわけであるが、女子には花押がないため、このような印判を使うことになり、その印文が「歸」だったわけである。印の大きさは縦・横ともに約三センチメートルで、今日、写しまで含めると二十七通が確認されている。

さて、その印文「歸」であるが、これは「とつぐ」と読むとされている。作家永井路子氏の指摘により、『詩経』の「桃夭《とうよう》」という一篇の中にある、「桃ノ夭々タル灼灼《しゃくしゃく》タリソノ花、之子《このこ》于《ここ》ニ歸《とつ》グ、其ノ室家《しっか》ニ宜《よろ》シ」とあるのが出典だということもわかってきた。つまり、中御門宣胤がわが子を今川氏親に嫁がせる際に与えた印判だったと考えられるのである。

そして、わが子氏輝の代わりに文書を出す必要にせまられた寿桂尼が、花押をもてない女性の身で文書を出すために、この「歸」の印判を捺したわけである。

なお、いま引用した寿桂尼印判状でもう一点、注目されるところがある。文末の部分、「そうせん寺殿の御判にまかせて、つきめさういあるへからさるもの也」というところである。これは、漢字で書けば、「増善寺殿の御判に任せ、継目相違あるべからざるもの也」となる。増善寺殿とは氏親のことで、亡き氏親が安堵したものを保障するとの意味であり、寿桂尼発給の文書には、この種の表現のものが多い。

これは、独自の政策を打ち出して、新しい問題を作るよりは、氏親路線を踏襲することで領国の安定を第一の課題とした寿桂尼なりの判断によるものと思われる。事なかれ主義といってしまえばそれまでであるが、氏輝に強いリーダーシップが望めない状況では、ある意味で仕方のない選択だったのではなかろうか。

よみがえった寿桂尼画像

武家女性の場合、夫が死んでしまったあとの役割について、「後家役割」といういい方をする。それは大きく二つあり、一つは、亡き夫の菩提を弔うこと、もう一つは、子どもがまだ幼い場合の、その養育である。

寿桂尼も、この「後家役割」二つをこなしていくことになるが、「氏輝が独り立ちできるまでは」と、それこそ歯をくいしばり、政務を執ったものと思われる。

その寿桂尼の画像が静岡県小笠郡小笠町の正林寺《しょうりんじ》に所蔵されており、私も何回か拝見する機会があった。しかし現状は、色があせ、顔の輪郭などが少しわかる程度で、どのような顔つきだったのかはわからない状態だった。わが子氏輝に代わって政務を執るその苦労がどのような皺《しわ》となって顔にあらわれているかを知りたかった。

その私の希望は、ひょんなことから叶えられることになったのである。一九九五年四月から、NHK静岡の新しい番組で「しずおか歴史探検隊」というものがスタートすることになり、その第一回目は今川氏をとりあげることになり、私がアドバイス役として加わったのである。

その番組で、正林寺の寿桂尼画像を科学の力でよみがえらせようということになった。その分野では第一級の仕事をしている浜松ホトニクスの協力を得て、赤外線カメラによる透視と、それをもとにしたコンピューターグラフィックスで寿桂尼の素顔の「復元」に取り組んだわけである。

当初は不安もあったが、画面に写し出された画像は実にリアルで、この試みは大成功だった。科学の力でよみがえった寿桂尼の顔が口絵に示したものである。威厳ある顔つき、一点をみつめるまなざしのするどさ、それでいて、どことなくやさしさを感じさせる風貌がそこにあった。この女性から義元が生まれているのである。

ついでなので、ここでその後の寿桂尼についてまとめておきたい。花蔵の乱のときの寿桂尼の動きについてはあとでくわしく考察するので、義元が家督をついだあとの寿桂尼の様子である。

義元が家督をついだあと、義元に雪斎という補佐役がついていたので、もう寿桂尼が表に出る必要はなくなったが、今川家当主義元の生母として、まわりからも敬愛される存在であった。前述したように、京都から来た公家の山科言継がその日記『言継卿記』の中で、「大方」とよんでおり、当時、今川家の人びとからもそうよばれていたものと思われる。

『言継卿記』によって、寿桂尼たち城中の女性が十炷香《じゅちゅうこう》という香の遊びに興じていた様子がうかがわれ、また、近くの湯山（静岡市油山）に湯治に行ったりしており、ようやく、平穏な日々を送ることができるようになった。

そのころが今川氏の黄金時代で、寿桂尼としても、最もめぐまれた日々だったろうと思われる。しかし、その平穏な日々はいつまでも続いたわけではなかった。義元が永禄三年（一五六〇）五月十九日、桶狭間で織田信長に討たれるにおよび、孫氏真とともに、今川氏の力を回復するために日夜奮闘しなくてはならなくなってしまったのである。

没したのは永禄十一年（一五六八）三月二十四日であった。生年がわからないので享年も不明である。死に臨んで、寿桂尼は、「墓を駿府今川館の艮《うしとら》に建てよ」と遺言したといわれている。艮（東北）の方角は、昔から鬼門として知られており、寿桂尼は、死後も今川氏を守りぬこうとしていたことがわかる。

こうして、駿府今川館の艮の方角に建てられたのが龍雲寺《りゅううんじ》（静岡市沓谷）である。しかし、その寿桂尼の願いもむなしく、その直後、同年十二月十三日、甲斐の武田信玄が駿府に攻め込み、今川氏真は駿府を守ることができず、遠江の懸川をさして落ちていくことになった。

第三章　義元家督継承をめぐる謎

1　義元の兄弟たち

氏輝と彦五郎

義元に四人の兄がおり、一人の弟がいて、六人兄弟だったことについてはすでにみた通りである。すぐ上の兄、象耳泉奘については、実兄なのかそうでないのか意見がわかれているが、私は実兄だと考えている。その理由に関してはあとでふれることにしたい。

今川氏親は、六人の男子のうち、二人を駿府今川館に残し、三人を寺に入れ、末子の氏豊を尾張今川氏に養子として出していた。この措置は、隣国相模の北条氏のやり方とくらべると、大きくちがっていた。

北条氏は、たとえば氏康の時代でみると、子どもたちを、領内の支城の支城主として、領国支配の一翼を担わせていた。寺になど入れていないのである。氏康は長男新九郎が早世してしまったので、家督は次男の氏政《うじまさ》がつぎ、あとの三男以下を支城主としている。

具体的にみると、三男の氏照《うじてる》が武蔵滝山城主、のち八王子城主となり、四男の氏邦《うじくに》が武蔵鉢形《はちがた》城主となり、五男氏規《うじのり》は相模三崎城主、のち伊豆韮山《にらやま》城主、六男氏忠《うじただ》は下野佐野城主、七男氏堯《うじたか》は武蔵小机《こづくえ》城主となり、それぞれ、兄氏政の領国支配をサポートする形となっていたのである。

北条氏が、俗にいう「関八州の太守」となりえたのは、この氏政兄弟の血の結束が大きな要因だったことはまちがいないところであろう。

義元の兄弟たち六人も、兄氏輝が駿府今川館にいて全体の統括をし、弟たちが領内の主要地点に築かれた支城の城主となれば、北条氏と同じような支城領支配の体制が可能だったはずである。氏親がそれをしなかったのはなぜだろうか。

その理由としてまず考えられるのは、氏輝以下の子どもたちがまだ幼く、一人前ではなかった点である。氏親が大永六年（一五二六）に没したとき、長兄の氏輝でさえまだ十四歳だった。当然、弟たちの年齢はそれ以下だったので、兄弟による支城領支配は無理だったと考えられる。ただ、これが主な理由だったとは思えない。というのは、幼い者を名目上の城主とすることは、すでに他大名ではみられたからである。

そこで注目されるのが二つ目の理由である。すでに第一章でみたように、今川氏では家督争い、すなわち内訌が何度もおこっていた。氏親は、兄弟が何人もいて、同じような力をもったまま成長すると、家督争いに発展してしまうと考えていたようである。あととり、すなわち嫡男を長男の氏輝と決め、その他を寺に入れたものと思われる。ただ、二男の彦五郎のみが出家せず、駿府今川館で、氏輝と同じように育てられたらしいことは謎である。あるいは、氏輝が病弱だったことから、万が一に備え、家督相続の予備と考えていたのかもしれない。

この後継候補予定者のみを残し、あとの子どもたちを寺に入れるというのは、実は足利将軍家のやり方と同じである。足利一門の今川氏が、北条氏のやり方ではなくその足利将軍家と同じやり方をしていた点は注目されるところであろう。

さて、長兄氏輝であるが、永正十年（一五一三）の生まれで、幼名が龍王丸だったことからも明らかなように、氏親の嫡男の扱いをうけていた。正室寿桂尼から生まれた嫡子である。

すでに述べたように、大永五年（一五二五）、十三歳で元服しており、父氏親も母寿桂尼も氏輝への家督継承がうまくいくことを願っていたものと思われる。

ところが、そうした願いに反し、氏輝は病弱だった。氏輝が政務を執れず、母寿桂尼が前面に出ざるをえなかったことについては第二章で詳述したのでここでは省略するが、その間、代役ないし予備と考えられていた彦五郎はどうしていたのだろうか。

実はこの、氏輝のすぐ下の弟とされる彦五郎のことが全くわからないのである。後述する花蔵の乱にかかわって、史料としての信憑性の高いことで定評のある駒井高白斎《こうはくさい》の『高白斎記』、それに、今川氏のもとにたびたび寄宿していた歌人冷泉為和《れいぜいためかず》の『為和集』に、氏輝の弟として出てくる彦五郎という人物が、どういうわけか、今川氏関係の史料にはほとんど出てこないのである。抹殺されているという印象すら受ける。

氏輝が仮名五郎であり、その弟が彦五郎というのはありうる。彦五郎も、今川氏にとっては由緒ある名前で、名前から推して、僧籍には入れられていないし、家督継承候補者の一人であろう。つまり、家督は長男の氏輝がついだが、父氏親、あるいは母寿桂尼のはからいで、健康面に不安のある氏輝にすぐ代わりうる人物として、次男の彦五郎を同じように駿府今川館に置いたものと思われる。そしてそのように理解すれば、確証はないが、この彦五郎も寿桂尼の生んだ子どもだった可能性が強い。

かなりのちのことになるが、寿桂尼が藤枝の円龍寺（いまは円良寺と書く）に土地を寄進したときの文書（「円良寺文書」『静岡県史』資料編7）がある。

うるし畠之内円龍寺田事
(印文「歸」)
合 参段者
右、定源院殿茶湯のため寄付せしむ。香花等永く怠転あるべからざるもの也。仍つて件の如し

天文十九庚戌
十一月十七日
円龍寺

この円龍寺は彦五郎の菩提寺の一つといわれており、ここにみえる「定源院殿」は彦五郎のことと

されている。彦五郎に関する数少ない史料であるが、寿桂尼がこうした寄進をしていることは、彦五郎が寿桂尼の子どもだったからではなかろうか。ただし、生まれた年はわからない。

それにしても、先にも述べたように不思議なのは、『高白斎記』や『為和集』などの、いわば他国の人が書いた史料に氏輝の弟として彦五郎の名前が出てきながら、『今川記』や「今川氏系図」などに彦五郎のことがふれられていない点である。

本来ならば書き込まれているはずの場面に出ていないという例もある。たとえば、氏親が亡くなったとき、増善寺で葬儀が行われたときの様子が「今川氏親公葬記」という形でまとめられ、そこに「山頭之図」として、当日の葬儀に参列した人のことが描かれたものがあるが、そこには氏輝のほか、氏親の子としては、「善徳寺御曹司」と「花蔵之御曹司」の二人しかみえない。「善徳寺御曹司」は善得寺にいたのちの義元のことであり、「花蔵之御曹司」は花倉の遍照光院にいた玄広恵探のことである。つまり、次男として葬儀に参列していたはずの彦五郎の名前が、どこにもみえないのである。これは、不思議なことといわなければならない。

私は、義元が家督をついで以降、この「今川氏親公葬記」も書きかえられたのではないかと考えているが、よくわからない人物ではある。

遍照光院に入れられた玄広恵探

氏親次男の彦五郎がいつ生まれたのかはわからないが、三男の玄広恵探は永正十四年（一五一七）の生まれと思われる。それは、『続群書類従』所収の「今川系図」に、天文五年（一五三六）に没したときの年齢を二十歳としているからである。

そして、すでにふれたように、玄広恵探を生んだのは、氏親の正室寿桂尼ではなく、側室だった。しかし、その側室がいかなる女性だったかについては、史料および研究者によって解釈が分かれている。『寛政重修諸家譜』所収の今川系図では、「母福島氏」とあるだけなので、具体的なことはわからない。ここで少し、玄広恵探の母について追ってみたい。整理するとつぎの三つになる。

一つは、福島《くしま》左衛門の娘とする説である。『今川記』所収の系図に、氏輝と義元の間に玄広恵探を置き、その注記に、

花倉遍照光院
母　福島左衛門女

とみえる。なお三つの説とも、福島氏の娘であるという点は共通しているので、福島氏そのものについてあらかじめふれておきたい。

福島氏は「くしま」と読まれる。平仮名書きの文書に、たとえば「くしま越前」と書かれたり、漢字表記でも、史料によって九島と書かれたりしているので、「くしま」と読まれていたものと思われる。

二つ目は、『続群書類従』所収の今川系図によるもので、そこには、

氏輝遺言に依つて、義元家督を相続せしむ。茲《これ》に因つて合戦に及ぶといへども、終《つひ》に敗北せしめ、

駿州花倉において討死。年二十歳。母同。幼くして出家し律宗たり。名は良真。山西花倉遍照光院に住す。母は福島安房守女。

と記されている。これによると、恵探の母は福島安房守の娘ということになる。ところが、今川氏関係のたしかな古文書・古記録に、福島安房守という武将の名は一度も登場しないのである。俗書というか偽書といってもよい「今川家分限帳」に「高三万五千石　駿州丸子城主　福島安房守」とみえるが、これは史料としては全く使えず、実在は疑わしい。なお、『系図纂要』所収の今川系図も、「母福島安房守女」としている。

そして三つ目は、福島上総介の娘とする説である。その史料的な典拠は曖昧にされているが、遠州の高天神《たかてんじん》城を研究した著書・論文においてはほぼ通説的な位置を占めている。つまり、高天神城主福島上総介正成《まさなり》の娘が氏親の側室となり、恵探を生んだというのである。しかし、当時のたしかな古文書・古記録には福島上総介正成の名はみえず、やはり、実在が疑わしい。江戸時代中期成立の軍記物『関八州古戦録』や、それを土台としたと思われる「高天神記」に福島上総介正成の活躍の様子が描かれているが、両書ともに史料としての信憑性は低いので、まず無理であろう。

となると、一番最初の福島左衛門の娘というのが唯一可能性として残るわけであるが、厳密にいうと、この福島左衛門という名では当時の史料に出てこない。ただ、福島左衛門尉助春という武将が、今川氏親段階で活躍している様子は明らかであり、ここでは、『今川記』所収の今川系図にみえる

「母　福島左衛門女」とあるのを、福島左衛門尉助春の娘と理解しておきたい。

当時、戦国大名の重臣たちが、服属の証として自分の娘を人質代わりに主君の側室に差し出すということは一般的にみられ、この場合も、福島左衛門尉助春から娘が差し出され、その女性が玄広恵探を生んだのではないかと思われる。

なお、福島左衛門尉助春は、氏親の力が中遠におよんだとき、高天神城（静岡県小笠郡大東町上土方）の城主だったことが確実で、その後、西遠にまで力が伸びたとき、現在の三ケ日《みっかび》町あたりの支配を行っており、今川氏の力が遠江にまでおよぶようになった推進役の一人で、文字通り重臣中の重臣だった。後述する花蔵の乱も、そうした福島左衛門尉助春の実力抜きには理解できない面もある。

なお玄広恵探は、系図によっては良真と書かれることもあり、また、義元の軍師として知られる太原崇孚の履歴が書かれた「護国禅師三十三回忌拈香拙語《ねんこうせつご》并序」すなわち「護国禅師雪斎遠諱香語写」には東栄大徳《とうえいだいとく》としている。ここでは一般的な玄広恵探で記述しておく。

玄広恵探の入った遍照光院は、史料によっては遍照光寺と書かれることもある。現在、藤枝市花倉の遍照寺で、いまは曹洞宗であるが、戦国時代は律宗の寺だった。氏親が、わが子を出家させる寺として律宗寺院を選んだ理由はわからない。氏親自身は曹洞宗に帰依しており、菩提寺とした増善寺も曹洞宗である。

ただ、今川氏歴代をみると、圧倒的多数が臨済宗寺院を菩提寺としており、恵探の弟義元が入ったのも臨済宗の善得寺であった。なぜ恵探を律宗の遍照光院に入れたのかについては今後、さらに検討してみなければならない問題である。

象耳泉奘も寺に

私が義元を今川氏親の五男と考えたのは、義元の上にこの泉奘という人物がいると判断したからである。しかし、泉奘についてはわからないことが多く、これまでは、今川氏の各種系図に義元の次男、つまり氏真の弟とされているのを、そのまま鵜呑みにしている傾向があった。

泉奘を義元の子ではなく、兄弟ではないかとはじめに指摘したのは川瀬一馬氏で、氏の論文「泉奘律師」（『唐招提寺論叢』）によって研究の先鞭がつけられた。なお川瀬氏は、泉奘を義元の弟と考えているが、この点についてはあとでふれることにしたい。

今川氏の人物としてはほとんど注目されることのなかった泉奘であるが、仏教史では重要人物の一人であった。たとえば、『日本仏家人名辞書』には、象耳泉奘として、つぎのような略伝が載っている。

泉奘（戒律宗）大和伝香寺の律僧なり。泉奘字は象耳、寛順と号す。俗姓は今川氏。駿河の人なり。華蔵山に投じて祝髪し、招提寺高範に受具す。後旨を奉して泉涌寺に住す。正親町天皇宮中に召して菩薩大戒を受け、これにより数帝に召されて経論を講ず。大和刺吏筒井順慶伝香寺を剏し、師請されて開山となる。晩年招提寺を主とり、天正十六年五月十八日泉涌寺に寂す。寿七十一。門下に照珍律師あり。

つまり、駿河今川氏の出身で、華蔵山すなわち、花倉の遍照光院で剃髪し、京都の泉涌寺および奈良の唐招提寺の住持となり、大和の伝香寺の開山となったとする。ここには書かれていないが、具体的には、泉涌寺六十九世、唐招提寺五十七世で、この時代を代表する律宗の高僧であった。

ここで注目されるのは、文末に、天正十六年（一五八八）五月十八日、七十一歳で没したことが記されている点である。この死没年月日、享年は、同時代史料によって確かめることができ、確実である。たとえば、『多聞院日記』の天正十六年五月二十三日の項に、「去十八日、伝香寺長老死去、七十一。愚身同年也。久煩勿論々々。京ノ泉涌寺ノ長老ナル故、彼方へ取テ帰云々」と記されている。

そこで、この没年と没年齢から逆算すると永正十五年（一五一八）の生まれとなり、前述したように、梅岳承芳、すなわち義元の生年が永正十六年なので、泉奘の方が一歳年長で、兄にあたるわけである。

川瀬一馬氏が義元を兄、泉奘を弟と考えた理由はわからないが、『駿河志料』に、義元が永禄三年（一五六〇）桶狭間で死んだときの年齢を四十五歳としているのに依拠したのかもしれない。仮にこれで逆算すると、たしかに永正十三年の生まれということになり、義元の方が二歳年長の兄になるわけであるが、義元の享年は四十二歳とするのが妥当なので、ここは、泉奘の方が一歳年上と理解しておきたい。

ちなみに、『駿河志料』は泉奘について、「永正十五年戊寅《つちのえとら》の生まれなり。義元朝臣永正十三年丙《ひの》子《えね》誕生なれば、もしその弟か、或は一族瀬名関口などの子にて、義元猶子ならんか、審《つまびらか》ならず」

と記している。氏親の実子ではなかった可能性をも示唆しており、そのように理解すれば、前述した、氏親の葬儀に列席していない理由もわからなくない。しかしながら、私は、前掲川瀬一馬氏の「泉奘律師」に引用されている「招提千歳伝記」巻上之三に、「駿州人也。世姓今川氏」とあるのに注目し、今川氏の人間であるとみている。そして、生年からみて、泉奘が兄、義元は弟と考えたい。

泉奘の幼少時代のことはわからない。「招提千歳伝記」にも子どものころのことは書かれておらず、華蔵山、すなわち遍照光院で剃髪したことは記すが、それがいつのことかは不明である。「招提千歳伝記」によると、その後、天文八年（一五三九）に受戒している。後述する花蔵の乱の三年後のことである。

ただ、花蔵の乱後、いつからのことかわからないが、無住となった遍照光院に入ったことは確実で、泉奘の著わした唐招提寺所蔵の「南山北義見聞私記」の奥書から、少なくとも弘治三年（一五五七）の時点では、遍照光院の住持であったことがわかる。

氏輝死後の家督継承問題がおこったとき、泉奘が恵探のように後継者候補として名乗りをあげようとしなかったのは、泉奘自身、武将として生きることより、仏教者として生きる方に魅力を感じていたのではないかと思われる。また、泉奘を生んだ女性については全くわかってはいないが、仮に、恵探の母と同じではなかったとすれば、後ろ盾になる強力な福島氏のような一族がついていなかった可能性もある。結局、泉奘は京都へ上り、泉涌寺住持、唐招提寺住持という、高僧の道を歩むことになったのである。

義元の兄弟ということで、四人の兄たちをみてきたが、最後に弟の氏豊についてふれておきたい。

尾張今川氏と氏豊

この氏豊も、従来の通説通りだと矛盾の多い人物である。通説のもとになっているのは『名古屋合戦記』という軍記物であるが、同書によると、永正十四年(一五一七)、今川氏親が尾張守護斯波義達《しばよしたつ》と遠江で戦ってこれを破り、尾張に送還したあと、大永の初め、斯波義達を監視する目的で那古野《なごや》城を築き、末子氏豊をその城主に送りこんだとする。

ここまでのところで大きな矛盾がすでにある。氏豊の生まれが大永元年(一五二一)だからである。大永初年という以上、せいぜい大永二年か三年をさしているものと思われる。二歳や三歳の幼児に、尾張守護の監視などという大役がつとめられるわけもないし、第一そのころ、今川氏の力はまだ三河にも伸びていないのである。尾張に城を築けるはずがない。

さらに、『名古屋合戦記』に依拠する形の通説にはもっと大きな矛盾が横たわっている。織田信秀による那古野城攻めの年次に関してである。『名古屋合戦記』によると、今川氏豊と織田信秀は、日ごろから連歌会を一緒に楽しむような間柄だったという。信秀は、連歌会が夜遅くなると、そのまま那古野城内に泊るほど懇意にしており、天文元年(一五三二)三月十一日、同じように那古野城を訪れていたが、偽って急病と称し、家臣を城内に呼び、その夜、城の内に火をかけ、それを合図に、外で待機していた家臣が城門を打ち破って攻め入り、氏豊は城を守ることができず、上方《かみがた》さして落ちていったというものである。

信秀による鮮やかな那古野城奪取劇であり、以後、信秀が、それまでの勝幡《しょばた》城から那古野城に城を移している事実とあいまって、史実として認められてきた。しかし、よくよく考えてみると、大永元年生まれの氏豊は、天文元年には十二歳である。いかに早熟だったとしても、十二歳の少年が、信秀と連歌の友だったとするのは無理がある。最近、ようやくこうした矛盾にメスが入れられるようになってきた。

まず最初の矛盾、つまり氏親が二歳か三歳の幼児を那古野城主に送りこんだという点であるが、これは、氏親がわが子氏豊を斯波氏の監視のために送りこんだとみるのではなく、尾張今川氏の養子に出したと解すれば整合的に理解できる。

六ページでみたように、今川国氏の娘が名児耶氏の室になっているが、名児耶は那古野・那古屋・名古屋などと書かれることもあり、今川一門の那古野氏につらなっている。今川那古野氏で、尾張の那古野を本拠に、室町幕府の奉公衆をつとめていた（『新修名古屋市史』第二巻）。尾張今川氏といってよい。

惣領家である駿河の今川氏が範忠のとき、すでに述べたように、永享の乱の軍功によって、将軍義教から、「今川は惣領家のみ称し、それ以外の庶流は住んでいる土地の名を名乗れ」という命令があり、そのとき、尾張今川氏も、今川ではなく、在名の那古野を日常的に用いることになったものと思われる。

しかし、そのしばりも、幕府の力が強いときだけで、那古野氏は、戦国期には再び今川を名乗り、今川那古野氏となっていた。その今川那古野氏にあととりがいなくなったとき、氏親が養子として送りこんだのが氏豊だったのではなかろうか。養子であれば、二歳か三歳の幼児であっても問題はない。

では、もう一つの矛盾、天文元年（一五三二）の織田信秀による那古野城乗っ取り劇はどうみたらいいのだろうか。さきに私は、十二歳の少年が連歌にのめりこむはずがないということを理由に、この乗っ取り劇に疑問を呈したわけであるが、実は、『名古屋合戦記』の記述を否定する同時代史料が存在する。それが、山科言継の日記『言継卿記』である。

天文二年（一五三三）七月のこと、勝幡城主織田信秀が、京都から山科言継と、当代一の蹴鞠の名手とうたわれた飛鳥井雅綱を居城の勝幡城に招いたことがあった。『言継卿記』の同年七月二十三日条には、つぎのようにみえる。

> 在名なこや今川竹王丸、蹴鞠門弟に成られ候。太刀・糸々三百疋持来られ候。沓《くつ》迄なり（中略）。晩天鞠これ有り。人数、飛（飛鳥井雅綱）・予（山科言継）・蔵人・今河竹王丸那古屋十二歳・三郎（織田信秀）・兵部丞。

ここに、今川竹王丸とあるのが那古野城主の今川氏豊である。『言継卿記』には、このあと、二十五日、二十六日、二十七日の条に竹王丸のことがみえる。

注目されるのは、天文元年に信秀によって追い出されたと思われていた氏豊が、まだ那古野城主として健在だった点である。つまり、天文元年の乗っ取り劇は、『名古屋合戦記』に記されているような形ではなかったことが明らかとなる。

なお、山科言継が注記の形で、竹王丸、すなわち氏豊の年齢を十二歳としているのはどうしてなのだろうか。大永元年の生まれであれば天文二年には十三歳になっているはずで、この一歳の誤差が何で生じたのかは不明である。言継の聞きちがいなのか、あるいは、大永元年の生まれといわれている方がまちがいなのかもしれない。

この『言継卿記』の記載からもうかがわれるように、氏豊は信秀と一緒に蹴鞠を飛鳥井雅綱に習っており、連歌が楽しめる年齢になれば、お互いの城に行ったり来たりすることもあったと思われる。前述の『名古屋合戦記』のようなことがおこったとしても不思議ではない。事実、氏豊は信秀に那古野城を追われ、信秀が自分の城にしているので、那古野城乗っ取り劇はあったことが確実であり、実態としては、つぎの『明良洪範《めいりょうこうはん》』のような流れだったのではなかろうか。

今川左馬介氏豊と云者、尾州名古屋の城に住せしに、織田備後守（信秀）も同国庄幡（勝）に在て連歌の友也。常に互に附句送り合けるが、或時今川云。道の程も遙かなれば、使ひもて遣り取りするも便り宜しからず、我等が城内へ居宅を造り参らせんまま此方へ来て心静かに連歌したまへと云贈りける。織田大いに悦び、いと忝《かたじけ》なし、居宅でき候はば早速移り申べしと答ふ。其後右造作出来して織田移り住みけるが、織田竊《ひそ》かに本丸の方へ向て矢ざまを開き、内々軍事の用意をなし、吾領地の軍勢をかたらひ、終《つひ》に内外より不意に責討しかば、今川せん方なく逃げ出、上方へ登られける。応仁の乱れより以来、かかる事多く人心虎狼の如く也。此今川左馬介氏豊は、治部大輔義元の弟也、名古屋を落て上方へ登られしは、天文元年二月十一日の事也。其子孫氏明は信長に仕へて、天正十年六月二日本能寺にて戦死せり。

ここに引用した最後に近い部分、「天文元年二月十一日の事也」とあるのを、ちがう年月日におきかえれば、ほぼこの通りの流れだったとみてよいように思われる。

では、ちがう年とすれば、それはいつなのだろうか。この点について、横山住雄氏は『織田信長の系譜——信秀の生涯を追って』で、天文七年（一五三八）ごろではないかとしている。また、新井喜久夫氏も「出自」（小和田哲男他編『織田信長事典』）の中でこの問題にふれ、「当時、那古野城の近くに天王社と若宮八幡社があり、ともにこの時の兵火によって焼失し、天文八年に再建されたという伝えをもっている。この再建年次から考え、那古野城の奪取は天文八年以前、七年頃と考えるのが妥当ではあるまいか」と述べている。納得できる結論である。

なお天文七年とすれば、駿河では義元が家督をついで二年後であり、ちょうど河東一乱のまっただ中でもあり、氏豊を支援することができなかったという事情も理解できる。こののち、義元が三河に進出し、信秀と戦うのは、一面では、領土拡張戦で信秀の鋒先とぶつかったという側面があるが、もう一面で、このときの氏豊の仇討ちという面もあったように思われる。

2　氏輝・彦五郎突然の死

末弟氏豊のことを追って天文七年まできてしまったが、再び、氏輝が家督をついだ大永六年（一五二六）にもどそう。

氏輝の領国経営

すでに述べたように、氏輝はその前の年、十三歳で元服し、五郎氏輝と名乗り、従五位下・上総介に任ぜられている。小さいころからの教育はしっかり行われていたものとみえ、大永六年正月の連歌会には、病の身の父氏親とともに出席している。『宗長手記』によると、

正月廿八日、五郎（氏輝）殿御興行に、
　不尽《ふじ》やこれかすみの四方《よも》の州《くに》の春
すみの山をたち入れ申侍。本所様（氏親）・御方（正親町三条公兄）入御。歴々御会席にや。

とあり、氏輝が連歌会を主催し、それに氏親や正親町三条公兄らが同席していたことがわかる。また、氏親の一周忌にも、「一回忌詩歌」を勧進しており、和歌・連歌のたしなみは、さすがに文化人大名今川氏当主の名に恥じないものがあった。

しかしすでにみたように、家督をついでもすぐには、領国支配に乗り出せる状況ではなく、母親の

寿桂尼が氏輝に代わって領国経営の第一線に立たざるをえなかったのである。和歌会や連歌会は主催できても、政治を執るのが無理だったとしたら、そこには何か精神的なものがあったようにも感じられるわけであるが、その点についてはあとでもう少しくわしく掘り下げることにしたい。

五九ページでみたように、氏輝が恒常的に文書を出せるようになったのは享禄五年（一五三二）、すなわち天文元年からである。そしてそのころから、それ以前の氏親あるいは寿桂尼段階にはみられなかった新しい施策がみられるようになる。その一つが商業振興策であった。具体例をあげておこう。

商業振興策

氏輝が恒常的に文書を出しはじめたころの一通である享禄五年八月二十一日付氏輝判物（「寺尾文書」『静岡県史』資料編7）は、

（今川氏輝）
（花押）

江尻商人宿之事

右、毎月三度市、同上下之商人宿の事、ならびに屋敷弐間、前々の如くたるべき者也。仍つて件の如し

享禄五

八月廿一日

となっている。宛名はないが、内容から江尻の商人に宛てたものだということがわかる。

この文書で、「毎月三度市」とあるのは、月に三回開かれる市、すなわち三斎市《さんさいいち》のことをいっており、氏輝は、物資の集まる江尻湊《えじりみなと》を三斎市として、定期的に市が開かれる場とし、その商人宿の屋敷二間の役を免除している。

周知のように、今川氏の城下町である駿府の町は海から少し離れており、町の中を流れる安倍川べりに湊はなく、江尻湊を駿府の外港として位置づけていた。その江尻湊の振興策に氏輝が着手したことを示すわけで、これが、こののち義元の商品流通重視策につながっていったことはまちがいない。

馬廻衆の編成

氏親・寿桂尼段階にみられず、氏輝が実質的に政治を執るようになってはじめてあらわれた施策のもう一つが馬廻衆の編成である。馬廻衆というのは旗本と同じで、親衛隊のことをいい、当主の周辺を警固する直属の武士団である。織田信長の赤母衣《あかほろ》衆、黒母衣《くろほろ》衆が有名で、徳川家康の旗本先手《さきて》役というのがこれにあたる。

この馬廻衆にあたる直属軍は氏親のときにはなかった。それが、天文元年十一月二十七日付の氏輝判物（「大宮司富士家文書」『静岡県史』資料編7）にみえる。すなわち、

星山代官職の事

右、子細に及ぶといへども、馬廻として奉公せしむる上は、前々の如く、代官職共、他の綺《いろい》無く、直務せしむべきの状、件の如し

天文元壬辰年十一月廿七日

氏輝（花押）

富士宮若殿

というように、富士宮若に、星山代官職を安堵する代わりに馬廻としての奉公を求めている。

宛名の富士宮若というのは、正しくは富士宮若丸のことで、国人領主富士氏当主の子。すなわち、氏輝は、有力武将の子ども世代の若者を親衛隊に組織しようとしていたことがわかる。それは、天文三年七月十三日付の興津藤兵衛尉正信宛の氏輝判物（「興津文書」『静岡県史』資料編7）に、知行分の安堵をした上で、「将又子彌四郎馬廻に相定むる上は、彌《いよいよ》奉公を抽《ぬき》んずべき所、仍つて件の如し」と記していることからも明らかである。この場合も、興津氏は国人領主で今川氏の重臣の家がらであり、その当主の子、この場合は彌四郎が馬廻として登用されていたのである。

こうした馬廻衆の創設は、今川氏当主としての氏輝の権力強化につながっていたわけで、それが氏輝のときにはじまっているという点は注目しておく必要があろう。

氏輝と武田信虎の戦い

氏輝の領国経営がようやく軌道にのり、それまで支配が不安定だった駿河の東部にまで今川氏の力が及ぶようになった。駿河国東部の駿東《すんとう》郡で独自な力を維持していた葛山《かずらやま》城に拠る国人領主の葛山氏が氏輝のことを「御屋形」と呼び、今川氏への服属を表明するのもそのころのことである。

そうした今川氏の勢力伸張に脅威の念を抱いたのが甲斐の武田信虎《のぶとら》であった。氏親の時代、信虎と戦うことがあったが、氏輝の代になってからは、内政を重視し、外の敵と戦うことなど思いもよらなかったからである。ところが、ある程度内政に目処《めど》がつくと、国境付近の確保がつぎの課題となってきて、武田軍との衝突がはじまるのは時間の問題であった。案の定、天文四年（一五三五）、ついに両者は甲斐国境で衝突した。

その様子は、当時、駿府に来ていた冷泉為和の歌集『為和集』にみえる。

> 今月（七月）五日ニ、甲州より敵出張。廿七日ニ諸勢出陳（陣、以下同じ）。八月十九日ニ、万沢口にて合戦。同廿日ニ、相州より氏綱（北条）兄弟父子、何か『ニ』一万計ニテ出陳。同廿二日ニ相働ヲ、都留郡主小山田衆武田被官合戦終日侍りて、未剋《ひつじのこく》ニ散。小山田衆七八百討捨て、三百六七十討捕る。軈而廿三日ニ小田原へ帰陳。小田原衆手負二三百。討死衆八二人。河村与太夫子《足軽》也。

これにより、武田信虎の軍勢が甲駿国境に攻め込んできたのが七月五日で、氏輝側がそれに応戦すべく出陣したのが二十七日だったことがわかる。攻撃があってから今川軍の出陣まで時間がかかっているのが気になるところである。

『為和集』に記されているように、八月十九日に万沢口《まんざわぐち》（山梨県南巨摩郡富沢町万沢）で戦いがあったのはまちがいない。それは、つぎの氏輝の感状写（「孕石文書」『静岡県史』資料編7）からも明らかである。

去（八月）十九日、万沢口に於いて一戦の上、別して下知を成し走り廻るの由、甚《はなは》だ以て神妙也。彌《いよいよ》粉骨を抽《ぬき》んぜらるべし。仍つて件の如し

氏輝書判

孕石郷左衛門（光尚）殿

この文書には年月日の記載がないが、写しのときに落ちてしまったものと思われる。「土佐国蠹簡《とかん》集《しゅう》残編」七に、これと同文の写しがあり、それが八月二十日付となっているので、天文四年八月二十日、つまり、戦いのあった翌日、戦いに戦功のあった孕石《はらみいし》郷左衛門光尚に感状が出されたことがわかる。

氏輝は、今川軍だけで武田軍を撃退するのはむずかしいと判断し、相模の北条氏綱に援軍を頼んでいる。さきに引用した『為和集』によれば、万沢口の戦いのあった翌日の二十日に出陣したとしているが、北条方の史料『快元僧都記《かいげんそうずき》』では八月十六日に出陣したとしており、二十二日には、甲州の郡《ぐん》内《ない》で戦闘があったとする。

このとき武田信虎は、今川軍と対峙していたため、防備の手薄な郡内地方は北条軍に攻められ、一転して守勢にまわる形となった。ふつうならば、今川軍と北条軍によって武田軍が挟み撃ちされる状況で、武田軍が窮地に陥るところであるが、そこが信虎のすごいところである。なんと、関東の扇谷《おおぎがやつ》上杉朝興《ともおき》と連絡をとり、留守になった小田原城をねらわせているのである。

本拠の小田原城が危ないということで、甲斐の武田領奥深くまで兵を進めていた北条氏綱は兵を引き、小田原城にもどっている。武田信虎もこれ以上、長期の出陣は無理と判断し、同じく兵を引いている。したがって氏輝としては、このとき、武田軍を撃退したことになる。

天文五年三月十七日

天文四年は、そのあと大きなできごともなく暮れ、いよいよ天文五年（一五三六）を迎えた。氏輝は、正月十三日に駿府今川館で恒例の新年の歌会を開いたあと、小田原に出かけている。前年の武田信虎との戦いに際して北条氏綱に援軍を要請し、氏綱がそれに応じて大軍を出してくれたことにお礼をするための表敬訪問と思われる。

これには冷泉為和も同行しており、『為和集』によって二月五日、小田原で北条氏の歌会が開かれ、それに同席したことがわかる。すなわち、

花久芳　二月五日、小田原に於いて今河五郎氏輝彼地へ越さる時也。
幾春かきまさん人の色香そへて老木の花も若返るらん

とみえる。

このとき氏輝は、北条氏綱の歓待を受けたものとみえ、だいぶのんびりしている。そして、帰りがけには、三月五日のことになるが、熱海で湯治をしているのである。

人によっては、帰りがけに湯治をしていることを重視し、すでに何らかの異常があり、静養したの

ではないかと受けとっているが、私は静養とか療養のための湯治ではないとみている。それは、熱海で湯治をしながら、歌会を開いていることが、『為和集』からわかるからである。領国経営もある程度軌道にのり、武田信虎との戦いも一段落し、「やれやれ」と羽根を伸ばしている感がある。

氏輝が駿府にもどったのがいつのことか、書かれたものがなく不明であるが、熱海からは二、三日の行程なので、三月十日前後には駿府にもどっていたのではなかろうか。そして、いよいよ運命の三月十七日を迎える。この三月十七日、氏輝と弟の彦五郎が二人とも死んでしまうのである。

氏輝一人が死んだというのであれば事件ということにはならないかもしれない。しかし、同じ日に、すぐ下の弟も死ぬということは、どう考えても尋常ではない。そこでこの問題を考えていくために、まず客観的な材料を並べておこう。私の知るかぎり、氏輝・彦五郎兄弟の死に言及している史料は、つぎの四つである。

(1)『為和集』

今月(三月)十七日、氏輝死去。同彦五郎同日遠行。

(2)『快元僧都記』

十八日、例の建長・円覚の僧達、今川殿の不例の祈禱として、大般若を読まる。しかるに、十七日ニ氏照(輝)死去注進の間、即夜中、経席を退かれ畢《おわんぬ》。今川氏親の一男也。

(3)『高白斎記』

(三月)十七日、今川氏照(輝)・同彦五郎同時ニ死ス。

(4)『妙法寺記』

此年四月十日(三月十七日)、駿河ノ屋形御兄弟死去めされ候。

最後の『妙法寺記』だけが、死去の日を四月十日としているが、これは三月十七日が正しい。また、『快元僧都記』だけは弟彦五郎の死にふれていないが、ほかの三つは氏輝と彦五郎が同じ日に死んだことを伝えており、これが事実であろう。

このように四つの史料を並べてみると、あらためて一つの事実に気がつく。『為和集』は京都から駿府に来ていた公家冷泉為和の歌集であり、『快元僧都記』は相模鎌倉の鶴岡八幡宮相承院《そうしょういん》の供僧快元の日記であり、『高白斎記』は、甲斐の戦国大名武田氏の軍師駒井高白斎の日記である。また、『妙法寺記』は甲斐の日蓮宗寺院妙法寺の年代記で、いずれも今川氏にしてみれば他国の人間が書いたものである。つまり、氏輝・彦五郎に直接かかわっている今川氏の当事者の記述が残されていないことが指摘される。

もちろん、位牌や過去帳、系図の注記などに、天文五年三月十七日に氏輝が没したことは記されているが、『今川記』や『今川家譜』など、もっと詳細な叙述があってもいいと思われる史料に、全くこのことがふれられていないのは逆に不自然であり、奇異の念をおぼえる。どうやら今川氏の人間、もっといえばその後の花蔵の乱を経て家督をついだ義元にしてみれば、氏輝・彦五郎二人の同日の死は、あまりふれたくない事柄だったように思えるのである。相模からもどったばかり、しかも二十四歳と若い氏輝一人でさえ、その突然の死は尋常でなく、ましてや、そのすぐ下の弟彦五郎も同日に死ぬというのは、ふつうには考えられないことである。駿府今川館において、天文五年三月十七日、何がおこったのだろうか。

氏輝自殺説の検討

これまでは、二人の死因については病死とされてきた。たとえば古代において、天平九年（七三七）の天然痘の大流行で、藤原武智麻呂《むちまろ》ら四兄弟の死という例もあり、同じ駿府今川館で生活していた氏輝と彦五郎が、同時に重い病気にかかり、死んでしまったと解釈してきたのである。

ところが、こうした通説に対し、前田利久氏は、「今川氏輝文書に関する一考察」（『今川氏研究』創刊号）で注目すべき見解を披露している。

……今川家の存亡にかかわる重大事件にもかかわらず、両者の死因については文書や『今川記』、『寛政重修諸家譜』などの今川家に関する主要な文献にも記されることなく、それがかえってただの死ではなかったような印象さえ与えている。

こうしたなかで「浅羽本系図」所収の今川系図は他の諸系図とは異なって、唯一氏輝の死因に触れていて興味深い。それは「為氏輝入水、今川怨霊也」という簡単な注記だが、氏輝の死は入水自殺によるものとしている。しかも「怨霊」という文言からは、氏輝が何らかの事情で自殺に追いやられてしまったようなきわめて事件性の強いものと解釈できるのである。

たしかに前田氏もいわれるように、これは興味深い注記である。しかし、なかなか意味のとりにくい注記ともいえる。特に、後段の「今川怨霊也」とのつながりをどう考えたらよいのかむずかしい面もある。すなおに読めば、今川の怨霊の祟りで、氏輝が入水自殺をしてしまったということになろうが、その怨霊の祟りというものが皆目見当がつかない。氏輝自身、それまでに人に祟られるようなことはやっていないはずであるし、もしあるとすれば、父氏親が家督を相続するとき、伊勢新九郎、すなわち北条早雲によって攻め殺された小鹿新五郎範満の怨霊ということになる。しかし、仮にそうだとすれば、氏輝に祟るのはおかしいわけで、それも疑問である。

また、もし入水自殺ということになると、すぐ下の弟彦五郎が同じ日に死んでいることをどう理解したらよいのだろうか。二人が一緒に入水自殺をしたととらえるのも無理があるように思われる。ここでは自殺説もあるということを前提に、そのころの周囲の状況等を加味しながら、氏輝の死因について考えてみたい。

氏輝が十四歳で家督をついだばかりのころ病弱だったことはすでにみた通りである。だからこそ母寿桂尼が前面に出て、短期間ではあるが「女戦国大名」として君臨せざるをえなかったのである。

しかし、天文元年（一五三二）ごろからは氏輝は自立し、政務も執れるようになったわけで、必ずしも病弱だったとはいえないように思われる。相模にも行き、北条氏綱の歌会に出ることもできたのが何よりの証拠であろう。

ただこの点について、前述前田利久氏は同じ論文で、氏輝文書の花押を詳細に研究され、花押に震えがみられたり、同じ日に書いたはずの花押が大きくちがっていたりして、精神的に不安定なところがあったのではないかと指摘している。氏輝が「心の病気」を抱えていたことは考えられる。そうなると、「浅羽本系図」の注記がいう入水自殺も全く否定しきれないわけであるが、当時、氏輝が置かれていた状況からは、もう一つの可能性も浮上してくる。

氏輝の病気と義元待望論

氏輝は和歌が得意で、歌会のときは元気であるが、内政・外交などのむずかしい問題に直面するとストレスを強く感じてしまったのではないかと思われる。そうした様子は家臣たちも知っていて、氏輝が当主でいることに不安感をもちはじめたことも考えられる。

そして、注目されるのは、そのころから、氏輝の弟の梅岳承芳《せんがくしょうほう》、すなわちのちの義元が、駿府にしばしば顔を出すようになったことである。

今川義忠夫人、つまり氏親の母は、安倍川の支流北川のほとりに屋敷を与えられ、北川殿とよばれていたが、北川殿の没後しばらくして、そこに、善得寺の支院善得院が作られ、善得寺の喝食だった義元が、その善得院と善得寺を行ったり来たりするようになった。それがいつのことかは不明であるが、少なくとも、天文二年(一五三三)には、そうした生活がはじまっていたことはまちがいない。

それは、『為和集』の天文二年正月二十二日のつぎの記述からも明らかである。

同廿二日、今河弟禅徳院《(善得)》にて当座詩歌侍り。

江畔柳

引人ハ見えぬ古江に青柳の靡《なびく》や舟のつなて《(綱手)》なるらん

このあと、十月四日にも「於禅徳院当座」、十一月九日にも「於禅徳院当座」、十二月十日にも「於禅徳院詠歌　当座之詠也」とあり、駿府の善得院で、義元と冷泉為和ら公家との詩歌の会がたびたびもたれていたことがわかる。

天文二年といえば、義元は十五歳である。公家だけでなく、今川家臣たちの間に、義元の存在が次第に大きくなっていったのではなかろうか。それは、精神的に不安定なことの多い氏輝との対比で、一層義元待望論が生まれてくることにもなったと思われる。

戦国大名家の家督相続で、似たようなケースがある。越後の長尾家で、長尾為景《ためかげ》が没したとき、家督は長男の晴景《はるかげ》がついだ。しかし、晴景は病弱で、家臣たちは、弟の景虎《かげとら》（のちの上杉謙信）に期待を寄せる形になり、ついに、晴景は弟景虎を養子にして家督を譲っているのである。

このときの今川氏においても、似たような状況があったのではないかと私は考えている。家臣たちの義元待望論が声として次第に大きくなるにつれ、ますます氏輝の「心の病気」は重くなったのではないか。その結果、自殺に追いこまれた可能性もある。ただその場合でも、弟彦五郎の同日の死は不可解というしかない。

なお、氏輝・彦五郎の死を考えるにあたって、もう一つみておかなければならないことがある。さきにみたように、天文四年には、氏輝は武田信虎と戦っていた。ところが、義元が家督をついだとたん、両者は講和し、同盟関係を結んでいる。つまり、外交路線がこの家督交代で一八〇度変わっているのである。武田信虎からの何らかの力があったとは考えられないであろうか。今後の検討課題にはなると思われるので、一言付け加えておいた次第である。

3 義元の生いたち

善得寺入寺と養育係太原崇孚

義元は、永正十六年(一五一九)の生まれという。これは、『寛永諸家系図伝』や『続群書類従』所収の今川系図などの義元の項に、永禄三年(一五六〇)、桶狭間の戦いで討死したときの年齢を四十二歳としていることからの逆算である。『駿河志料』は、史料の根拠を示していないが、歿年齢を四十五歳としており、もし、それが正しければ永正十三年の生まれということになる。ここでは通説に従い、永正十六年の誕生ということで考えておきたい。

すでに述べたように、永正十六年の生まれとなると、氏親の五男ということになる。母は嫡男と同じく、氏親の正室寿桂尼であった。『今川家略記』には、幼名を方菊丸《ほうぎくまる》といったことがみえる。

方菊丸が四歳になった大永二年(一五二二)ないし五歳になった翌三年、氏親は方菊丸を富士郡の善得寺に入れている。そして、方菊丸の養育を託されたのが九英承菊《きゅうえいしょうぎく》、すなわちのちの太原崇孚、つまり雪斎であった。そのときのいきさつが、雪斎の三十三回忌のときの「護国禅師雪斎遠諱香語《おんきこうご》写」に述べられている。すなわち、

芳髩年を補佐すべき其の仁なし。故に氏親公、使を遣して称呼すること三回なり。生縁の熟する処、忘れ難くして帰国し畢んぬ。氏親公芳髩年の進止を以て畢竟《ひっきやう》菊公に倚頼す。国守の命は既に九鼎《きゅうてい》にして法眷の好みも亦《また》千鈞なり。俊拒するを得ずして世と低昂《ていこう》す。

雪斎木像（臨済寺蔵）

とあり、修行中の九英承菊をみこんだ氏親が方菊丸の養育係を依頼したときの様子がよくわかる。このとき九英承菊、すなわち雪斎は京都の建仁寺で修行をしており、二度まで断わったという。もっともこのあたり、「護国禅師雪斎遠諱香語写」の創作だった可能性がないではない。「三顧の礼」の話との類似性が指摘されるところである。

　いずれにせよ、氏親からの説得がなされたことは事実だろう。雪斎にしてみれば、氏親の頼みを断わりきれない事情があった。「国守の命」を「俊拒するを得ず」と

記されているあたりにそのことは明らかである。

氏親が雪斎に白羽の矢をたてたのも、雪斎がそれを断わりきれなかったのも、雪斎が今川氏重臣の子どもだったからである。前述「護国禅師雪斎遠諱香語写」には、ただ「父庵原氏、母興津氏也」とあるだけであるが、庵原氏も興津氏も今川重臣の家柄で、雪斎の生まれたころの当主は、それぞれ庵原《いはら》左衛門尉《さえもんのじょう》、興津《おきつ》藤兵衛《とうべえ》なので、父は庵原左衛門尉、母は興津藤兵衛の娘や姉妹ということになろう。庵原氏レベルでの国人領主の家でも、「一子出家すれば九族天に生ず」といった観念があり、子どもの一人を出家させていたのであろうか。

ちなみにこの雪斎は、はじめ善得寺に入り、そこで琴渓《きんけい》承舜《しょうしゅん》の教えを受けている。九英承菊といった〝承〟は、師の琴渓承舜の〝承〟を与えられたのかもしれない。そのあと京都に上り、建仁寺で修行していたところを、前述のように氏親から方菊丸、すなわち義元の養育を依頼されたというわけである。

そこで雪斎は駿河にもどり、方菊丸をともなって善得寺に入った。なぜ善得寺だったかであるが、一つは、雪斎自身が、はじめそこで修行していたからであり、氏親のいる駿府にも近かったからである。しかし、もう一つ理由があったように思われる。当時、善得寺は、駿河国内を代表する臨済宗の寺院だっただけでなく、今川氏の「官寺」ともよばれていた。氏親自身は前述したように曹洞宗に帰依しており、自身の菩提寺増善寺も曹洞宗である。しかし今川氏歴代は一貫して臨済宗であり、臨済宗との関係も保っておきたかったからではなかろうか。

さらに言えば、三男の玄広恵探を律宗の遍照光院に入れ、四男の象耳泉奘も律宗の高僧となっているところをみると、氏親自身の頭の中には特に宗派にこだわるという考えそのものがなかったことも考えられる。

今川氏の「官寺」善得寺

さて、雪斎にともなわれて四歳ないし五歳の義元が入った今川氏の「官寺」善得寺とはどのような寺だったのだろうか。

善得寺は、明治以後廃寺となり、現在は富士市今泉に、わずかに「善得寺公園」としてかつての寺境の一部が市の公園となっているにすぎない。

この寺の歴史は古く、鎌倉末期の高僧無学祖元《むがくそげん》の弟子である高峰顕日《こうほうけんにち》の開いた下野《しもつけ》の雲巌寺《うんがんじ》に学んだ大勲天策《だいくんてんさく》禅師が、貞治二年（一三六三）、浮島沼のほとりに天寧寺《てんねいじ》（天寧庵とも）を開いたのがはじめという。大勲天策禅師は関東管領上杉憲顕《のりあき》とその子能憲《よしのり》の帰依を受け、応安五年（一三七二）から寺の名を善得寺と改めたが、上杉禅秀の乱のあと、上杉氏との関係が切れ、今川氏の「官寺」になったといういきさつがある。以来、今川氏歴代当主からの厚い保護によって「河東第一の伽藍」とまでいわれるほどに発展をしていた。

善得寺址（静岡県富士市今泉）

歴代住持は、第一世大勲天策、第二世竺帆《じくはん》、第三世景徳仲《けいとくちゅう》、第四世永派西堂《えいはせいどう》と続き、氏親のとき、京都の相国寺から照黙堂《しょうもくどう》を招いて第五世とし、そのあとをついだのが第六世琴渓承舜であった。そしてその門弟に九英承菊、すなわち雪斎がいたというわけである。

方菊丸は雪斎から文字を習い、やがて、「四書五経」なども読むようになっていったものと思われる。当時の寺は、武士の子弟たちの学校の役割も果たしていたのである。氏親としても、一面では家督争いを無くすためという目的と、もう一面では子どもに学問をつけさせるねらいもあった。

雪斎に義元の養育を託したその氏親が大永六年（一五二六）に歿し、その葬儀の席に「善徳寺御曹司」と書かれた八歳の義元の姿があったことはすでにみたとおり（六九頁）である。葬儀が終って再び善得寺にもどり、元の生活にもどって数年が経過した。

義元の身に変化があったのは、享禄三年（一五三〇）のことである。この年、義元は十二歳になっていた。雪斎が以前、建仁寺で修行していたころの師である常庵龍崇《じょうあんりゅうそう》が駿府に下向してきたのである。そのころ、駿府にいた龍崇の兄素純法師《そじゅんほうし》が亡くなり、駿府で葬儀が営まれることになったからである。雪斎は、方菊丸を得度させるいい機会だと考え、方菊丸をともなって駿府に赴いた。そして、その希望通り、龍崇の手によって薙髪染衣《ちはつぜんね》、すなわち得度の式が盛大に行われている。承芳《しょうほう》と号することになった。

なお、今川義忠夫人北川殿の旧宅の場所に庵が作られ、それを善得院と称するようになったのはこのときのことと思われる。ちょうど、善得寺の駿府出張所のような形といえる。新しく当守となった氏輝にとっては母も同じ弟というわけで、特別待遇が与えられたのである。この駿府の善得院において、冷泉為和ら京下りの公家たちとの交流がもたれたことはすでにみたとおりである。

おそらく、このときの得度が一つの契機になったものであろう。雪斎は僧となった承芳、すなわち義元に、本当の禅を修行させたいと考えるようになったと思われる。いつのことかはっきりしないが、少なくとも享禄五年（一五三二）までには上洛し、建仁寺に入っているのである。

建仁寺では、常庵龍崇のいる護国院に入ったものと思われる。そこで承芳は、「栴岳《せんがく》」という道号を与えられた。栴岳承芳の名の誕生である。

建仁寺から妙心寺へ

ちなみに従来は、梅岳承芳の名で知られていた。梅と栴は崩し字にすると区別がつかないほど似てしまうので、誤って伝えられたとしてもしかたがない側面がある。しかし、『幻雲文集』（『続群書類従』第十三輯上）に、「栴岳説護国常庵和尚代」とあるように、建仁寺住職の月舟寿桂《げっしゅうじゅけい》が、常庵龍崇に代わって書いた道号の記述が「栴岳」となっているので、栴岳承芳だったことは疑問の余地がない。

このあと「護国禅師雪斎遠諱香語写」によると、栴岳承芳は、若いながらも漢詩文に能力を発揮し、「読㆓宋景濂富士之詩㆒」という題の漢詩を作り、評判になるようなこともあった。また、氏親の子という血統のよさが京都の公家たちにも受け、三条西実隆《さねたか》・近衛稙家《たねいえ》らとの交流も生まれていた。

こうした状況は、雪斎が意図していた方向とはちがっていた。建仁寺は当時、五山文学のメッカであり、雪斎にしてみれば、禅は禅でも文学禅とでもいうべきもので、本来の姿から逸脱していると考えはじめたのである。栴岳承芳が公家との交流によって、禅の修行がおろそかになることを心配するようになり、思いきった行動をとっている。すなわち建仁寺を飛び出し、妙心寺《みょうしんじ》の大休宗休《たいきゅうそうきゅう》の門をたたいているのである。

もっとも雪斎は、いきなり妙心寺に移ったわけではない。建仁寺の文学禅に疑問をもちはじめ、祖師禅を求めているとき、妙心寺の大休宗休と出会い、何回もの問答を経て妙心寺の禅の方が自分にあっていると判断したわけである。そのとき得た偈《げ》が、『本朝高僧伝』巻四四、「京兆妙心寺沙門崇孚伝」（『大日本仏教全書』一〇三巻）にある。すなわち、

妙心寺（京都市右京区）

平生底不レ受二佗瞞一
大地都盧鐵一團
劈破将来無二寸土一
三更紅白黒漫漫

というものである。

ただ残念ながら、雪斎が梅岳承芳をともなって建仁寺から妙心寺に移ったのがいつのことなのかは明らかでない。弟子として正式に認められる印可《いんか》を大休宗休から天文四年（一五四五）以前に受けて

いるので、それ以前であることはいうまでもない。

なお一般的には、大休宗休を慕って妙心寺に入った直後、名をそれまでの九英承菊から太原崇孚に変えたといわれている。しかし、太原なり崇孚の名がたしかな史料の上にみえるようになるのはかなり後、天文十年代に入ってからなので、改名そのものは遅いのではないか。それは、弟子といってよい梅岳承芳が、妙心寺に移って以後もそのまま承芳を使っていることから類推されるもので、雪斎も九英承菊の名はしばらく使っていたものと思われる。

ただし、雪斎の名は天文十年（一五四一）からみえる。

再び善得寺へ

建仁寺から妙心寺へ移り、そのまま京都で修行を続けていた雪斎と義元は、いつ駿河にもどってきたのだろうか。この点について、年次を特定していく上で重要と思われるのが、「寅庵稿」（『静岡県史』資料編7）である。

それによって、天文四年（一五三五）五月二十日、駿府の善得院において琴渓承舜の七回忌仏事が執り行われ、それが「善得院宰承芳」の要請により、常庵龍崇が招かれ、龍崇を導師として行われたことがわかるからである。つまり、それ以前に義元は駿河にもどり、善得院に入っていたことが確実である。

このことによって、従来の通説的理解は再検討をせまられる。というのは、これまでは、天文四年の七月から八月にかけて、甲駿国境で武田信虎軍と今川氏輝軍が衝突し、政情不安な駿河の富士郡に、氏輝が弟義元を置き、安定させようとしたと解釈してきたからである。その根拠となったのが、「護国禅師雪斎遠諱香語写」で、そこに「駿甲藩籬に仍つて、両刃鋒《みね》を交え、早《つと》に東山を辞して本寺に帰り、芳公・菊公本寺に住す」と書かれていたためである。

ここにある「芳公」は栴岳承芳、「菊公」は九英承菊で、義元と雪斎の二人のことをいっている。つまり、駿甲の国境で合戦になったので、二人は京都から善得寺にもどり、善得寺に住むことになったとする。

ところが「寅庵稿」によって、合戦がはじまる天文四年七月より以前、すでに五月には義元、そしておそらく雪斎も駿河にもどっていたことが確実なので、従来の通説は成りたたない。ただ、従来の通説を全否定する必要はないかもしれない。

たとえば、琴渓承舜の七回忌の法要にもどってきた義元をみて、氏輝が自分の片腕になってくれそうな将来性をみこんで、比較的支配が手薄な富士郡に弟を置いたという可能性は考えられる。天文四年といえば、義元は十七歳であり、二十三歳の兄氏輝にしてみれば、年は下だが、頼りがいのある弟にみえたかもしれない。七回忌の法要を終え、京都に帰ろうとした義元・雪斎を引きとめ、善得寺へもどるよう要請したのは氏輝だったのではなかろうか。義元と雪斎が、天文四年に善得寺にもどった理由を、私はこのように解釈している。

しかし結果的には、氏輝にしてみればこの措置は失敗だった。有力な対抗馬をすぐ近くに置いてしまう形になったからである。義元は、富士の善得寺と、その駿府出張所ともいうべき駿府の善得院を行ったり来たりし、また実際、善得院で日を送ることが多くなり、駿府に流寓中の公家たちとの交流がふえていったことはすでにみた通りである。
こうした歌会などには、氏輝の重臣たちも列席することが多く、重臣たちの中から、「心の病気」をもつ氏輝に見切りをつけ、義元への早期家督移譲を待望する者があらわれたとしても不思議ではない。九〇ページでもみたように、氏輝の死を「浅羽本系図」所収の今川系図がいう入水自殺とすれば、氏輝をその方向に追いつめる何らかの動きがあったのかもしれない。くわしいことは不明であるが、その可能性はあるように思われる。

4　花蔵の乱と義元

義元への継承は既定の路線か

天文五年（一五三六）三月十七日、氏輝・彦五郎兄弟が死んだ。ふつう、その場所を駿府今川館とし、突然の死ではあるが、何者かによる暗殺などとは考えていない。病死という理解である。

もっとも「浅羽本系図」所収の今川系図が唱える入水自殺とすれば、死んだ場所は駿府今川館の中とは限らない。今川館の近くを安倍川が流れており、また、今川館の南五キロメートルほどのところは駿河湾である。ただ、どの史料も、死んだ場所、死因についてはふれられていない。わずかに、『快元僧都記』に「今川殿の不例の祈禱」云々とあることから、今川殿、すなわち氏輝が病気になったことがうかがわれる程度である。

氏輝は二十四歳。結婚していたかどうかわからないが、少なくともあとつぎの男子はいなかった。そこで当然のことながら、家督を誰につがせるかが問題となる。

すでにくわしく述べたように、氏親には六人の男子がおり、長男・次男が死んでも残り四人は健在だった。このうち六男の氏豊はすでに尾張今川氏をついでいたので、家督候補となることは無理で、結局、僧籍にあった残りの三人にしぼられる結果となる。そして、この内、四男の象耳泉奘はどういうわけか、全く意欲をみせていないのである。

このことをもって、泉奘は氏親の実の子どもではなく、瀬名氏か関口氏の子で、氏親の猶子だったにすぎないのではないかという意見もあるが、家督候補に名乗りをあげないだけで、そのように理解してしまってよいものかどうか疑問がないわけではない。私は、泉奘は、すでに義元への家督継承に決まると読んで、自らは家督への意欲を示さなかったのではないかと考えている。

そこで、義元への家督継承が既定の路線だったのかどうかについてみておきたい。

結論からいってしまえば、氏輝が死んだ段階で、義元への家督継承が決まっていたと私は考えている。その理由の一つは、義元が氏親の正室寿桂尼の子だったという点である。当時は、正室腹か側室腹かのちがいは大きく、年長順というよりは、正室の生んだ子か側室の生んだ子かが家督継承順位を決める大きな要素となっていたことをみなければならない。氏親・寿桂尼ともに死んでしまっていれば、あるいは正室腹か側室腹かはあまり大きな要素にはならなかったかもしれないが、このとき正室だった寿桂尼は健在である。

しかもその寿桂尼は、氏輝に代わって一時期、領国経営にも乗り出し、「女戦国大名」といってもよい存在だった。今川家中に発言権をもっていたことはまちがいなく、彼女の生んだ子が候補としてあがっている以上、その子に家督が継承されるのは自然の流れといってよい。

三月十七日からそう日がたっていない段階で、今川氏から将軍義晴に、義元への家督相続を認めてくれるよう申請が出されている。今日、そのときの文書は残っておらず、今川氏の誰からそのような申請が出されたのかもわからないが、申請があったことは、つぎの大館晴光書状案（「大館記所収往古御内書案」『静岡県史』資料編7）があることによって明らかである。

御名字・御家督の儀、御相続の段聞こし召され候。尤《もっと》も珍重の由御気色に候。仍つて、御字御自筆を以つて之を遣はさるの旨、仰せ出され候。御面目目出たき至りに存じ候。恐々謹言

（天文五年）五月三日　　左衛門佐晴光（大館）

謹上　今川五郎殿

うら書

大館

文中、「御気色」とか「仰せ出され候」などの文言があることからも明らかなように、これは、将軍足利義晴の意を受けた大館晴光が、義元への家督を承認した内容となっている。

この文書の存在により、少なくとも五月三日以前には、今川氏から義元相続の申請書が出され、それを将軍義晴が許可していたことがわかる。五月三日に京都で出されたこの書状が駿府の義元のところにいつ届けられたかはわからないが、この文書が義元の手もとに届く前に、すでに花蔵の乱は勃発していた。たとえば『為和集』の天文五年四月二十七日の条に、「今日より乱初まるなり」とある。また『快元僧都記』の同年五月十日の条にも、「今川氏輝卒去跡、善徳寺殿・花蔵殿、争論の合戦に依つて也」とあり、四月の終わりから五月上旬にかけて、「善徳寺殿」すなわち義元と、「花蔵殿」すなわち義元の庶兄玄広恵探の家督争いがはじまっていたことは明らかである。

ただ、ここで注意しておきたいのは、玄広恵探と義元の二人を並べて、どちらに家督をつがせるかを今川家臣団に問いかけている事実はないということである。あくまで既定路線は義元への相続であり、将軍へもその旨を申請していた。

ところが、その流れに庶兄の玄広恵探が抵抗しはじめた。これが花蔵の乱という形で家督争いに発展したわけである。恵探にしてみれば、「自分の方が年長である」という思いもあったろう。今川氏重臣福島氏の娘を母としているという強みも背景としてはあったように思われる。今川氏家臣団の中において、たしかに福島氏は、朝比奈氏と並んでかなり大きな力をもった重臣だったことはまちがいないからである。

寿桂尼の不思議な動き

こうして、今川家中を二分するような家督争いがはじまったわけであるが、これまでの理解は、寿桂尼が義元側の応援をしている以上、玄広恵探側は単なる反乱軍にすぎなかったというものである。

ところが、こうした通説に対し前田利久氏は、「『花蔵の乱』の再評価」（『地方史静岡』十九号）で、乱の呼称を、これまでの花倉の乱ではなく、花蔵の乱とすべきことを主張した。花倉の乱だと、土地としての花倉で、玄広恵探が反乱をおこしたと小さく取り扱われるが、実は、花蔵殿、すなわち玄広恵探が中心となり、福島氏の力をバックにした、今川家中を二分するほどの大きな戦いであったととらえた。

つまり、これまで語られてきた花倉での攻防は、単にその国内を二分した争いの最終局面にすぎないとしたわけである。私も、前田利久氏の論旨に賛成し、本書では花倉の乱ではなく、花蔵の乱と表記してきたが、ここで、以下、花蔵の乱そのものの顚末について、くわしく追いかけてみたい。

そこで避けて通れないのが、つぎの『高白斎記』の記述である。

> 同（天文五年）五月廿四日、氏照（輝）ノ老母、福嶋越前守宿所へ行、花蔵ト同心シテ、翌廿五日未明ヨリ駿府ニ於テ戦。夜中福嶋党久能へ引籠ル。

「氏照（輝）ノ老母」とあるのが寿桂尼であることはまちがいない。また、ここに出てくる福嶋越前守が花蔵殿、すなわち玄広恵探とどういう係累でつながるのかわからないが、恵探側の中心メンバーの一人であろう。

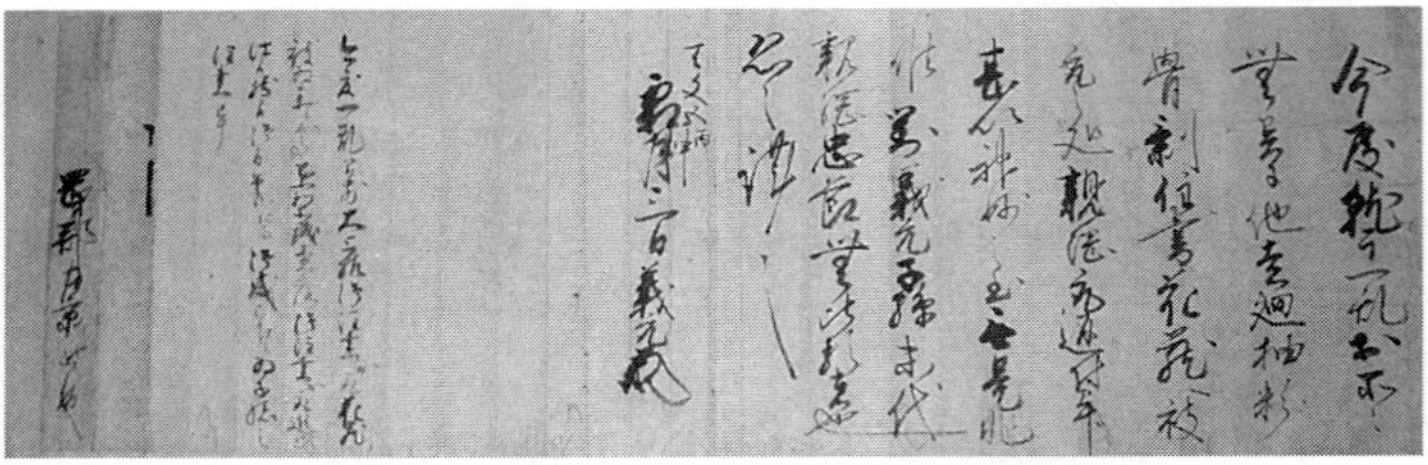

今川義元感状（岡部文書、藤枝市郷土博物館蔵）

この『高白斎記』の文面をそのまますなおに読めば、寿桂尼が恵探側に「同心」したので、駿府で戦いがはじまったということになる。つまり寿桂尼はわが子義元ではなく、側室福島氏の生んだ恵探の方を応援したという理解になる。有光友學氏は「今川義元の生涯」（『静岡県史研究』第九号）で、その立場をとり、「寿桂尼は、一種の裏切り行為を行ったということになるのではないか」としている。

有光氏は『高白斎記』だけでなく、天文五年十一月三日付の今川義元感状（「岡部文書」『静岡県史』資料編7）も材料としてそうした結論を導き出しているので、ここでも、義元感状の検討を行っておきたい。その義元感状はつぎの通りである。

今度一乱について、所々に於いて他に異なること無く走り廻り、粉骨を抽《ぬき》んじ、剰《あまつさ》へ、住（注）書花蔵へ取らるの処、親綱取返し付け畢《おわん》ぬ。甚だ以て神妙の至り、是非無く候。義元子孫末代に対し、親綱忠節比類無き者也。恐々謹言

天文五丙申

霜月三日　　義元（花押）

今度一乱已前《いぜん》、大上様注書お取り、花蔵参りなされ候処、葉梨城責め落とし、御注書を取り進上仕り候。然る間、自筆にて御感下され候。子孫の為に注書し畢ぬ。
「岡部（切封墨引）左京進（親綱）殿」

「義元（花押）」までの文字とそのあとの細字の部分は筆蹟が異なっており、後筆である。ふつうこのような場合、本文に書ききれなかったり、書き忘れたことを追而書《おってがき》として書かれることが多いが、ここでは、内容からも明らかなように、この文書を受け取った岡部親綱ないしその周辺の人が、義元から自筆の感状をもらった理由を書きこんでいる。本文とこの覚書から、花蔵の乱の具体的ないきさつが浮かびあがってくる。

覚書部分で、「大上様」とあるのは寿桂尼のことである。つまり、恵探派と義元派の戦闘がはじまる前、寿桂尼が「注書」を取って恵探側に行ったことがわかる。これが、さきの『高白斎記』にいう、「氏照（輝）の老母、福嶋越前守宿所へ行」というのに該当するのであろう。

義元は、「住書」と書いているが、これは「注書」が正しく、単に義元の書きまちがいと思われる。義元の本文の方でも、「住（注）書花蔵へ取らる」とあり、寿桂尼が「注書」を持って恵探側の福嶋越前守の宿所を訪ねたとき、その「注書」を恵探側に取り上げられてしまったことがわかる。この義元感状は、恵探側の手に渡ってしまった「注書」を岡部親綱が義元側に取りもどした功績を高く評価したものであり、「注書」は、義元の家督継承に大きな意味あいをもった文書だったということが明らかである。では、このとき寿桂尼が恵探側にもっていったという「注書」とは何だったのか。

「注書」というのは広い意味での覚書で、いろいろな可能性が考えられる。以前、私は、「『花蔵ト同心シテ』をどう読むか」（『今川氏の研究』小和田哲男著作集第一巻）で、寿桂尼が戦いを回避しようと、恵探側に示した妥協案と解釈したことがある。

戦争を嫌う女性の立場から、平和的な解決をはかろうと、このとき寿桂尼が奔走したと考えた。ただ、それが妥協案だったのかどうかについては自信がない。この場合、実際にどのような妥協案があったのか、具体的に思い浮かばないからである。

前掲、「『花蔵ト同心シテ』をどう読むか」では、もう一点、寿桂尼が福嶋越前守の宿所を訪れ、「花蔵ト同心」したすぐ次の日、合戦になっていることに注目し、妥協案を示し、相手を油断させておいて、奇襲をかける義元派の作戦だったと指摘した。

この件に関しては残された史料が『高白斎記』と「岡部文書」の二点しかなく、「注書」そのものの性格も、「花蔵ト同心シテ」という「同心」の内容も、これ以上はわからない。ただ私にはどうしても、寿桂尼が恵探側に寝返ったとは思えないのである。

では、義元を裏切ったわけでなく、「花蔵ト同心」できる状況というのはありえたのだろうか。そこで私は、さきの義元感状に、「住《(注)》書花蔵へ取らるの処」とあることに注目したい。「注書」を寿桂尼から渡したのではなく、取り上げられてしまったとのニュアンスが感じられるのである。取り上げられるような「注書」として唯一考えられるのは、将軍義晴から義元への家督継承を認めた関係文書である。そうなると、つぎのような仮説が考えられる。

一〇五ページで掲げた、将軍義晴から、義元への家督継承を許可するとの大館晴光の書状をここでの「注書」とみて、寿桂尼は、恵探側の有力者福嶋越前守の宿所にその文書をもって行き、それをみせて、「家督は梅岳承芳に決まりました」と最後通牒をつきつけるつもりだった。

ところが、福嶋越前守にその「注書」を取り上げられてしまい、寿桂尼は福嶋越前守の宿所に抑留されてしまった。くわしい事情を知らない武田方の駒井高白斎は、寿桂尼がそのまま福嶋越前守の宿所に留まったとみて、「花蔵ト同心シテ……」と書いてしまったのではなかろうか。

「注書」が敵の手に渡ってしまい。しかも寿桂尼まで抑留されたとあっては、義元側もそのまま手をこまねいているわけにはいかず、駿府にある恵探側の拠点に武力行使を行った。これが、『高白斎記』にいう五月二十五日未明にはじまった駿府合戦と考えられる。

花倉城の攻防　駿府での合戦はかなり激戦だったものと思われる。しかし、最終的には義元派が勝利し、恵探派は久能山《くのうざん》に引き退いている。その後、久能山の恵探派がどのような行動をしたかについては明らかでない。

なお、月日を特定することができないが、義元派の由比助四郎《ゆいすけしろう》の守る由比城（静岡県庵原郡由比町由比）を恵探派の兵が攻めたことも知られており、この時期、駿河のかなり広い範囲で両派の戦いがくりひろげられたことがわかる。

恵探は、すでに何度もふれているように花倉の遍照光院の住持となっていた。花倉が恵探派の軍事

花倉城址（静岡県藤枝市花倉城山）

上の拠点になったのは自然の成りゆきといってよい。花倉に、花倉城という今川氏の支城があったからである。

花倉城は葉梨城ともいう。現在の地名は藤枝市花倉城山で、山の尾根を使った山城の作りとなっていて、本曲輪《ほんぐるわ》・二の曲輪《にのくるわ》とその他いくつかの小さな出曲輪によって構成されており、軍事的拠点になりうる城である。古く、南北朝時代、今川氏二代目の範氏がここに拠って南朝勢力を追いつめていった歴史をもっている。

六月に入って八日、駿河東部で戦いがあったことが『妙法寺記』からわかる。すなわち、

其年(天文五年) 六月八日、花倉殿(蔵)・福島一門、相模氏縄(綱)ノ人数カ責コロシ申サレ候。去程ニ、善待(得寺)守殿屋形ニナホリ食《め》サレ候。

という記事で、場所についてはわからないが、北条氏綱の軍勢が義元派を支援するため、駿河に出てきて、そこで恵探派と戦いになり、勝利を収めたことがわかる。

ここに義元派の軍勢が加わっていたかどうかは不明である。ただ、その翌日付で、義元が、富士郡

の国人領主富士宮若に、長期滞陣を賞した感状を出し労をねぎらっているところをみると、駿河東部でも、そのころまで緊迫した状態が続いていたことがわかる。

そしていよいよ、花蔵の乱が決着する最後の戦いが六月十日にくりひろげられた。この日、岡部親

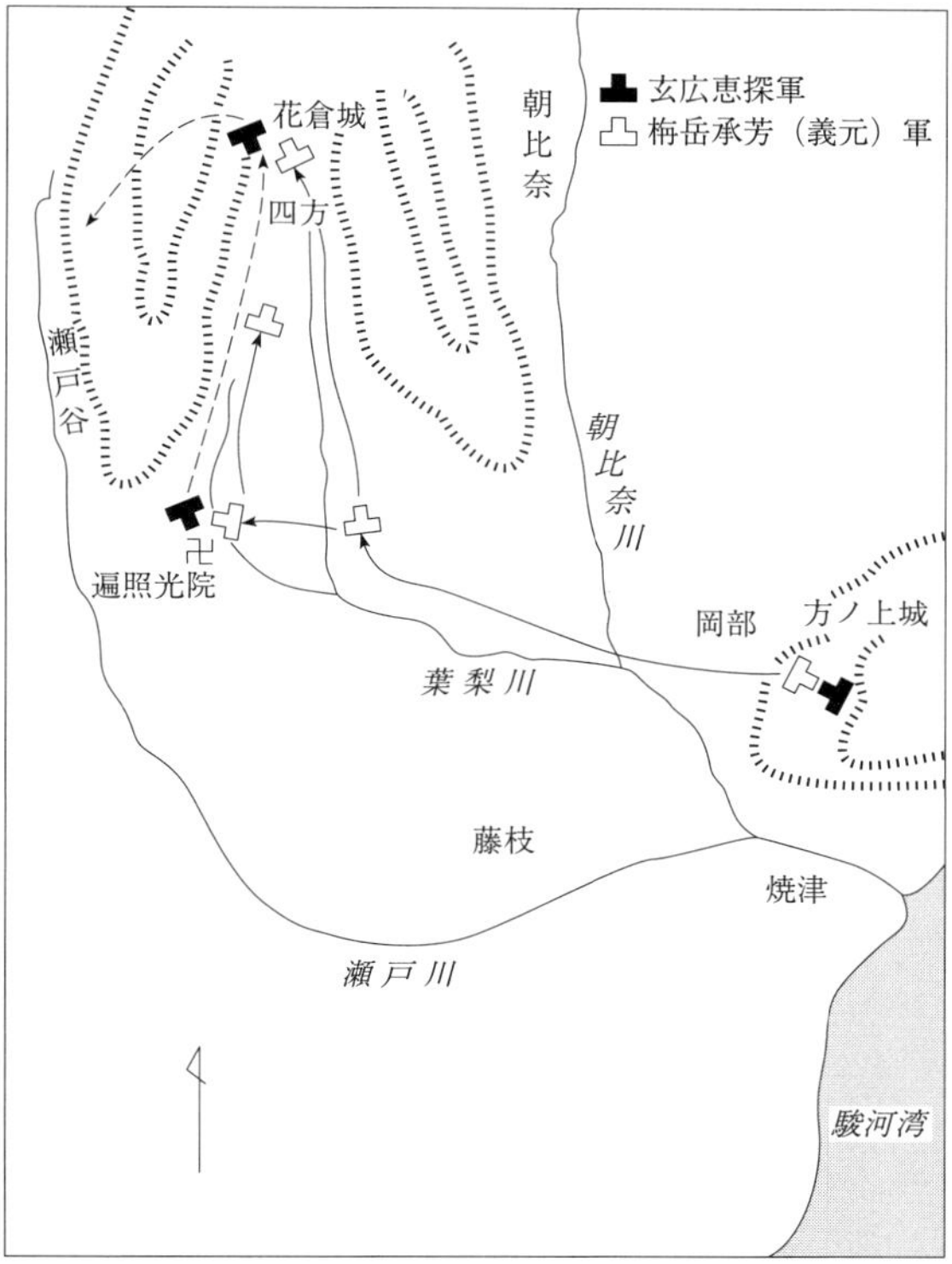

花蔵の乱要図

綱らの兵が、恵探派の籠る方ノ上城（焼津市方ノ上）を攻めた。その猛攻を支えられなくなった恵探派の兵が、城を捨て、花倉城に撤退をはじめたのである。

それを義元派の兵が追い、花倉城は包囲され、戦いとなった。花倉城は天嶮《てんけん》の山城で、義元派の兵は攻めあぐんだが、岡部親綱らの奮戦があり、落城寸前のところまで追いこんでいる。

このときの岡部親綱の働きに対し、少したって義元はつぎのような感状（「土佐国蠹簡集残編三」『静岡県史』資料編7）を与えている。

今度一乱、当構ならびに方上城・葉梨城に於いて、別して粉骨を抽んじ畢ぬ。甚だ神妙感悦の至り也。然る間、一所有東福嶋彦太郎分、一所小柳津真金名斎藤四郎衛門分、一所勝田内柿谷篠原形（刑）部少輔分等の事、一円子孫に於いて充行畢ぬ者《てへり》。弥《いよいよ》忠功を抽んずべきの状、件の如し

天文五丙申年十一月三日　　義元（花押）

岡部左京進殿（親綱）

冒頭「当構」とあるのは駿河今川館のことと思われるので、五月二十五日の駿府合戦は、恵探派の軍勢によって駿府今川館まで攻めこまれたことになり、こうなると、単に恵探が花倉で反乱をおこしたといった程度ではなくなり、国内を二分する大きな内乱であったことがわかるわけである。

なおこの花倉城攻めのとき、前述したように恵探派の手に渡っていた「注書」が岡部親綱によって取りもどされている。

花倉城の落城まぎわ、恵探本人は城を捨て、瀬戸谷に逃げこんでいる。そこで何とか再起をはかろうとしたが、義元側の追撃の手がきびしく、逃げきることが無理と判断し、そこの普門寺で自刃しているのである。

瀬戸谷　玄広恵探墓所（藤枝市瀬戸ノ谷）

ところで、自刃の日であるが、『高白斎記』は、「六月十四日、花蔵生涯（害）」とし、六月十四日とする。しかし、あとでふれるように、すでに六月十日から義元は国守としてふるまっているので、花倉城の戦いがあった六月十日には、恵探は自害しているのではないだろうか。『駿河記』に紹介されている普門寺の位牌に「遍照光寺殿玄広恵探大徳　天文五年丙申六月十日卒」とあることや、『常光寺年代記』にも「六月十日　又花倉殿腹切」とあることから、恵探の自刃の日を六月十日と考えておきたい。

義元の家督相続

ここまでの叙述において、私は、恵探派と義元派というように、すでに義元を名乗っているような書き方をしてきたが、便宜的にそう書いただけであり、梅岳承芳が還俗して義元になるのはもう少しあとのことである。

恵探派を軍事力で打ち破った六月十日は、義元にとっては記念すべき日となった。さきにふれたように、五月三日付で将軍義晴から家督継承を認められながら、対抗勢力があらわれ、国を二分する争いにようやく決着がつけられたからである。

現在知られているかぎりで、その日、すなわち六月十日に、義元は二通の文書を出している。まだ還俗していないので、どちらも花押の代わりに「承芳」と、自分の名の二字を彫った印判状である。そのうち一通は、島田の慶寿寺《けいじゅじ》に出した禁制で、義元の力がそこまで及んだことを示す証拠ではあるが、むしろもう一通の文書の方が意味は大きい。それは、駿府浅間社《せんげんしゃ》の流鏑馬《やぶさめ》銭の徴収に関するものである（「村岡大夫文書」『静岡県史』資料編7）。

（黒印、印文「承芳」）□

来る廿日、当宮御神事やぶさめ銭の事、年々の如く相違無く取りさたすべき者也。仍つて件の如し

天文五

六月十日

村岡

文面は短く、単に流鏑馬銭の徴収を従来通り行うよう村岡大夫に命じたもので、何の変哲もないよ

うな文書に思える。しかしここで注目したいのは、この文書が、今川氏とはゆかりが深く、しかも駿河の惣社である神部神社も包摂する駿府の浅間社に出されている点である。

第一章でふれた赤鳥のエピソードからもうかがわれるように、今川氏にとって駿府の浅間社は特別な意味をもつ神社だったことが一つ。そしてもう一つ、当時の戦国大名たちが、領国経営に乗り出すとき発声する第一声の場は神社が多いという点である。つまり戦国武将も、神威を背景にして円滑な領国経営を行おうとしたわけで、これは国守としての第一声ではなかったかと私は思っている。

ただ、このあと『静岡県史』通史編2中世も指摘するように、文書発給をみると、二カ月の空白がある。花蔵の乱のしこりがなかなか消えなかったのではなかろうか。軍事力で恵探派を倒すには倒したが、その後の領国経営を軌道に乗せるほどには、領内はまだ安定していなかったのかもしれない。

雪斎は養育係から軍師へ

ところで、この一連の花蔵の乱の経過において、雪斎はどうしていたのだろうか。文書・記録でみるかぎり、雪斎は表面上は何の動きもしていないようである。しかし、表面にみえないからといって、雪斎が何もしなかったとは思えない。それは一つには、義元が家督をついだあと、雪斎が義元の軍師とか執権といういい方をされ、雪斎抜きには義元の存在が考えられないからでもある。他国においても、「義元が一人前にやっていけているのは、雪斎の介添えがあったからだ」という認識があったことが、武田方の資料である『甲陽軍鑑』にみえる。

すなわち山本勘助が、駿河今川氏の家中の様子を武田信玄に報告しているくだりで、今川家には良い家老がいると指摘したあとに続けて、次のようにいっている。

……其上、臨済寺雪斎の義元公かひぞへに御座ありて、公事沙汰万事の指し引きあさからざる故、尾張国織田弾正なども駿河へ出仕いたすにつき、末々は都迄も義元公御仕置なさるべしと各々風聞にて候へ共、我等式は一段あやふく存知奉つる。いはれは、雪斎明日にも遷化においては、家老衆のさばき縦《たと》ひよく共、雪斎と申す物しりのさばきよりおとりなりと諸人かろく存ずべし。さありて雪斎のごとくなる長老をまた尋ね給はゞ、今川家の事、悉皆《しっかい》坊主なくてはならぬ家と、諸人思ひ候て、ケ《(か)》様に批判申さば、扨《さ》て、以来あやうき事なりと申上る《(る)》……

尾張の織田氏が駿府に出仕しているという事実はないので、このあたりは山本勘助の誤解ということになるが、雪斎がいたからこそ義元の支配が順調に行っていることはまちがいのないところで、義元が家督をついでそれだけの働きをしていることを考えると、義元擁立に雪斎が一枚かんでいたことは疑問の余地がないと思われる。

またもう一つ、よく雪斎―寿桂尼ラインなどといわれるように、表には出ないとしても、寿桂尼が、自分の腹を痛めた子に氏輝のあとをつがせるため、その義元の養育係である雪斎に相談をもちかけたことは十分予測されるところである。

そして、その後の雪斎の軍略などを考えると、建仁寺、さらには妙心寺修行時代に、雪斎はいわゆる「武経七書」といわれる中国伝来の兵法書を修得していたのではないかと考えられる。

ちなみに「武経七書」は、『孫子』『呉子』『司馬法』『尉繚子《うつりょうし》』『六韜《りくとう》』『三略』『李衛公問対』の七つをいうわけであるが、いずれも漢文で書かれている。すでに述べたように、建仁寺は五山文学のメッカであり、そこでの学問の中心は漢詩文の読解ならびに創作であり、漢文はお手のものであった。雪斎は「武経七書」を読みこなし、それをいつでも実戦に応用できる立場にあったのである。

だからこそ、ふつうならば養育係の役目が終われば、そのまま元の禅僧の生活にもどるところ、雪斎は養育係としてではなく、あらためて新国守義元の補佐役に残ったものと思われる。

臨済寺（静岡市大岩）

といっても、そのまま義元の補佐役として残れるわけではなく、何らかの名目が必要だった。その名目が臨済寺住持という立場だったのではなかろうか。

当時、戦国大名クラスにかぎらず、その重臣でも、死ねば一寺が建立され、菩提寺とされるのが一般的だった。天文五年三月十七日に死んだ氏輝の菩提寺として建立されたのが臨済寺であり、雪斎はその住持となり、そのまま駿府で生活を続ける形となった。補佐役でも、距離的に離れた善得寺にいたのでは、補佐の実をあげることはむずかしかったろう。その点、臨済寺は、駿府今川館と直線距離にして二キロメートル余りで、ふつうに歩いて三〇分で行くことができ、距離的にも申し分ない。

臨済寺は、氏輝の法名「臨済寺殿用山《ゆうざん》恵玄《えげん》居士」によったものであるが、ここはもともと義元がいた善得院があったところである。富士の善得寺の方は、雪斎の弟建乗《けんじょう》が住持となっている。

ただ、このあと雪斎がずっと臨済寺の住持だったと思われているが、途中一度交代している。天文十年（一五四一）四月からは、明叔慶浚《みんしゅくけいしゅん》が住持となっている。この明叔は『明叔録』の著者として禅宗史研究者の間ではよく知られ、妙心寺系の大応派の高僧である。甲斐の恵林寺《えりんじ》を再興するなど、この時代を代表する禅僧の一人であり、臨済寺に箔がついたといっても過言ではない。明叔はここに四年間ほど在住していた。

そして、この大応派の明叔とのつながりが、九英承菊から太原崇孚へ改名するきっかけとなったというのが『静岡県史』通史編2中世の説である。

文書・記録の上で、雪斎が九英承菊と称していたことが確実な最後は天文十二年六月二十五日である。『鹿苑日録』の同日の条に、「匊（菊）首座道号ハ九英也」とみえる。ところが翌年二月二十四日に、雪斎が師の大休宗休を導師として亡父庵原氏の四十年忌の法要を妙心寺衡梅院《こうばいいん》で営んだときの史料「円満本光寺国師見桃録」（『静岡県史』資料編7）には、「駿州僧宗孚」と記されているのである。つまり、天文十二年六月二十五日以降、翌十三年二月二十四日以前に太原崇孚と改名していることが確実である。

なお、ここに「宗孚」と出てきていることについて少し付言しておきたい。このあと、雪斎自身の文書の署名はいずれも「崇孚」となっているので、はじめ「宗孚」だったのを「崇孚」に変えたのか、あるいは「円満本光寺国師見桃録」の筆者が書きまちがえたのかわからないが、この史料により、崇孚の読み方に一石が投じられたことはたしかである。

従来、「たいげんすうふ」と読まれていたが、『静岡県史』の刊行以後、「たいげんそうふ」と読まれるのが一般的になってきた。

こうして、義元とそれを補佐する雪斎の新しい時代がはじまったのである。

第四章　甲相駿三国同盟の成立

1　甲駿同盟の成立

将軍義晴から偏諱を受ける

花蔵の乱で、義元が庶兄玄広恵探に勝てたのは、寿桂尼と雪斎という強力なバックがあり、家臣団の多くが義元派となったのが最大の理由であるが、もう一つ、将軍を味方にしたことも勝因として無視できない。

たしかに、戦国大名は、幕府や将軍から自立し、自己の力で権力を樹立したものではあるが、特に家督相続といった場合には、まだ幕府・将軍の権威というものも軽視できないものをもっていた。その点で、平野明夫氏が「今川義元の家督相続」（『戦国史研究』二十四号）で指摘するように、義元が幕府の権威を背景に家督争いを優位に進めようとしたことは事実だし、それが「京都を知る義元派の外交的勝利」だったこともまちがいないところである。

雪斎にともなわれた少年時代の義元が、京都で生活し、公家たちと交わったことは、家督争いの段階になって意味をもったわけである。

氏輝が死んだとき、「家督を承芳に譲る」という遺言があったのかなかったのかについてはわからない。『続群書類従』所収の「今川系図」に、「氏輝遺言に依つて、義元家督を相続せしむ」とあるが、すでにみたように、氏輝の突然の死には不可解な部分があり、義元への継承があらかじめ決定されていたとみるのは早計であろう。

その際、雪斎の指示なのか、寿桂尼の指示なのかはわからないが、機先を制し、対抗馬となるであろう玄広恵探より早く、幕府へ相続のことを願い出た可能性はある。京都人脈のある義元、雪斎、寿桂尼だったからできた芸当だったといってもよい。

その成果が、前述した天文五年五月三日付の将軍義晴からの家督認定である。そのときの大館晴光の書状は一〇五ページに引用しておいたが、そこで、家督相続の認定とともに、「御字御自筆を以て遣わさるの旨」とある部分に注目したい。これは、義晴から名乗りの一字を与える、つまり、偏諱を与えることが約束されたことを示している。事実、このあと梅岳承芳は還俗して義元と名乗るわけであるが、将軍義晴の〝義〟の字を与えられているのである。

偏諱を賜わる場合、ふつうは名乗りの下の字を与えられる。たとえば、この少しあと、甲斐の武田信虎の子に義晴の下の〝晴〟の字が与えられ、晴信と名乗っているが、このような形が通例であった。義元の場合は、その意味では別格の待遇ということになる。

もっともこの時代、経済的に破綻をきたしていた幕府というか将軍家の台所事情も若干影響していた可能性もないではない。偏諱を与えられたときの礼金の額が、名乗りの上の字が高く、下の字は安かったという例も知られているからである。

それはともかくとして、五月三日付の大館晴光の書状によって、将軍義晴から家督継承が認められ、偏諱を与えられることが約束された義元であったが、その書状が義元の手もとに届く前に、前述のような花蔵の乱となり、寿桂尼―雪斎ラインが当初考えたシナリオ通りには進まず、対抗勢力である庶兄の恵探派を討伐することが大前提となった。

六月十日、義元は恵探派を破り、国守としての第一声を発したわけであるが、その時点ではまだ還俗していなかったのではないか。六月十日付の文書二通はいずれも「承芳」印が捺されて出されていたからである。もっとも『静岡県史』通史編2中世のように、五月三日までには還俗していたと解釈することもできる。その場合には、まだ正式な文書が届いていないので、便宜的に承芳時代の印「承芳」を用いたことになる。

義元がいつ改名したかについては明らかではない。少し前までは、同年八月三十日付の八幡宮別当多門坊に宛てた文書にはじめて署名義元と花押がみえることから、六月十日以降、八月三十日以前とされていたが、いまではもう少し幅がせばまっている。つぎの三条西実隆宛の文書（『増訂加能古文書』）が義元名の初見である。

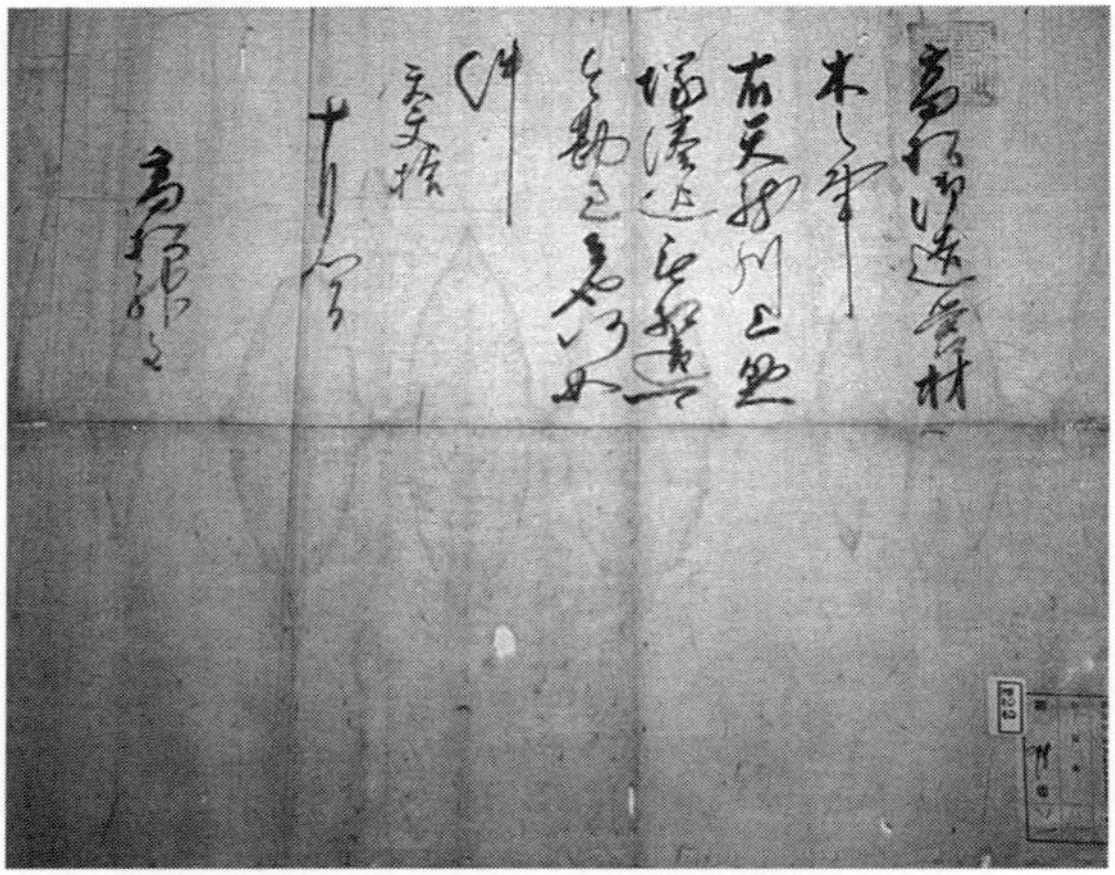

「義元」印印判状（静岡県御前崎市・高松神社文書）

態《わざ》と申し入れ候。そもそも前年在京中御懇《ねんごろ》の儀、忘れ難く忝《かたじけな》く存じ候。当国不慮の題目是非無く候。然る処、家督の儀、去る所無く候間領掌。唯今礼申し候。仍って祝儀として金弐両進覧せしめ候。聊《いささ》か嘉例を表はすばかりに候。毎事、後音を期し候旨、御意を請くべく候。恐惶謹言

（天文五年）八月十日　　義元（花押）

（三条西実隆）逍遙院殿

　　人々御中

この文書が『増訂加能古文書』に収められていたのは、差出人の義元を畠山義元と考えてきたためである。そのため、長らく駿河の今川義元の文書としては認識されてこなかった。

しかし、今川義元と三条西実隆は承芳時代に京都で交流があり、文中に「家督」とあることから、これは今川義元の文書とみてまちがいないものと思われる。家督をついで何年もたってからこうした書状を出すとは考えられないので、家督をついだ直後の天文五年八月十日の書状とみられる。つまり

梅岳承芳は、天文五年六月十日から八月十日までの間に改名し、将軍義晴から与えられた〃義〃の字をつけ、義元と名乗るようになったのである。

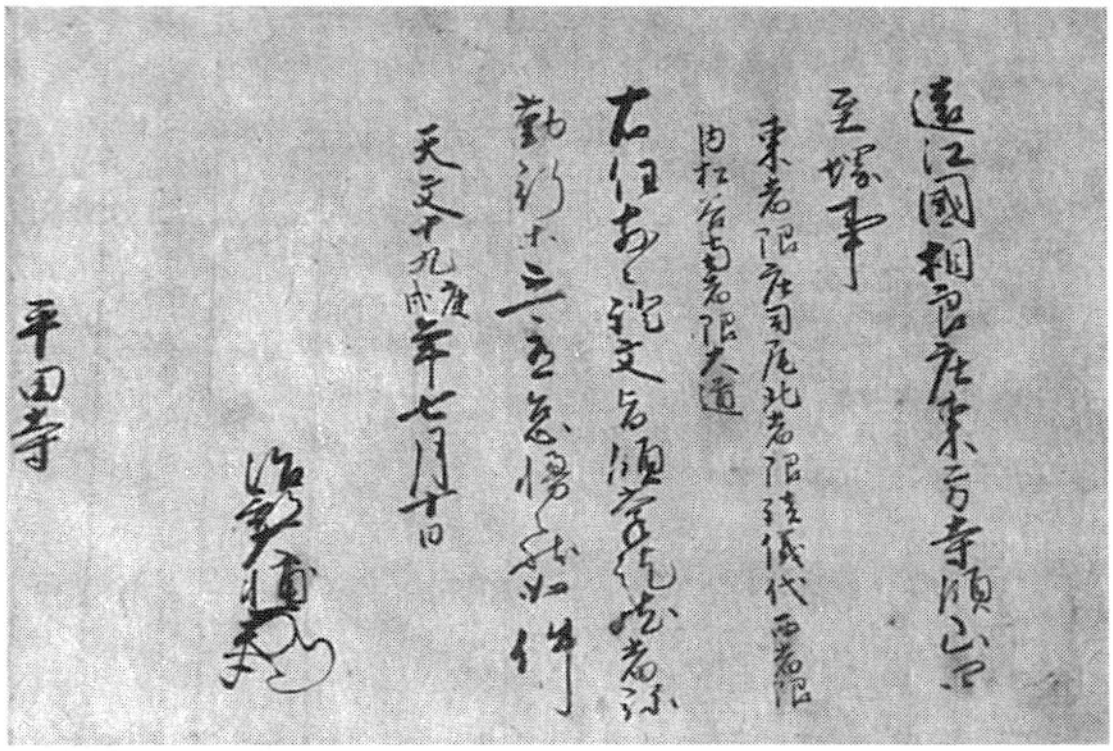

治部大輔（花押）の判物（静岡県榛原郡相良町・平田寺文書）

義元の官途・受領名

なお、ついでなので、時代は前後するが、義元の官途・受領名についてふれておきたい。一般的なケースとしては、家督をついで当主となると叙位・任官が行われるが、義元の場合、どういうわけかその徴証がない。義元発給の文書をみていても、しばらくの間は「義元（花押）」という形で、官途・受領名を記していないのである。官途・受領名をもらっていなかったからではないかと思われる。

発給文書でみるかぎり、官途名の治部大輔の名があらわれるのは天文八年（一五三九）二月八日付の「頭陀寺《ずだじ》文書」（『静岡県史』資料編7）が最初である。それ以後、書状では「義元（花押）」の形もあるが、判物は「治部大輔（花押）」の形となっている。発給文書からは、天文八年二月八日以前に治部大輔に任官していたことがうかがわれる。では、それはいつまでさかのぼることができるのだろうか。

冷泉為和の『為和集』に、

天文八年正月十三日、今河治部大輔義元会始、己亥

竹不改色

露霜ハはらひハてたるさゝ竹の匂ひこほるゝ千世の春風

とあるので、少なくとも、天文八年正月十三日までには治部大輔に任官していたことが明らかである。しかし、それをいつまでさかのぼらせることができるかはわからない。

義元と武田信虎娘との結婚

これまでみてきたように、氏輝・彦五郎兄弟が天文五年三月十七日に歿し、そのあとを玄広恵探と栴岳承芳の二人が家督を争う花蔵の乱に発展、六月十日の戦いで恵探を破った承芳が還俗して義元となったわけであるが、この家督争いに際し、相模の北条氏綱は積極的に義元の後押しをしていた。

しかし、その北条氏綱は八六ページでみたように、今川氏輝が武田信虎と戦ったときは、呼応して兵を甲斐まで送っていたのである。氏綱は反武田の急先鋒といってよかった。

ところが、家督をついだばかりの義元は、恩になった氏綱の神経を逆撫でする行為に出た。何と、敵対者である武田信虎と手を結んでしまったのである。

あるいは義元としては、「氏綱との間に相駿同盟が結ばれているので、信虎との間にも甲駿同盟を

結べば安泰である」と考えたのかもしれない。のちの甲相駿三国同盟と同じような形を構想した可能性はある。しかし、この義元の行為は氏綱を怒らせる結果となった。その怒りが「河東《かとう》一乱」という形であらわれるわけであるが、そのことについてはあとでくわしくみることにしたい。

外交路線の一八〇度の転換が、誰のリードで進められたかを物語る史料はなく、不明というしかない。義元本人の意向とみることもできるが、この年十八歳、しかも花蔵の乱で庶兄恵探と戦って家督の座についたばかりの義元にそのような意思があったとみることはむずかしいのではなかろうか。

そうなると、考えられるのは雪斎である。こののち、武田氏との交渉にたびたび登場する雪斎が、信虎と戦うことの否を義元に説き、納得させたものと思われる。

義元にしてみれば、姉妹の一人が北条氏康に嫁いでいるし、父氏親が、北条氏初代の早雲の後押しによって家督をついだ経緯も承知していたはずで、北条氏を敵にまわすことは考えられなかった。したがって、はじめから北条氏を敵とし、武田氏と手を結ぶという外交路線の転換を考えたのではなく、北条氏とも手を結び、武田氏とも手を結ぼうと考えたとみることはできる。ただ、こののち義元のこの行為に怒った北条氏綱が今川領に攻め込んでいることから判断すると、武田氏と結ぶことを事前に北条氏側に相談していなかったことがわかる。

さて、甲斐の武田信虎と駿河の今川義元の同盟、すなわち甲駿同盟が具体化したのは天文六年（一五三七）のことであった。この年二月十日、義元は、武田信虎の娘、すなわち信玄の姉を妻に迎えているのである。『妙法寺記』に、「此年二月十日、当国屋形（武田信虎）御息女様、駿河屋形（今川義元）ノ御上ニナホリ食《め》サレ候」とみえる。

この結婚によって甲駿同盟が開始したわけであるが、実質的にはその前年にはじまっていた可能性もある。というのは、前年天文五年七月、武田信玄が転法輪三条公頼《てんぽうりんさんじょうきんより》の娘と結婚しているが、それを斡旋したのが義元だったとする説があるからである。京都の公家たちとの人脈をもつ義元ならできないことではない。

それにしても、祖父義忠の室は、京都の伊勢氏につながる伊勢盛定の娘であり、父氏親の室は中御門宣胤の娘で、いずれも京都ゆかりの女性である。京都指向の強かった義元が、自らは京都の女性ではなく、隣国、しかも、少し前まではお互い戦いあっていた間柄の甲斐武田氏から室を迎えるには、それなりの決意があったものと思われる。義元としては、領国拡大、特に父氏親が試み、果たすことのできなかった三河への進攻のためには、背後を固めておくことが不可欠だったのであろう。

ところで、義元の正室となった信玄の姉は、翌天文七年、義元の嫡男氏真を生んでいる。名は伝わらない。天文十九年（一五五〇）六月二日（六月十日説もあり）に没し、法号は定恵院殿南室妙康大禅定尼といった。

2 「河東一乱」と甲斐の政変

北条氏綱が駿河に出兵

今川義元が武田信虎と手を結んだことに怒った北条氏綱は、すぐさま、今川領の駿河国東部へ侵攻しはじめた。駿河国のうち、富士川より東を河東とよぶようになるのはこのときからで、河東地域での争乱ということで、これを「河東一乱」とよんでいる。ちなみに、この争乱以前においては、今川氏も北条氏も河東という表現は使っておらず、文書上では、つぎの天文六年（一五三七）と推定される三月七日付の北条氏綱書状（「相承院文書」）が初見である。

陣中の御祈念の巻数贈り給はり候。目出たく大慶この事に候。当口河東の〔地脱カ〕悉《ことごと》く本意に候。何様罷り帰り候て、子細申し談ずべく候。大道寺蔵人佐（盛昌）、虎口に候間、先ず早々申し候。恐々謹言

（天文六年）三月七日　　氏綱（花押）

謹上　相承院

北条氏綱は二月二十一日付で河東地域に一斉に禁制を下して軍事行動の近いことを知らせており、二月二十六日、氏綱自ら兵を率いて河東地域に侵攻を開始した。このあと、「河東一乱」は第三次ま

で断続的に続くことになるが、その第一次「河東一乱」のはじまりである。

第一次「河東一乱」は、北条方が優勢であった。吉原あたりで今川軍が抵抗したりしているが、北条軍はさらに富士川を越えて興津《おきつ》あたりまで押し寄せている。

一方、今川義元と同盟を結んだばかりの武田信虎は、北条氏綱を牽制すべく須走《すばしり》口まで出兵してきたが、北条軍を押しもどすことはできず、結局、河東地域は北条氏によって占領される形となり、第一次「河東一乱」は自然休戦となっていった。

家督をついだばかりの義元にとって、領国の一部を切り取られ、敵に占領されることは恥辱であった。義元の敗因は、前年の花蔵の乱の余波で、今川軍全体のまとまりがまだなかったことである。そしてもう一つ、北条氏綱の巧みな外交戦略に負けたという側面も指摘される。

第一次「河東一乱」にあたり、氏綱は、義元と戦うために、遠江・三河の武将たちと手を結び、いわゆる「遠交近攻同盟」を成立させ、東西から義元を挟み撃ちにしようとし、義元の勢力を分散させる策に出た。

具体的には、遠江の見付端城《みつけはじょう》の堀越氏延《うじのぶ》と手を結んだことである。この遠江の堀越氏というのは、今川一門の、遠江今川氏のことで、今川了俊の後裔であった。氏綱はこの堀越氏延と手を結んでいる。またそれだけではなく、遠江の有力な国人領主である井伊氏や、三河の奥平氏あたりまでまきこもうとしていたことが知られている。「松平奥平家古文書写」に、つぎのような北条氏綱書状写がある。

遠州本意の上、彼の国において五百貫文の地、進《まゐ》らせ置くべく候。しからば、井伊と御談合有り、早々御行《てだて》簡要に候。巨細、使者申さるべく候。恐々謹言

(天文六年)三月廿九日　　　　　　　北条氏綱（判）

奥平九七郎(八カ)殿御宿所

こうした氏綱の「遠交近攻同盟」により、義元は遠江の敵とも戦わなければならず、北条氏綱だけに対する戦略をとるというわけにはいかず、結局は北条氏の河東地域への進出を許すことになってしまったわけである。

河東地域が北条氏によって占領されたままの状態が数年間続き、天文十年（一五四一）を迎えた。

武田信虎が駿府に抑留される

この年五月、武田信虎は、諏訪頼重《よりしげ》・村上義清《よしきよ》ら信濃衆を従えて、信濃の小県《ちいさがた》郡に駒を進め、海野平の海野幸綱《ゆきつな》を攻め、六月四日に甲斐へもどっている。

帰国したばかりの信虎は、突然「駿河に行ってくる」といって、わずかの従者をつれただけで駿河へ旅立った。今川義元に嫁いだ自分の娘の顔をみたくなったのか、まだ一度も会ったことのない婿の義元に会いたくなったからであろう。

ところが、その時を待っていたかのように、信虎の嫡男晴信、すなわち信玄が動いた。信玄は、甲斐と駿河の国境に兵を送り、信虎が甲斐に帰ってくることができないよう、国境を封鎖してしまった

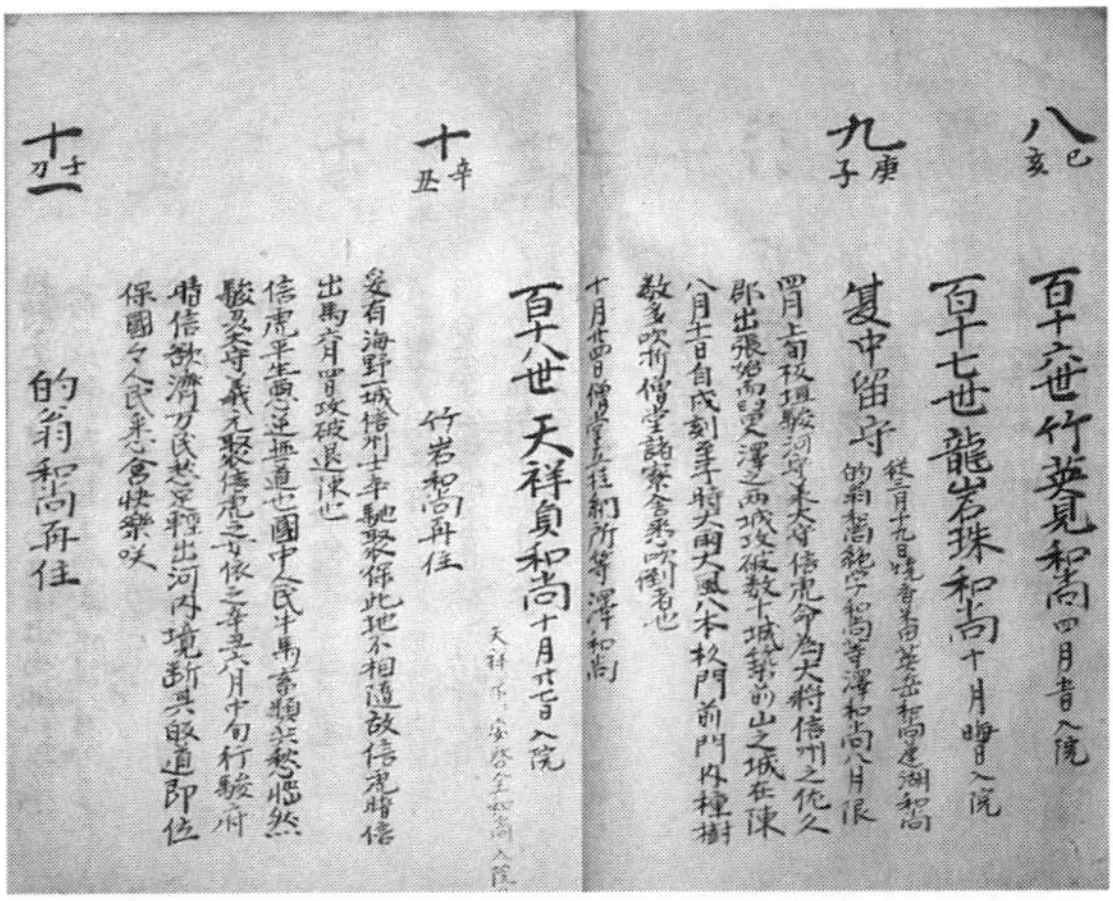

『塩山向嶽禅庵小年代記』（山梨県塩山市・向岳寺蔵）

のである。つまり信虎は、わが子信玄によって国外へ追放されてしまった形となった。『妙法寺記』の天文十年の項に、

此年ノ六月十四日ニ、武田大夫(信玄)殿様、親ノ信虎ヲ駿河国へ押越御申候。去ル程ニ、地下《ちげ》侍出家男女共ニ喜ビ、満足致し候事限り無し。信虎出家召され候て、駿河ニ御座候。

と記されているように、信玄の鮮やかな無血クーデターであった。

『妙法寺記』には「地下侍出家男女共ニ喜ビ……」とだけしか記されていないが、『塩山向嶽禅庵小年代記』になると、もっと辛辣な表現で、つぎのようにみえる。

信虎平生悪逆無道ナリ。国中ノ人民牛馬畜類共ニ愁悩セリ。然ルニ大(太)守義元、信虎ノ女ヲ娶《めと》リ、之ニ依リ、辛丑(天文十年)六月中旬、駿府ニ行ク。晴信、万民ノ愁ヲ済《すく》ハント欲シ、足軽ヲ河内境ニ出シ、ソノ帰道ヲ断チ、位ニ即《つ》キ、国々を保ツ。人民悉ク快楽ノ哄《わら》ヒヲ含ム。

つまり、悪逆無道な行為の多かった信虎を駿河に追放し、信玄が甲斐国を救ったという文脈になっている。

しかしこれは、政変によって家督を握ることになった信玄の行為を正当化しようとするもので、書かれている字の通りに受けとめてしまうのは危険である。

では、この信玄の無血クーデターの真因は何だったのだろうか。奥野高廣氏はその著書『武田信玄』（吉川弘文館人物叢書）で、「奉行衆が他国に逃げるような事態をひきおこすようでは、守護でもその地位を保つことができないであろう。晴信としては、やむをえない処置と思われる。」と述べ、信虎のワンマン体制に対抗した信玄と、信玄に心を寄せる家臣のクーデターであるという解釈をとっている。

それに対し、上野晴朗氏は『甲斐武田氏』で、つぎのように主張する。

……信虎の退隠劇というのは、要するにこの天文五年以来の家臣団の離反がまず根にあったものと思われる。これによって、信虎は義元との間に強固な同盟関係を結ぶことが出来たが、北条氏康をより強く敵に廻すことになり、北条・今川関係も友好関係が破れた。このような関係は信虎の家臣団の喜ばぬところであり、対隣国関係の政策上で信虎とその家臣は真二つに意見が割れたものと見なせる。

つまり、天文五年（一五三六）の今川家における家督交代劇のとき、信虎が義元側を支援したときのしこりが根にあったという理解である。

信虎追放に義元はどうかかわったか

問題は、信玄の信虎追放劇に、今川義元が関与していたのかいなかったのか、関与していたとしたら、それはどのようなものだったかである。

私は、義元が関与していたとみている。それは、信虎が駿府に抑留されてわずか三カ月ほどしかたっていない信玄宛の今川義元書状（「堀江文書」）から浮かびあがってくる。

> 内々使者を以て申さしむべきの処、総印軒参るべきの由、承り候際、啓せしめ候。信虎女中衆の事、十月の節に入り、易筮《えきぜい》を勘ぜられ、御越し有るべきの由、尤《もっとも》に候。此方においても申し付くべく候。かたがた以て、天道相定められ候はば、本望に候。中んづく、信虎御隠居分の事、去る六月、雪斎・岡部美濃守進らせ候刻、御合点の儀に候。漸く寒気に向ひ候。毎事御不弁御心痛に候。一日も早く仰せ付けられ、員数など具《つぶ》さに承り候はば、彼御方へ御心得有るべきの旨、申し届くべく候。猶、総印軒口上申し候。恐々謹言
>
> （天文十年）九月廿三日　　義元（花押）

甲府江参

この文書から、義元が信玄側に対し、信虎隠居後の処遇について、雪斎と岡部美濃守貞綱の二人を甲府に行かせ、相談させていたことがわかる。

文中、「去る六月」とだけあって、六月十四日以前なのか以後なのかはわからないが、仮に以後だとしても、義元と信玄の間になんらかの事前の了解がなされていたものと思われる。

武田方の史料である『甲陽軍鑑』品第三では、今川義元が、自分より年長の信虎と組むより、若い信玄と組んで上に立とうとしたという解釈をとり、義元・信玄共謀説を展開しているが、ややうがちすぎた見方といえよう。実際のところは、いくつかの要因がからまりあっていたものと思われる。

そのいくつかの要因を列挙すると、一つは、信虎の独断専行的態度、つまりワンマン体制に対する家臣たちの不満が募っていた点である。また国内統一、さらに信濃への侵略とその準備で、かなり苛酷な収奪が行われ、農民たちが疲弊していたこともみのがせない。

そして三つ目として、信虎と信玄の不和も要因となっていたと考えられる。信虎と次第に対立するようになった信玄の側に、「家督が弟信繁に譲られてしまうかもしれない」という不安感が芽ばえはじめた可能性もある。いずれにせよ、こうしたいくつかの要因がまじりあって、信虎追放というはなれ技を演じたのではないだろうか。

義元・信玄連合軍の出陣

甲斐で、武田信虎から信玄に家督交代があったころ、相模でも北条氏綱から氏康へ家督交代があった。天文十年七月十九日に氏綱が没し、嫡男氏康があとをついでいる。

河東地域は北条氏に占領されたままであったが、このころ今川氏が発給した文書が富士郡内では散見されるので、完全に占領されていたのは駿東郡一帯に限られていたようである。義元としては、失地回復の機会を虎視眈々《こしたんたん》とねらっていた。しかし、そのチャンスはなかなかこなかったのである。

ようやく、天文十四年（一五四五）になり、義元が河東地域の奪還に動き出した。この時期、今川氏のもとにいた冷泉為和の歌集『為和集』によって、義元が天文十四年七月二十四日に兵を率いて駿府を出発し、善得寺に着陣したことがわかる。

義元出陣のしらせを受けて、北条氏康も出陣してきた。そしてこのときは、義元の同盟軍である武田軍も河東地域まで出てきて、八月十一日には義元が本陣を置いていた善得寺で、義元・信玄両将の会見も行われた。

『高白斎記』の天文十四年八月十日・十一日の条を引用しておこう。

十日、庚子、富士ノ善徳(得)寺において、御一書並御口上の旨、雪斎・高井・一ノ宮方へ申渡ス。細雨。
十一日、辛丑、巳刻《みのこく》義元ニ御対面成され、未《ひつじ》刻御身血ナサレ、御振舞飯麺子御盃一度御刀下さる。

十一日の対面のときに「身血ナサレ」とあるのは、血判の起請文が交換されたことを示すものであろう。

この段階で、北条軍の最前線は吉原あたりであったが、八月十六日ごろから今川軍の攻撃がはじめられ、北条軍の撤退がはじまった。そのあたりのいきさつが『妙法寺記』にみえる。すなわち、

此年八月ヨリ、駿河ノ義元吉原へ取懸食《め》され候。去程ニ相模屋形吉原ニ守り食され候。武田晴信様御馬ヲ吉原へ出シ食され候。去程ニ相模屋形も大義思食《おぼしめ》し候て、三島へツホミ食され候。諏方ノ森ヲ全《まっとう》ニ御モチ候。

とあるように、「相模屋形」、すなわち北条氏康の兵が三島まで撤退したことがわかる。北条氏康軍撤退の契機となった戦いが天文十四年八月二十二日の今井狐橋《きつねばし》（富士市）の戦いで、そこは沼川・和田川・潤井《うるい》川が注ぐ吉原湊の北に位置しており、遠江犬居《いぬい》の天野安芸守一族がその戦いで軍功をあげている。

そのあと、三島の少し北に位置する長久保《ながくぼ》城（静岡県駿東郡長泉《ながいずみ》町下長窪字城山）が戦闘の舞台となり、今川軍がそれを落としたところで、信玄が仲介に入り、義元と氏康が和睦する段どりとなった。『妙法寺記』は簡単に「武田殿御アツカヒニテ和議成され候」と記すだけであるが、その間のいきさつは、当事者の一人駒井高白斎の日記『高白斎記』にくわしいので、つぎに引用しておこう。

十月朔日、辛卯、十五日巳《み》刻より半途へ出、板垣(信方)・向山・高白三人連判。氏康陣所桑原方へ越、戌《いぬ》刻帰ル。廿日、長窪ノ城見分ニ行、御宿《みしゅく》生害。廿四日節、管領(上杉憲政)・義元・氏康三方輪ノ誓句参候。此義ニ付、高白三度雪斎陣所へ行。廿二日互ニ矢留。廿八日、箕輪次郎(藤沢頼親)帰陣。廿九日朝佐陣所において談合。境目城ヲ捕立非分ニ氏康取り懸けられ候ナリ。既ニ義元落着ノ義ヒルカエラレ候者、晴信則ち馬を入るべきの事、此間の落着ヲヒルカエシ難タヒ(ママ)□(承)ナリ。氏康ヲ捨義元へ同意申すべき事、右此三ケ条合点申候由、朝佐・雪斎判形ヲスヱ、板垣・高白へ給リ候間、罷帰り、戌刻上ル。十一月大晦日、庚申、長窪、六日乙丑、敵出城。八日、義元・晴信互ニ大事ノ義ハ自筆ヲ以申し合はすべし卜仰せ合はされ、翌九日、互ニ自筆御請取渡し候ナリ。

これによって、信玄の斡旋によって和議が成ったのが天文十四年十月二十四日だったことがわかり、その日、関東管領の上杉憲政、今川義元、北条氏康三人の誓紙が交換されたことを知る。義元としては、念願だった河東地域の回復を果たすことができた瞬間である。この天文十四年七月から十一月までの一連の動きを第二次「河東一乱」とよんでいる。

3　義元の三河進出

第一次「河東一乱」のときには北条軍に押されっぱなしだったのが、八年後の第二次「河東一乱」において失地回復ができたのはどうしてなのだろうか。第一次のときには、義元が家督をついでまだ日がたっていなかったし、雪斎自身もそう外交手腕を発揮できるような立場ではなかったが、第二次のときは、義元も雪斎もそれなりの経験を積んでいたことが要因の一つとしてあげられる。

それとともに、もう一つ、今川領国が西へ版図を広げていったことも関係していたのではないかと思われる。義元は遠江からさらに三河へ影響力を強め、特に、西三河の松平広忠《ひろただ》の岡崎復帰に力を貸し、松平領を一種の保護国のように組み込むことに成功しており、そうした力が背景にあった点を無視することはできない。

今橋城・田原城攻め

具体的に今川軍が東三河に軍事行動を開始したのは天文十五年（一五四六）十月のことである。このとき、今川軍を指揮していたのは太原崇孚、すなわち臨済寺の住持雪斎であった。以後しばらくは、今川軍の軍事面での中心はこの雪斎がつとめており、三河方面軍司令官といった趣がある。それと、残された文書などから推察すれば、他には遠江犬居の天野氏が中核となっていたこともうかがわれる。

今川軍は今橋城を攻めた。今橋城は、のちには吉田城とよばれるが、当時、戸田金七郎宣成が城主であった。ただこの時期、今川軍がなぜ今橋城の戸田宣成を突然攻撃するようになったのかは不明である。単に今橋城が、今川領国遠江に隣接していたからというだけではなかったと思われる。義元あるいは雪斎が、戸田一族の去就を疑い、尾張の織田信秀に与《くみ》する動きに対する先制攻撃だったのかもしれない。

今橋城の戦いは十一月十五日にくりひろげられている。天野景泰らの大活躍によってその日のうちに城は落ち、景泰は義元からつぎのような感状（「天野家文書」）をもらっており、これによって実際の戦いの様子をある程度うかがうことができる。

今度三州今橋の城小口取り寄せの時、了念寺へ相移るべきの由下知候の処、異議に及ばず、□(最)前馳せ合ひ、堅固相踏むの旨、忠功の至り感悦也。今月十□(五)日辰刻、同城外構乗り崩すの刻、不暁に宿城え乗り入れ、自身粉骨を□(尽)くし、殊に同名親類被官以下疵を蒙むり、頸七討ち捕るの条、各別紙感状を遣はす也。誠に以て度々の軍功神妙の至り也。弥《いよいよ》忠勲を抽《ぬき》んずべきの条、件の如し

(天文十五年)十一月廿五日　(今川)義元（花押）

天野安芸守(景泰)殿

これによって、天野景泰らの働きで今橋城の外構が崩され、ついで宿城、すなわち今橋城の主郭が攻められ、城が落ちたことがわかる。

なお、このときの今橋城攻めには、今川軍だけではなく、野々山甚九郎《ののやまじんくろう》といった西三河の部将たちも城攻めに加わっていたことが、同年十二月十四日付の太原崇孚判物写（「野々山文書」）などからうかがうことができる。また『岡崎古記』に、「天文十五年、今橋に戸田金七郎在城せしに、同十月、駿河勢と岡崎勢と今橋へ押寄合戦す。此時石川式部・酒井将監・阿部大蔵等、吉田にてよく働き落城す」とあるように、松平広忠の家臣たちも動員されていたことを知る。その意味では、このときの今橋城の戦いは今川・松平連合軍と今橋城の戸田軍との戦いだったとみることができる。

今橋城の戦いの勝利により、東三河の一角が今川領に組みこまれた。そのころの太原崇孚、すなわち雪斎の発給文書をみると、「当城」と表現しているものがあり、雪斎が今橋城に在城し、さらに三河国において敵対する勢力を一掃しようとしていたことがうかがわれる。

ところが今橋城の陥落は、その後、思わぬ波紋をひろげる結果となった。尾張の織田信秀が西三河へ侵攻する構えをみせはじめたのである。

織田信秀の西三河侵攻

岡崎城の松平広忠には、自力で織田信秀の西三河侵攻を押しもどす力はなく、翌天文十六年（一五四七）、義元に対し、援軍の派遣を要請している。それに対し義元は了承した旨返事をするとともに、広忠の嫡男竹千代（のちの徳川家康）を人質として駿府に差し出すよう求めてきた。弱い立場の広忠としては、この要求を呑まないわけにはいかず、当時わずか六歳の竹千代を、人質として駿府に送ることになった。

竹千代が、八月二日、舟で西郡（蒲郡）から大津（豊橋市老津）に渡り、そこから陸路をとって駿府に向かう予定であったところ、田原城の戸田宗光《むねみつ》・堯光《たかみつ》父子が言葉巧みに舟で行く方が安全だと勧めたため、竹千代一行は舟に乗ってしまった。すると、その舟は駿河には向かわず、尾張に行ってしまった。つまり、駿河の今川義元のもとに人質として行くはずだった竹千代は、途中で強奪された形で尾張の織田信秀の人質とされてしまったのである。このあと、信秀は竹千代を人質に取ったとして、広忠に織田方になるよう要求したが、広忠は、「竹千代は今川方の人質として出したもの」と、信秀の要求を拒み続けている。

これに怒った義元は、ただちに天野景泰らに命じて、戸田宗光・堯光父子の居城田原城を攻めさせている。実際に田原城が包囲されたのは八月の末である。

このとき、戦功をあげた部将たちに対する義元の感状が九月十五日付で一斉にだされており、今日、文書が残っていて戦功を賞されたことがはっきりするのは、天野景泰・同虎景のほか、松井惣左衛門、御宿《みしゆく》藤七郎である。この四人の場合はたまたま文書が残っただけで、実際はかなりの数だったものと思われる。これらの義元感状によって、戦いとなった場所が田原大原構・田原丹蔵(舟カ)・田原本宿門際だったことがわかる。そして、どの感状も「去五日」となっているので、田原城の総攻撃、陥落は九月五日だったことが確実である。

なお「天野文書」に、戦いのあった九月五日付で、天野景泰から奉行に提出された手負人数注文なるものがある。珍しい文書なので、つぎに引用しておきたい。

手負人数

天野小七郎	鑓手二ケ所
松井二郎三郎	矢手三ケ所
奥山小三郎	矢手壱ケ所
大石新三郎	刀疵二ケ所
花島三郎左衛門	矢手一ケ所
気多清左衛門	鑓手二ケ所
同名大(太)郎兵衛	鑓手三ケ所
同名新二郎	矢手壱ケ所
松原三郎左衛門	矢手壱ケ所
木下藤三	矢手壱ケ所
桑原弥五郎	矢手二ケ所
三宅左衛門大(太)郎	矢手壱ケ所
尾上被官	矢手壱ケ所
花島下	矢手壱ケ所
中間	
八郎大(太)郎	矢手壱ケ所

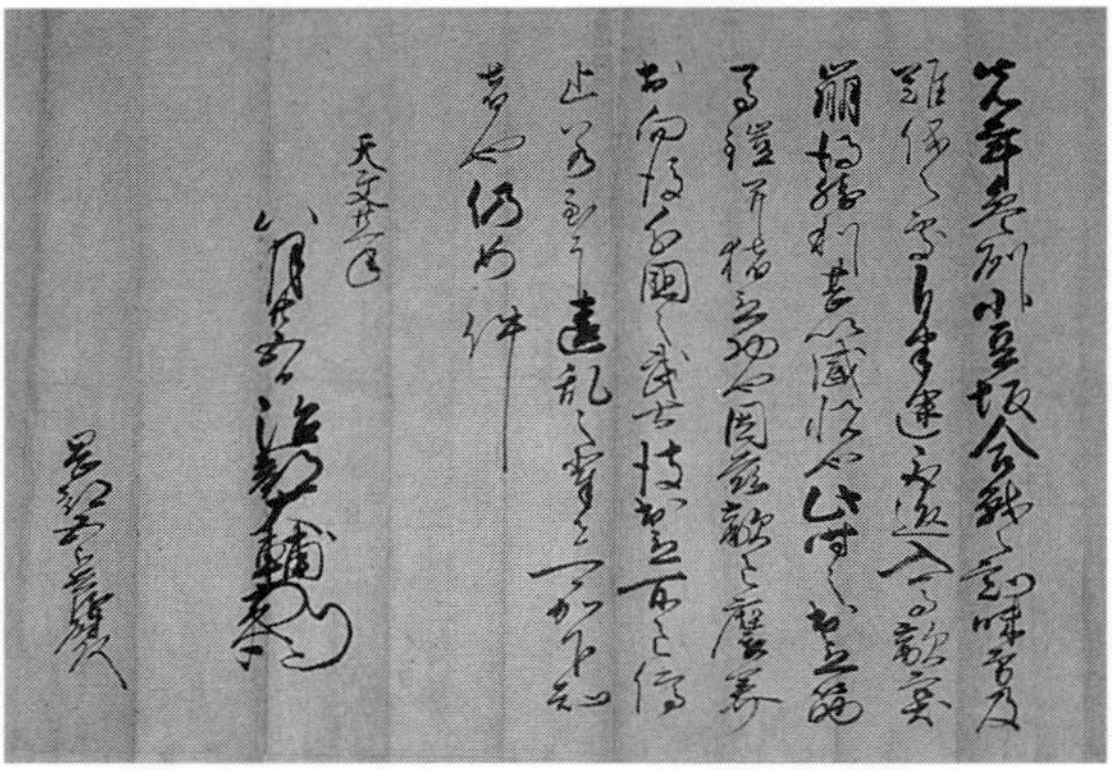

今川義元感状（岡部文書、藤枝市郷土博物館蔵）

亀若　矢手壱ケ所
右馬大《(太)》郎　鑓手壱ケ所
彦大《(太)》郎　矢手二ケ所
力者　矢手一ケ所
天文十六年 九月五日　天野
景泰（花押）
御奉行中参
一覧印
義元判

筆頭に名前の出た天野小七郎は、天野という苗字を名乗っていることからもうかがわれるように同名衆、つまり天野一族の人間と思われる。その他、花島とか気多《けた》など、苗字をもつのは、天野景泰を寄親《よりおや》とする寄子《よりこ》で、土豪、すなわち地侍であると考えられる。あとの方の「中間」として出てくる五人は、苗字をもたないことからも明らかなように、天野景泰直属の「中間」であろう。

この田原城の戦いに、天野景泰軍が何人で出陣していったかはわからないが、ここに出ているように少なくとも十九人が何らかの疵《きず》を蒙っていたことがわかる。矢手が多いということは、このときの戦いが、まだ弓矢を主要兵器とした戦いだったことを物語っている。ついで鑓疵《やりきず》が多いので、弓矢と鑓で戦っている様子が浮かんでくる。

小豆坂の戦い

田原城の陥落によって、今川義元の勢力が三河に大きくくいこむことになった。ちょうどそのころ、尾張の織田信秀も三河進出をもくろんでおり、義元と信秀の直接対決は早晩避けられない事態となった。そしてその直接対決は、天文十七年（一五四八）三月十九日、三河の小豆坂《あずきざか》（岡崎市羽根町《はねちょう》）においてくりひろげられている。

これを小豆坂の戦いとよんでいるが、実は小豆坂の戦いは、これ以前にも一度戦いがあり、天文十七年の戦いは第二次小豆坂の戦いとよぶべきだとする見解がある。天文十七年の戦いを第二次とした場合、第一次の戦いというのは天文十一年（一五四二）八月十日の戦いを指すというのが旧『岡崎市史』および『新編岡崎市史』の解釈である。

新旧『岡崎市史』は、『信長公記』首巻に、

八月上旬、駿河衆三川の国正田原へ取出《とりだ》し、七段に人数を備え候。其折節、三川の内あん城と云ふ城、織田備後守かゝへられ候キ。駿河の由原先懸にて、あづき坂へ人数を出し候。則、備後守あん城より矢はぎへ懸出、あづき坂にて、備後殿御舎弟衆与二郎殿・孫三郎殿・四郎二郎殿初めとして既に一戦に取結び相戦ふ。

とある八月上旬を天文十一年ととらえ、第一次小豆坂の戦いがあったとした。『信長公記』首巻はその年次を記しておらず、同時代史料に、天文十一年に小豆坂で戦いがあったことを示すものが一つもないので、私は、これを天文十一年の戦いとするのは無理ではないかと考えている。天文十一年段階で、今川氏の力が岡崎まで伸びていたとは考えられない。

ただ最近、『新修名古屋市史』第二巻において、さきの『信長公記』首巻に名のみえた信秀の弟与二郎が、天文十六年（一五四七）の稲葉山城下で戦死していることをあげ、天文十六年以前に小豆坂を戦場とした戦いがあった可能性を示唆している。

ところで、天文十七年三月十九日の小豆坂の戦いについては、家康の家臣大久保彦左衛門忠教の『三河物語』にくわしい描写があるので、やや長文にわたるが、つぎに引用しておきたい。

今河殿仰ケルハ、広忠ヨリ質物ハ来タレ共、ソバより盗取テ敵方え売申事ハ無是非、其故(上)モ小(織)田ト一身無、侍之儀(義)理ハ見えタリ。此上広忠見次て家(加)勢可有トテ林西(臨済)寺之説(雪)斎長老に各々ヲ仰付て、駿河・遠江・東三河ケ国之人数ヲ催て家(加)勢有。（中略）弾正(織田信秀)之中(忠)は、駿河衆之出ルヲ聞て、清須(マヽ)之城を立て、其日は箸(笠)寺・成見(鳴海)に陣取給ひて、明ケレバ箸寺を打立給ひて案(安)祥に付せ給ひて、其より八萩河(矢作川)之下之瀬ヲ越て、上和田之取出に移らせ給ひて、明ケレバ馬頭之原え押出シて、合陣之取ントテ、上和田を未明に押出ス。駿河衆モ上和田之取出え 荂《はたらき》 トテ、是モ藤河を見(未)明に押出ス。藤河と上和田之間一理(里)有。然処に山道の事ナレバ、互ニ見不出シテ押ケルガ、小豆坂え駿河衆アガリケレバ小田之三郎五郎（信広）殿ハ先手にて小豆坂えアガラントスル処にて、鼻合ヲシテ互に洞天（動転）シケリ。然トハ申せ共、互に籏《はた》ヲ立て則合戦仕初て、且《かつ》ハ戦ケルガ三郎五郎打負サせ給ひて盗人来迄打レ給ふ。盗人来にハ弾正之忠籏の立ケレバ、其よりモ、モリ帰シテ、又小豆坂之下迄打、又、其より押帰されて打レケリ。其時之合戦は対々トハ申せ共、弾正之忠之方ハ二度追帰サレ申。人モ多打レタレバ駿河衆之勝と云。其より駿河衆ハ藤河え引入、弾正之中（忠）は上和田え引て入。其より案祥え引テ、案祥にハ舎弟小田之三郎五郎殿ヲ置給ひて、弾正之忠は清須え引入給ふ。三河にて小豆坂之合戦トッタエシハ此事にて有。

ここに「林西寺之説斎長老」とあるのが臨済寺の太原崇孚雪斎のことで、義元は、雪斎を大将として、織田方の三河における橋頭堡《きょうとうほ》である安祥城を攻めさせようとしたところ、信秀が先手を打って小豆坂に出陣し、そこで戦いになったというものである。

戦いの経過はほぼ『三河物語』に記された通りと思われるが、信秀が安祥城に兵を引いたことで、義元側の勝利とされている。

安祥城の戦い

信秀は安祥城に長男の信広《のぶひろ》を置き、自らは尾張にもどっている。これは、西三河を何とか確保しておきたいとする信秀の強い意思のあらわれであろう。しかし義元としては、西三河から織田勢を早く一掃したいと考えていた。そして、意外とその機会が早くやってきたのである。

翌天文十八年（一五四九）三月六日、岡崎城主松平広忠が死んだ。これは本来なら、今川方にとっては由々しい事態であった。というのは、広忠の嫡子竹千代は織田信秀の人質に取られていたからである。松平氏の家臣たちが相談して、「竹千代様が織田方に人質として取られているのだから、織田方につこう」と決議しないともかぎらなかった。

そこで義元は、広忠の死を知ると、すぐ朝比奈泰能《やすよし》・鵜殿長持《うどのながもち》らに岡崎城を接収させ、重臣の何人かを人質に取っている。松平氏が織田方に寝返ることを防ぐ手段だった。

そうした上で義元は、雪斎を大将とする七〇〇〇の兵で安祥城を攻めさせた。最もはげしい戦いとなったのは、十一月八日と九日の両日で、十一月八日の戦いで安祥城の三の曲輪と二の曲輪が落とされている。

注目されるのは、この戦いに際して、雪斎が、「敵の大将織田信広を生け捕りにせよ」と命じていたことである。雪斎は、信秀の長男信広と松平竹千代との人質交換という手を考えていた。そのためには、信広を殺してしまうわけにはいかなかった。

その命令は徹底され、翌九日の本曲輪攻撃のとき、城は落ちたが、信広は今川軍の兵によって生け捕りにされており、すかさず雪斎は信秀の本陣に書状を送りつけ、さきに戸田宗光・尭光父子の謀略によって尾張につれ去られた松平竹千代との人質交換を申し出ている。

信秀も雪斎からのこの申し出を了承し、ここに人質交換のはこびとなった。十一月十日、尾張の笠寺で、信広が織田方に引き渡され、竹千代が今川方に引き渡されている。竹千代はそのまま駿府に送られ、あらためて今川氏の人質として抑留されるのである。

これで、西三河まで含めた三河全域が完全に今川氏の領国に組みこまれることとなった。ちなみに、義元にとって脅威だった織田信秀が没するのは、その二年後の天文二十年（一五五一）三月三日であった。家督は信秀の三男信長がついだ。

4 甲相駿三国同盟の成立

「善得寺の会盟」の虚実

よくいわれることであるが、戦国大名の権力というのは、常に領国を拡大していないと維持できないものであった。それが、戦国合戦が終わらない原因ともなっていた。

これは、当時の武士たちの観念とも関係していて、自分の能力にみあった待遇を求める風潮があり、よりたくさん恩賞をくれる戦国大名についていくという側面があった。それゆえ戦国大名は、家臣をつなぎとめておくために、常に恩賞を与え続けなければならず、恩賞を与えるための土地を確保すべく新たな侵略を行わなければならなかったのである。

そしてそのためには、できるだけ背後は安全にしておきたいと考える。四方敵というのは避けたいし、両面の敵という事態もできれば避けたいと考える。そこで、義元を例にとれば、背後の甲斐と伊豆・相模を安全にしておいて、三河さらに尾張へと侵略する方針を固めることになる。したがって、甲斐の武田信玄、相模の北条氏康との間に同盟を結ぶことは焦眉の課題であった。

このうち武田信玄との間には、すでに甲駿同盟が結ばれており、これに相駿同盟がプラスされれば、甲相駿三国同盟となり、まさに〝鬼に金棒〟となる。そして、この甲相駿三国同盟締結には、事態の本質を見誤らせ、史実とは異なる俗説が流布されていることも事実である。そこでまず、そうした俗説の誤りを正しておきたい。

俗説の出所は、どういうわけかすべて北条氏側の軍記物である。主なものとしては、『北条記』『北条五代記』『関八州古戦録』があげられるが、これら軍記物によると、天文二十三年（一五五四）二月、北条氏康の軍勢が駿河国に進攻し、今川軍と戦ったとする。すでに述べた第一次河東一乱、第二次河東一乱といういい方にならえば、第三次河東一乱ということになる。しかし同時代史料からは、第三次河東一乱はたしかめることはできない。

そして北条氏側の軍記物は、その直後、義元の軍師雪斎の斡旋によって、義元・信玄・氏康の三将が駿河の善得寺に集まり、甲相駿三国同盟を結んだとする。ここでは、その一例として、『北条記』の関連部分を引用しておくことにしよう。

せこ（瀬古）の善得寺の長老・府中臨済寺の長老は兄弟にて、今川殿の御一家なり。此両和尚、両方へ御扱を入玉（給）ひ、以来ともに近国の取合よしなし。御和談ありて然るべしとて、様々仰せらるるほどに、三大将ともに善得寺へ出合玉ひ、和談の御祝ひ御盃とりかはしあり。会盟の験《しるし》にとて、氏康の一男氏政は晴信の聟になり、義元の家督氏真は氏康の聟と約諾ありて、目出度御帰陣なり。其後御祝儀の使者三方へ往来す。

ここにあるように、善得寺の建乗と臨済寺の雪斎が兄弟だったことは事実のようである。ただ「今川殿の御一家なり」というのはまちがいで、彼らは今川氏の重臣庵原氏の出である。

問題なのは、そのあとでこの二人が「御扱」、すなわち「曖《あつか》い」を入れたという点である。曖いというのは、争っている当事者に、第三者が和談をもちこむ行為であり、義元の軍師という立場の雪斎は、とうてい第三者ではありえず、そのような曖いをいれることなどできないはずである。

そしてもう一つ、戦国の世に、たとえ「無縁の原理」のある寺とはいえ、三国の総大将自らが会盟するなどということは常識的に考えられない。これら問題点を指摘した磯貝正義氏は、「武田信玄の戦略・戦術」（『武田信玄のすべて』）で、善得寺の三将会盟といわれるものはなかったと結論づけている。従うべき意見である。

では、甲相駿三国同盟も否定されるのだろうか。以下、この時期の義元・信玄・氏康の三将の動きを追いながら、この点について考えてみたい。

相互の政略結婚

一二九ページでみたように、甲駿同盟の証《あかし》として、信玄の姉が今川義元に嫁いでいた。ところが、その義元室が天文十九年（一五五〇）六月二日に死んでしまったのである。死因はわからないが病死であろう。

この時期、信玄も義元も、甲駿同盟に意義を認めており、その継続を考えていた。そこで、どちらが先に申し出たかはわからないものの、同盟路線継続ということで一致し、あらたな政略結婚がもちあがった。義元の娘が信玄の嫡男義信《よしのぶ》に嫁ぐというものである。

輿入れの模様は武田方の史料に詳細に書き留められており、たとえば『高白斎記』は花嫁行列の日程までくわしく記している。すなわち、天文二十一年（一五五二）十一月のところに、

> 十九日丁酉、御輿ノ迎ニ出府。当国衆駿河へ行。廿二日庚子、御新造様駿府ヲ御出、興津ニ御泊リ。廿三日、ウツフサ（内房）。廿四日、南部。廿五日、下山。廿六日、西郡。廿七日乙巳、酉戌ノ刻府中穴山宿へ御着。子丑ノ刻御新造へ御移リ。廿八日冬至、三浦出仕御対面。廿九日、高井・三浦方へ宿エ礼ニツカワサル。

とある。ここに「御新造」とあるのが義元の娘、すなわち武田義信の新妻で、二十七日のところに「御新造へ御移リ」とあるところをみると、信玄は、義信の嫁を迎えるにあたり、躑躅ケ崎《つつじがさき》館の中に新婚夫婦用の新しい館を建てたことがうかがわれる。

なお『高白斎記』は、当の高白斎が嫁迎えに出向いたことでくわしい記述になったもので、たとえば『妙法寺記』は、「此年霜月廿七日、駿河義元御息女様ヲ甲州晴信様御嫡武田大吉殿様（義信）ノ御前ニナホシ食《め》され候」と簡潔な書き方となっている。

義元としては、信玄との同盟路線が継続されることで、とりあえず背後は安泰と考えたようである。しかし信玄の方は、甲駿同盟だけでは不安であった。越後の上杉謙信と戦うために、相模の北条氏康とも手を結んでおく必要性を痛感していたものと思われる。そしてこの時期、上杉謙信と敵対するようになった氏康も同じ考えをもちはじめたのである。つまり、上杉謙信を共通の敵とする態勢が作られるようになった。

具体的にみると、天文二十二年（一五五三）正月、信玄の娘と氏康の嫡男氏政との婚約が成った。実際の嫁入りは翌二十三年十二月のことであるが、婚約が成った時点で甲相同盟が成立したのである。

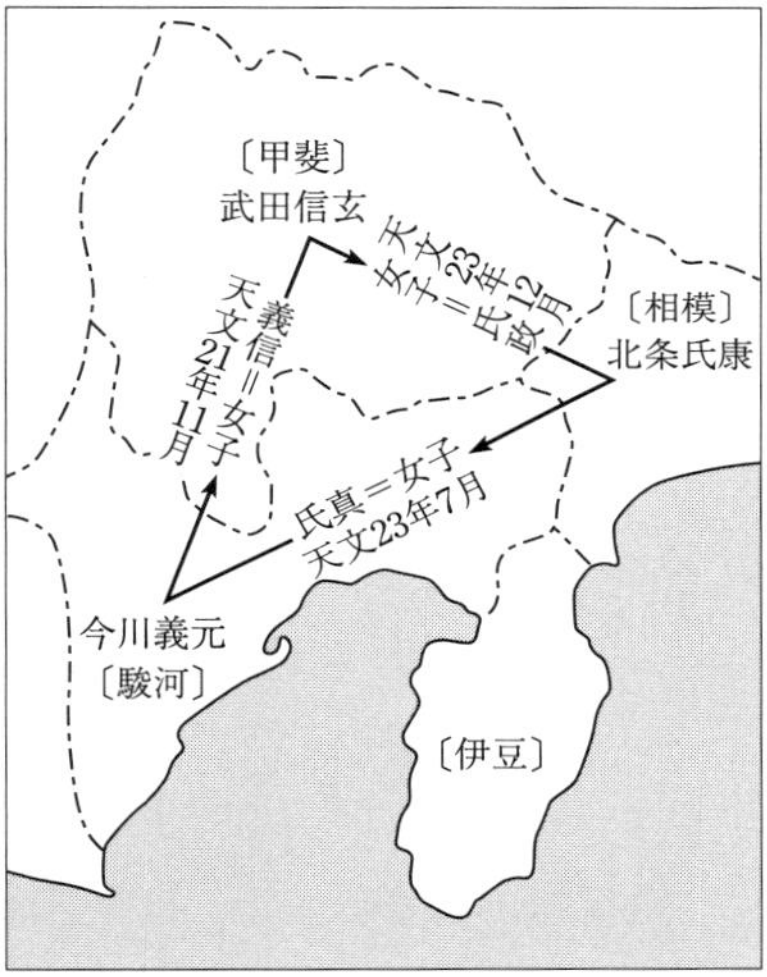

甲相駿三国同盟図

これによって、信玄を核として甲駿同盟、甲相同盟の二つが結ばれ、間接的にではあるが駿相同盟も成立した形となる。ふつうは近国同盟の場合、そこまでであろう。ところが、このときは、ダメ押しの意味でもう一つの政略結婚が取りくまれた。天文二十三年七月、氏康の娘が義元の嫡男氏真に嫁いでいるのである。三戦国大名に、それぞれ未婚の息子と娘がいたから可能であった。わかりやすく図示すると上のようになる。

千貫樋が物語るもの

ところで、駿相同盟の成立にかかわって、領民レベルへの波及効果という点で注目される事例があるのでみておきたい。駿相同盟が成立したことで、北条領国だった伊豆国の水が、灌漑用水不足に悩む駿河国に送られたというものである。

駿河国駿東郡に泉之郷とよばれる地域があった。現在の静岡県駿東郡清水町の的場・畑中・戸田・久米田《くまいでん》・玉川・湯川・堂庭《どうにわ》の七つの大字《おおあざ》の範囲がそれに該当するという。近くに境川や狩野川が流れ、また湧水で知られる柿田川なども流れているので、灌漑用水に不自由するような場所とは思えない。ところが、それらの川はかなり低い所を流れ、台地上にある泉之郷に引水することは困難で、慢性的な水不足に悩まされていたのである。

そこで、伊豆三島の小浜池の水が、伊豆と駿河の国境を流れる境川の上を掛け越して、水を駿河に送る樋が設けられたのである。それを千貫樋といった。この名前の由来については諸説あり、境川を掛け越す木製の樋を作るのに、千貫文かかったからともいい、また千貫文の収入があがる田に水を潤すことができたからともいうが、もしかしたらただ漠然と、広い地域に用水を配給したので千貫樋とよばれるようになったのかもしれない。

原初的で小規模な樋はすでに室町時代にはできていたようで、連歌師宗祇の著わした『名所方角抄』に、「浮島が原を過ぎて、沼津車返《くるまがえし》と云ふ宿あり。それ過ぎてきせ（黄瀬）川の宿とて有り。過ぎ行けば樋の口と云ふ所あり。これまで駿河なり。」とあり、千貫樋の口が「樋の口」とよばれていたと思われる。宗祇が歿したのが文亀二年（一五〇二）なので、すでにそれ以前に千貫樋の原型となったものはあったのであろう。

ただ、地元の伝承に「聟引出として、豆州の水を駿州へ引いた」とあること、および『駿河草《するがぐさ》』という史料に、「北条・今川和解の節、朝比奈蔵人を使として、豆州より駿州の地に用水を引く」とあ

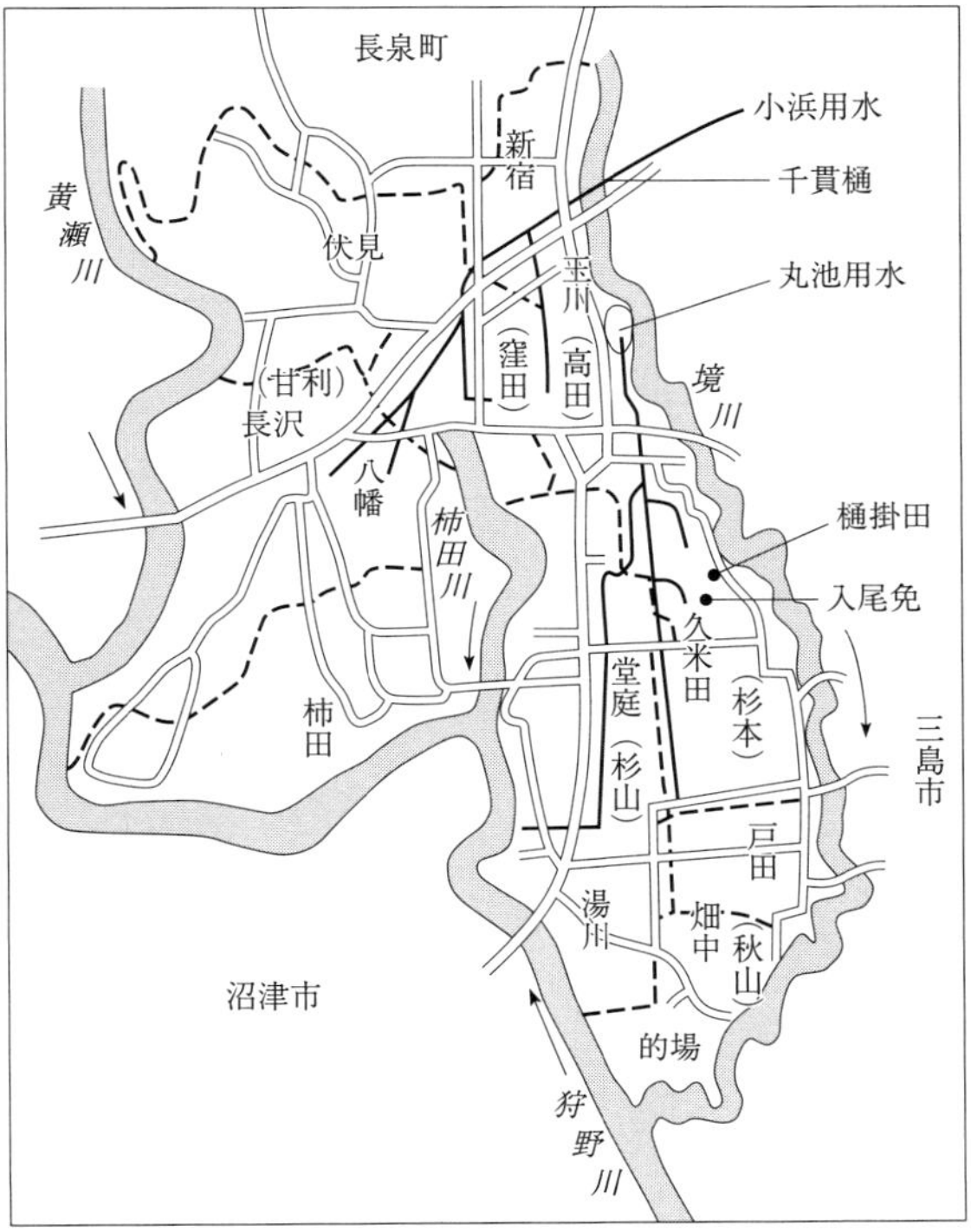

千貫樋関係地図

ることに注目したい。

前述のように、今川氏と北条氏が駿相同盟を結んだのは、天文二十三年七月、北条氏康の娘が今川義元の嫡男氏真に嫁いだときである。同盟に際し、今川領駿東郡の用水不足を心配した氏康が、それこそ「聟引出」として、本格的に伊豆の水を駿河に送るようにした可能性は高いのではなかろうか。

こうした婚姻を契機とする用水権の譲与は各地で「化粧水《けしょうすい》」などの名で伝えられており、いまも使われている千貫樋は、そうした歴史の生き証人といってもよい。

三国同盟のメリット

この甲相駿三国同盟は単なる不可侵条約のようなものではなく、同盟者が敵と戦うとき、援軍を出すという形の同盟であった。事実、武田信玄が越後の上杉謙信と戦った川中島の戦いの第二回戦では、義元の家臣が援軍として出ており、武田方を敗北から救っている。

この第二回戦、すなわち第二次川中島の戦いは、前後五回あった戦いの二度目のもので、弘治元年(一五五五)七月の衝突である。信玄にしてみれば、背後の駿河・相模が安泰なので、心おきなく謙信と戦える条件ができていた。しかもその武田軍には、今川義元から一宮《いちのみや》出羽守を将とする援軍も送りこまれていたのである。

戦いは、どちらも譲らず膠着状態となり、結局、義元が和平を斡旋し、双方共に兵を引いたということが『妙法寺記』にみえる。すなわち、弘治元年の項に、此年七月廿三日、武田晴信公信州へ御馬ヲ出され候。去程ニ村上殿・高梨殿、越後守護長尾ノ景虎ヲ頼り奉る。同景虎も廿三日ニ御馬ヲ出され候テ、善光寺ニ御陣ヲ張り食《め》され候。武田殿ハ三十里此方ナル大塚ニ御陣ヲ成され候。善光寺ノ堂主栗田殿ハアサヒノ城ニ御座候。旭ノ要害へも武田晴信公人数ヲ三千人、サケハリ（ママ）ヲイル程ノ弓ヲ八百張、鉄炮ヲ三百挺カラ御入候。去程ニ長尾ノ景虎細々責候へ共叶はず。終ニハ駿河ノ今川義元ノ御扱ニテ和議成され候。壬（閏）十月十五日ニ互ニ御馬ヲ入れ食され候。以上二百日ニテ御馬入れ申し候。去程ニ人馬ノ労レ申す計り無く候。

とある。

ここにみえるように、今川義元が「御扱」、すなわち噯いを入れたことがわかる。援軍を送り、武田方に肩入れしている今川氏が、和平の斡旋に動くというのも、現代的感覚では何となく妙に感じるが、当時はそのようなこともあったのかもしれない。

よくいわれるように、喧嘩をしている間に割って入るには、喧嘩をしている当事者双方と同じくらいの力がなければ無理である。そのことからしても、この段階の今川義元は、武田信玄・上杉謙信と肩を並べるだけの力があったということになろう。

ところで、いまここに引用したのは武田方の史料の『妙法寺記』である。このときの和平の動きについて、上杉方の史料はやや異なる記し方をしている。

弘治二年の追記のある六月二十八日付長慶寺宛上杉謙信の書状案（「歴代古案」三）の必要箇所をつ

ぎに引用しておく。

（前略）

一、信州の儀、隣州勿論に候と雖《いへど》も、村上方を始とし、井上・須田・嶋津・栗田、その外連々申し談じ候。殊に高梨ことは、取りわけ好《よしみ》の儀あるの条、かたがた以て見除せしむべきに非ず。かの国過半晴信手に入れられ、既に一変あるべき体に候間、両度出陣。去年のことは、旭の要害に向ひ、新地を取立て、敵城擒《とりこ》に致すの上、晴信に対し興亡の一戦を遂ぐべきの外、拠《よんどころ》なく候のところに、甲陣浮沈に及び、駿府に属し、無事の儀様々悃望《こんもう》あり。誓詞并条目以下相調へらるるの上、色々義元御異見の間、万障を抛《なげう》ち、旭の地ことごとく破却し、和与《わよ》の儀を以て馬を納め候。これによりかの国味方中、今に安泰に渡られ候。自讃の様に候と雖も、宗心（謙信）助成せしめ候はずんば、各色絶疑ひ無く候

長尾弾正少弼入道
宗心（謙信）

「弘治（朱筆）二年」

六月廿八日

長慶寺衣鉢侍者禅師

これによると、信玄軍が負けそうになったので今川義元に泣きつき和与を求めてきたので上杉軍がそれに応じたとなる。もちろん、戦いに関するこうした情報は、たとえ不利になっていても有利なよ

うに書かれる傾向があり、もしかしたら謙信の強がりにすぎないかもしれない。

しかしいずれにせよ、援軍にきていた今川軍が間に割って入ることで、武田軍が敗北しないですんだことはたしかである。信玄にとって、こうした形で同盟のメリットは実証されたといってよい。なお、五度にわたって川中島で謙信と戦うことができたのも、背後が安泰だったからである。

このことはほかの二人についてもいえる。義元は義元で背後を心配することなく三河から尾張へ侵攻していったし、北条氏康も背後を心配することなく武蔵からさらに北へ領土拡張のための戦いをくりひろげることができたのである。甲相駿三国同盟は、三者にとってそれぞれメリットのある同盟であった。

第五章　卓越した領国経営

1　検地の実施と年貢収取

義元の父氏親が検地を実施していたことはすでにみたとおりである。義元の兄氏輝も、統治期間が短かったため、事例は少ないが検地を行っていた。氏輝死後、花蔵の乱に勝利し、領国支配に乗り出したばかりの天文五年（一五三六）十月の段階で義元は早くも検地を実施していたことが知られるので、義元も検地を領国支配の重要な施策とみていたことがわかる。

増分の性格をめぐって

検地の最大の目的は土地の掌握である。面積はもちろん、土地の善し悪しを判断し、収穫量が推定され、大体の年貢を計算する手がかりとする。直轄地であれば、そうして得た年貢が今川氏の蔵入りとなり、給人領であれば、軍役等を賦課するための基本資料となる。

ただ今川氏の検地の場合、のちの豊臣秀吉の太閤検地などとはちがって、検地奉行が実際に、棹《さお》とか縄をもって土地の面積を計測していったわけではない。指出《さしだし》検地といって、いわば農民や給人の自主申告という性格のものなので、実際に計測していった丈量検地にくらべれば不徹底だったことはたしかである。

しかし、検地をやったことの意義は大きなものがあった。検地を行えば、必ずといってよいほど増分、すなわち踏出しが出て、直轄地であれば、そのまま今川氏の収入増となり、寺社領や給人領であれば、寺社や給人に対する諸役の増につながったからである。

ところで、検地によって得られた増分の性格については、それをどうとらえるかで、研究者の間で意見が分かれており、一つの説はそれを「隠田《おんでん》」としてとらえ、もう一つの説では「加地子《かじし》」と理解する。

隠田とはその字の通り、農民たちが領主に知られないように田畠を隠しもっていたものであるが、年貢を払うのがいやで隠しもっていたというよりは、農民たちの努力で土地が開墾され、ふえた土地を領主権力が掌握したという方が正しいと思われる。というのは、当時の文書をみると、「塩入《しおいり》」とか「河成《かわなり》」といった文言が多くみられ、田畠だったところが耕作不能になり、そうした状態が何年も続いて免租地となったようなところが、農民たちによる再開発で再び田畠となり、それが権力によって掌握されるというケースもかなりみうけられるからである。

一方加地子は内徳分《ないとくぶん》などともいわれる名主加地子得分のことで、年貢納入の責任を負っている名主《みょうしゅ》に対し、それまで収集が暗黙のうちに認められてきた中間搾取得分のことである。したがって検地によってこれが否定されるということは、名主に対する既得権の剝奪といってもよい。

検地によって新たに踏み出された増分を隠田とみるか、加地子とみるかで意見の対立があったが、これについては『静岡県史』通史編がいうように、二者択一的でなく、両者を含んだものとみるのが妥当と思われる。

広域検地と公事検地

ところで、ひと口に検地といっても、検地に至る経緯はいろいろであった。

今川氏では、北条氏が行ったような代替わりにともなう一斉の代替わり検地というものは行っていないが、領土を広げたり、あるいは確保したとき、ある程度のまとまりをもった広域検地は行っている。大規模一斉検地などと表現されることもある。「惣郷《そうごう》検地」とか「惣荘《そうしょう》検地」とよんでいる人もいる。

かつて、山中（山室）恭子氏が明らかにした、天文二十一年（一五五二）から翌二十二年にかけて、義元によって駿河国駿東郡で行われた広域検地はその例である（「中世の中に生まれた『近世』――戦国大名今川氏の場合」『史学雑誌』第八九編第六号）。

この駿東郡における広域検地の場合、「河東一乱」といわれた状況が好転し、駿東郡が今川氏の領国にもどってきたことと関係していたことはまちがいない。今川権力の支配を浸透させるねらいがあったものと思われる。この点は、あとでふれる新征服地である三河国において実施した広域検地とも共通する。

ただ、今川氏の検地をみていくと、意外と小規模、個別検地が多いことも事実である。これを局地的検地とか公事検地の名でよんでいる。公事検地というのは、在地の訴訟・紛争、すなわち公事を契機として検地が行われたことからその名がつけられた。有光友學氏が「戦国大名今川氏の歴史的性格——とくに『公事検地』と小領主支配について」(『日本史研究』一三八号、のち同氏著『戦国大名今川氏の研究』に再録)の副題でこの表現を使ったことから、以来、局地的個別検地は公事検地の名でよばれるようになった。

なお、この検地の規模についても、広域検地が主流なのか、公事検地が主流なのかと二者択一的なとらえられ方をすることもあるが、私は、領国化政策の総仕上げとしての広域検地と、そのアフターケアとしての公事検地が併存していたとする解釈をしている。

訴人—検地—増分

次に義元段階の公事検地の実際の流れについてみておきたい。義元の判物写に注目されるものがある(国文学研究資料館所蔵「藩中古文書」所収後藤家文書)。

遠州当知行池田庄領家方の事

一、今度訴人として大橋源左衛門をはじめとして、その外の輩立合い、検地を遂ぐるの処、見立の増弐百四拾五貫参百余也。然りと雖も、此内九拾五貫参百余ハ百姓等に指し置き、残り百五拾貫文納所すべきの旨、訴人大橋一筆致すの条、その儀に任せ領掌し了。此儀に依り、当座の褒美として弐拾貫文之を出《いだ》すべし。後年に至り之を出すべからざる者也。此上若《も》し後年に於いて増分出

来に於いては、所務を遂げ、其の分限に随ひ、役を加増すべき事

（後略）

弘治参年

七月廿三日　治部大輔《今川義元》（花押）

後藤九郎《真泰》殿

宛名の後藤九郎真泰《さねやす》は、遠州日比沢城の城主で、義元の家臣である。したがってこの「遠州当知行池田庄領家方」の地は、給人後藤氏の私領だったことがわかる。

その後藤真泰の所領池田庄領家方の百姓大橋源左衛門らが訴人となって訴えをおこしてきた。そこで義元は、大橋源左衛門ら立合いの上で検地を行った。立合っているということは、単なる指出検地ではなく、実際に丈量検地が行われたことを示している。

検地の結果、二四五貫三〇〇文もの増分が出た。前述したように、この増分には隠田も含まれ、加地子も含まれていたものと思われる。義元は、この二四五貫三〇〇文の増分のうち、九五貫三〇〇文を大橋源左衛門ら百姓に与え、残り一五〇貫文を後藤真泰が収納するよう指示した。

このことから、検地は、公事検地の場合、まず訴人があって検地が行われ、その結果、増分が出るという形が一般的だったことがわかる。この場合、せっかく訴えがあって検地が行われ、二四五貫三〇〇文もの増分が生まれたにもかかわらず、一部が百姓に与えられ、残りを領主後藤真泰が収納する

形となるわけで、今川氏の取り分の増加はゼロである。増加ゼロでは検地をやった意味がないようにも思われるが、実は後藤真泰の所領がふえた形になるので、その後、義元は、増加した分の軍役や諸役を賦課することができたわけで、プラスになっているのである。

いまの例は私領すなわち給人領の場合だったので、軍役および諸役の賦課がふえるだけであるが、これが今川氏の直轄領だと、増分はそのまま今川氏の蔵入りの増加となり、相当なプラスになることが明らかである。

ただ、訴人の奨励は、実はそれだけではなかった。これは、下村效氏が「戦国大名今川氏の検地」(『国史学』七九号、のち同氏著『戦国・織豊期の社会と文化』に再録)で明らかにした点であるが、村落の有力名主層を検地に協力させ、特に新興の百姓が増分をもって名主職を競望することを容認し、年貢増をはかろうとした事実は注目されるところである。

三河の検地

駿河・遠江の事例では、こうした公事検地が多い。しかし、新征服地である三河はやや様相を異にする。広域検地、すなわち大規模一斉検地が主流となっているのである。

現在のところ、今川義元が三河国で行った検地の一番早い事例とされているのは、天文十七年(一五四八)の渥美郡大津郷(豊橋市老津)太平寺領の関係である。「新寄進」という形で寺領が安堵され、それに寺領目録がつけられており、その寺領目録が検地の結果作成されたものであることが明らかだからである。

この太平寺領を含む渥美郡一帯は、前述のとおり、以前は雪斎を大将とする今川軍によって滅ぼされた戸田氏の所領だったところで、したがって、そこで検地を行うということは、新しく今川領に組みこまれた地域の土地生産力を調査し、把握するという性格をもっていた。これは、検地本来のねらいの最大のものといってよく、今川氏が広域検地として取りくんだ意味も納得できる。

翌天文十八年には、今川氏による広域検地は西三河にまでおよんでいたことが、今川氏の発給する寺領寄進状や安堵状の文面からうかがえる。

ただ広域検地といっても、のちの太閤検地のような一国規模のものではなく、郡規模あるいは郷規模にとどまっていた。そのため「惣郷検地」とか「惣荘検地」などとよばれているのである。そして注目されるのは、天文段階の検地では、まだ国人領主、すなわち国衆の私領にまでは立ち入った検地ができていなかったことである。

義元はそのあと、弘治二年（一五五六）から翌三年にかけて、三河の再検地に取りくんでいる。再検地の結果、増分がかなり生じており、『新編岡崎市史』は「このような増分は、前回の検地と対照したうえでなければ生じてこないから、再検地は指出ではなく、今川氏の奉行人達が現地に赴いて前回目録と対比する作業を行なったのであろう」と推定している。卓見と思われる。

百姓編成のねらい

ところで、検地には、領主の側の土地生産力把握という側面とともに、年貢負担者としての百姓の台頭という側面もあった。この点を明確に描き出したのは久保田昌希氏で、氏の「今川領国体制下の三河検地」（『戦国の兵士と農民』）によると、三河国渥美郡小松原（豊橋市小松原町）の「東観音寺文書」によって、天文十四年（一五四五）から永禄五年（一五六二）にかけて、同郡寺沢村（今川給人福島春興知行地）で、これまでみられていた「名体制」が大きく変化していたことを指摘している。つまり、それまでは作人身分だったと思われる宗六・助三郎・助四郎の三名が新たに名請人に編成され、この三名に「寺沢村年貢銭」の二貫文が、六六五文ずつ均等に賦課されるようになった事実を明らかにしているのである。

久保田氏は、寺沢村に義元が検地を実施したことを示す史料はないものの、こうした事実は検地の結果可能になったものと判断し、義元がそのような村落の新しい動向に対応するため、百姓の編成を意図していたものととらえている。

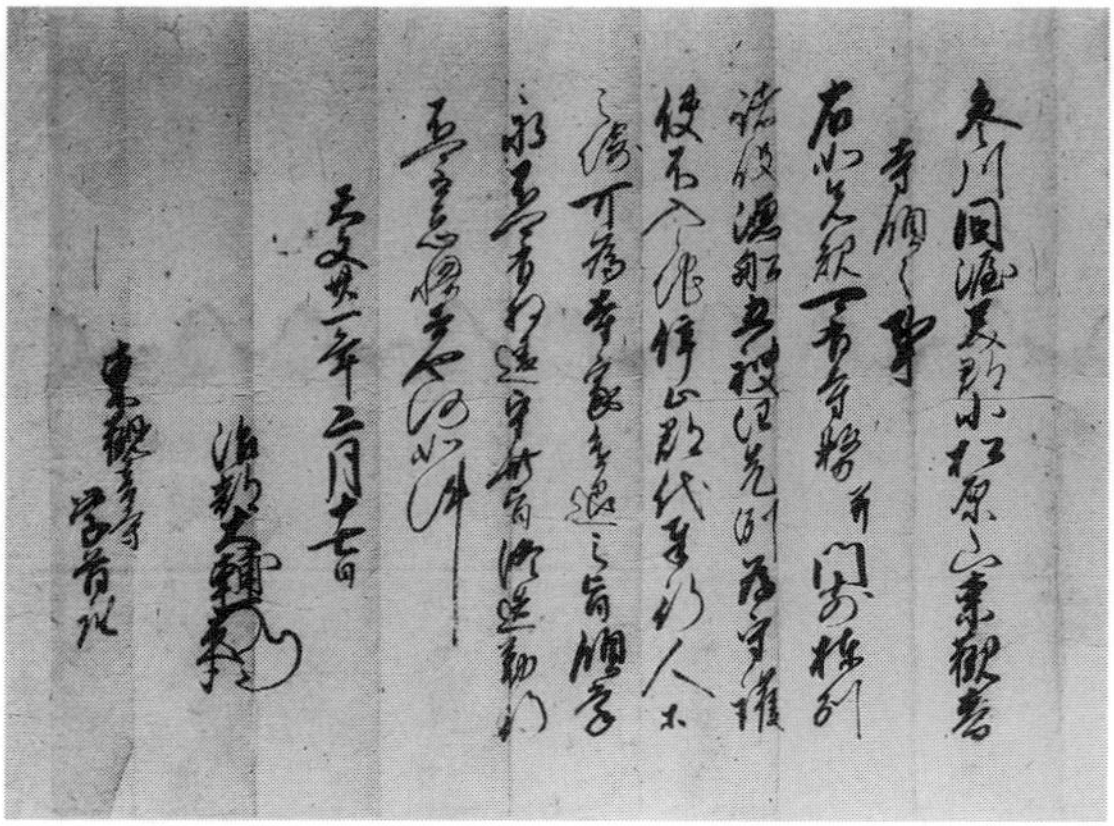

今川義元判物（愛知県豊橋市・東観音寺文書）

義元の検地を考える上で、この指摘は重要な意味をもつ。また、久保田氏は、「義元の領国経営——その『進歩的』側面」（小和田哲男編『今川義元のすべて』）で、これら事例をふまえ、「義元は在地の掌握を着実に進めていったと考えられ、これらの点にも義元の『進歩的』側面をみることができる」と述べている。首肯すべき結論である。

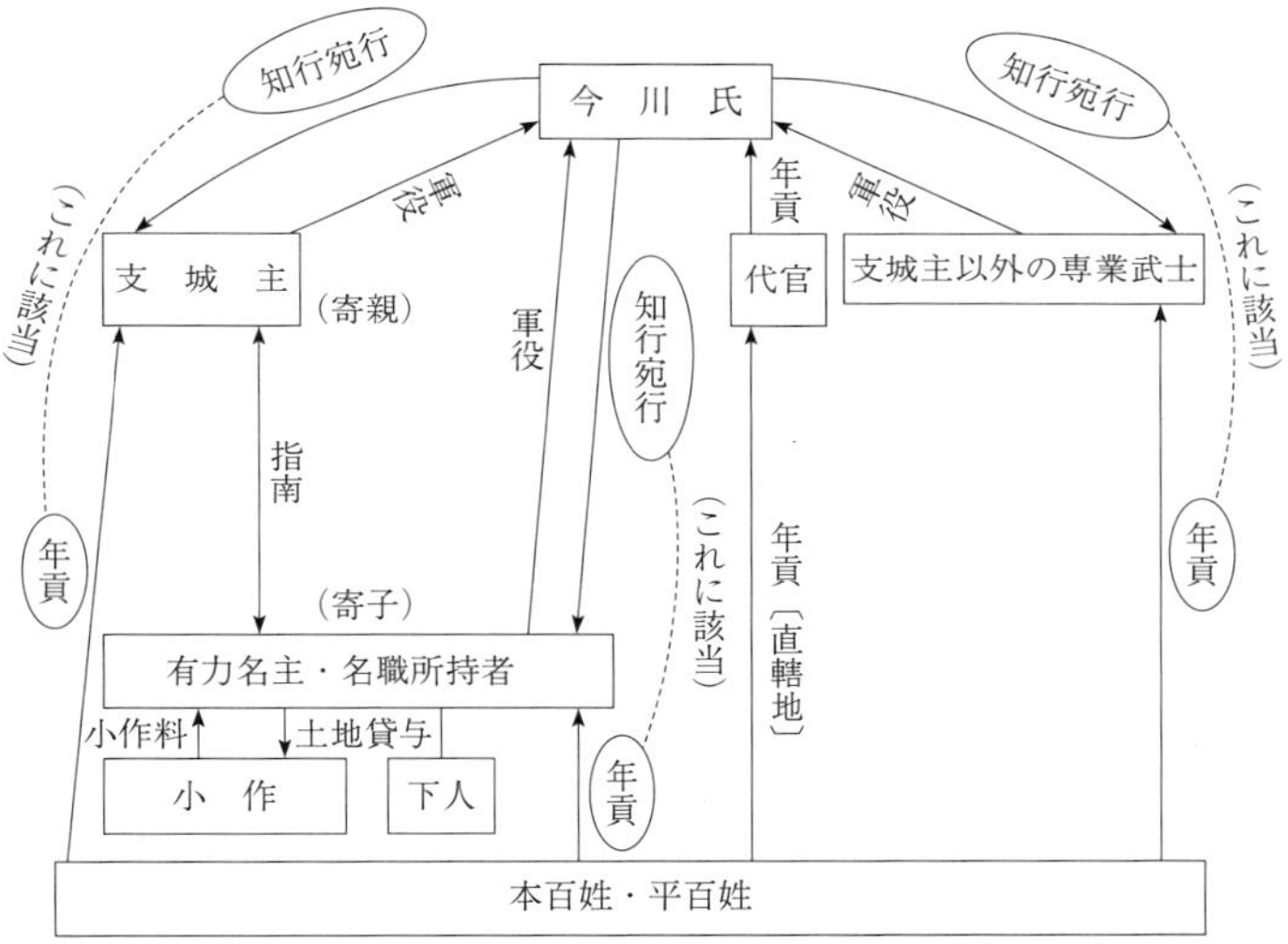

年貢収取のメカニズム

検地と年貢収取のメカニズム

さて、検地によって生産高が把握されることになるが、それが年貢の増徴にどうはねかえってくるのだろうか。そこでつぎに、検地と年貢収取のメカニズムについてみておくことにしたい。

上の図に示したように、今川氏が百姓から年貢を収取するといっても、いくつかのパターンに分かれる。

一番単純なのは、その土地が今川氏の直轄地、すなわち御料所の場合である。「百姓職」をもつ年貢徴収責任者の百姓が年貢を代官に収め、代官が今川氏の蔵に入れることになる。直轄地のことを蔵入地というのはそのためである。代官には、代官給という形で、蔵入分から相当の貫高が給されることもあったし、蔵入地近くの私領を宛行われていることもあった。

ただ今川領国全体からみると、直轄地よりもそれ以外の給人に与えられた私領の方が多かった。そうした私領における年貢収集のメカニズムはやや複雑である。というのは、今川氏家臣としての給人の性格が一様ではなかったからで、図に示したように、いかに単純化して整理しても三つのパターンに分かれるからである。

一つのパターンは、図の左側、支城主（寄親）と書いた部分である。支城主クラスというのは今川氏の有力家臣、すなわち重臣で、国人とか国衆の名でよばれる部将をさす。一般的に、彼らは鎌倉時代の地頭の系譜をひくような専業武士であり、今川氏の家臣ではあるが、比較的独立性が強いのが特徴であり、今川氏から与えられた所領の百姓を直接支配し、そこから年貢を徴収していた。

二つ目のパターンは、図の右側、支城主以外の専業武士と書いた部分である。これは、支城主ほどの有力家臣ではないが、農業経営には関与せず、武士だけでやっていけた階層である。今川氏は、年貢を払う者を「百姓」と位置づけ、年貢を取る者を「地頭」と位置づけており、実際そのように表現している。つまり、専業武士は「地頭」であった。

この「地頭」のところに百姓が年貢を出すわけであるが、その年貢担当分がそのまま今川氏から知行として宛行われる形となる。これは、「御恩」と「奉公」のまさに好例である。今川氏から「御恩」として知行地を宛行われると、当然、その知行地の範囲で耕作している百姓からの年貢があり、それが知行になる。

そうすると、一〇〇貫文なり、二〇〇貫文の知行にみあった「奉公」が見返りとして求められることになり、「地頭」としての専業武士は、軍役などの「奉公」をつとめることになる。「御恩」と「奉公」の封建的紐帯《ちゅうたい》がこれによって維持されるわけである。

そして三つ目のパターンは、図の中央からやや左側の部分、有力名主・名職所持者（寄子）と書いた部分である。彼らはふつう、地侍とか土豪とよばれている。平時は農業経営を行い、戦時に武士として合戦に参加するような階層で、武士でもあり農民でもあることから、半農半士とか、兵農未分離状況などと表現されることもある。今川義元の最大動員兵力は後述するように桶狭間の戦いのときの二万五〇〇〇であるが、その圧倒的大多数はこの土豪・地侍と、土豪・地侍の被官として動員された人びとであった。

彼らのことを寄子とよんでいるのは、支城主を寄親とする寄子だったからである。これを寄親寄子制などといっているが、寄親も寄子も今川氏の家臣という点では同じだが、合戦のときなど、寄子は寄親の軍団の下に入り、その指揮を受ける形であった。寄子は与力と書かれることもあるし、寄騎と書かれることもある。

有力名主・名職所持者は、本来はその名の通り、名主としての責任で年貢負担者であり、ふつうの百姓から年貢を徴収するとともに、自身も年貢を払う階層であった。しかし、寄子として戦いのときに軍役をつとめる「奉公」の見返りとして、本来つとめなければならない年貢納入が免除されていた。ちょうどこれが「御恩」ということになり、さきの専業武士と同様、「御恩」と「奉公」の関係になるわけである。

2　財源確保策

諸役賦課の実態

ふつう、今川義元のことを「駿遠三の三カ国の太守」などといって、三カ国の年貢収入だけで相当な貫高になっていたととらえ、後述するような京都風公家文化の受容も、「三カ国の年貢収入が莫大だったから」と受けとめられる傾向がある。ところが意外なことに、義元の本国駿河国の生産力は他の国々にくらべ、かなり低かったのである。義元の時代からは三〇年ないし四〇年後の数字なので、ある程度割り引いて考えなければならないが、秀吉が全国的に行った太閤検地の結果が「慶長三年検地目録」(『大日本租税志』巻二五所収)として記録されており、それによると駿河国は一五万石にすぎない。尾張国が五七万石余なので、それと比較してもいかに低いかがわかろう。

ちなみに、遠江国が二五万五一六〇石、三河国が二九万七一五石なので、三カ国を合計しても六九万五八七五石にしかならない。当然、義元の時代は、太閤検地が行われたころよりもさらに生産力は低かったわけで、年貢収入としてはおそらく五〇万石程度ではなかったかと思われる。

ということは、年貢収入だけで、あれほどの今川氏の繁栄を支えることはむずかしかったことになる。今川氏は、年貢以外の収入を得ていた公算が大だったと考えられる。

そこで、以下、具体的にどのようにして財源を確保していたのかを追ってみたい。

今川氏の発給文書をみていくと、今川氏が家臣たちの私領や寺社領を含め、領内の郷村に賦課していた役の名前がたくさん出てくる。役には、労役をつとめさせる夫役《ぶやく》もあるが、ここでは物資や銭貨を課した課役《かやく》を中心にみていく。課役のことを公事《くじ》ということもあり、百姓は、年貢・公事・夫役という三つの負担を負っていたことになる。

課役の中で比重が高かったと思われるのは段銭《たんせん》と棟別銭《むねべちせん》である。これが今川氏の課役の中心をなしていたことは、義元が制定した「仮名目録追加」の第二〇条に、

諸役の判形を申し掠《かす》め、棟別・段銭を沙汰せざるは私曲なり。棟別・段銭などのことは、前々より子細ありて、相定むるの所の役なり。

とみえるように、「前々より」定められていた役であった。

段銭は反銭とも書かれ、田畠一反ごとにいくらと決められて賦課された課役で、土地に対する固定資産税といってよい。家屋に対する固定資産税としての棟別銭とともに、課役の中では古い歴史をもっている。

すでに、鎌倉時代、朝廷が大嘗祭《だいじょうさい》や、伊勢神宮などの造営を行うとき、その経費を捻出するために、荘園であると公領であるとを問わず、一国平均役として賦課することがあった。大嘗会段米《たんまい》とか、

役夫工米《やくぶくまい》などとよばれ、国役として定着していた。

本来は臨時の課役であったが、室町時代になると、恒常的に課されるようになり、しかも守護が徴収し、自らの財源としていた。そして、さらにそれを戦国大名も踏襲したわけである。

段銭および段米が年貢とは別だったことは、つぎの今川義元判物（「多門坊文書」）からもうかがわれる。

駿河国須津の内八幡宮御修理の事

右、彼の宮造営退転の間、新寄進として、去る未年より、本年貢の外、段米の内弐拾俵、之を領掌し訖《おわんぬ》。自今以後、横妨の輩訴訟を企てると雖も、既に修理料として付け置くの条、永く相違有るべからざる者也。仍つて件の如し

天文十九

八月六日　　治部大輔《（今川義元）》（花押）

（異筆）「別当多門長通」

ここでは、修理料として、本年貢の外、段米も八幡宮に寄進されていたことを示しているが、通常は、年貢とともに段米、すなわち段銭も今川氏に上納していたことは明らかである。

ところで、段銭といい段米といい、今川氏発給文書にしばしば名前としては出てくるが、たとえば

田一反あたりいくらの賦課だったのかなど、具体的なことが徴収方法も含めてわかっていないのが実情である。のちの今川氏真のときに、「秋段銭」という表現が出てくるので、春と秋、二度に分けて徴収されていたことがうかがえるだけである。賦課基準を記した史料が今日一点もないというのは、それがたまたま一点も残らなかったと考えるよりは、賦課基準などは当時の人びとにとっては常識であって、あえてわざわざ記す必要がなかったからではないかと思われる。

棟別銭の徴収

土地に対する固定資産税としての段銭の賦課基準がわからないのに対し、家屋の固定資産税である棟別銭についてはある程度のことがわかっている。

なお、ふつう「むなべつせん」と読まれているが、今川氏発給文書には、寿桂尼の発したかな書きのものがあり、それには「むねへち」とある。今川氏では「むねべちせん」と読んでいたのであろう。

棟別銭については、ほかの戦国大名家で、一間（一軒）あたりの賦課基準がわかっていて、後北条氏は五〇文、近江の朽木《くつき》氏は一〇〇文、奥州の伊達氏の場合は一例だけであるが、一一四文という例がある。今川氏の場合、一間あたりいくらだったのだろうか。

このことを推定していく上で、材料となる史料が二つある。一つは「刑部郷神明宮作次第書」（「平豆神社文書」）で、つぎのような文言がみえる。

一、刑部棟別の事、門壱人□□りせい(精)銭百文つつほうかう(奉公)衆・出家衆出され候。

一部破損箇所もあり、正確に文意をつかむことはむずかしく、また年不詳である。ただ、ほかのところに「祝田御地頭」とみえ、また貫高記載となっていることから、戦国期、今川氏の時代のものとみることができる。

「門壱人」というのは、壱人の門、つまり、家一間（一軒）をさすのであろう。その精銭が一〇〇文であったことが読みとれ、朽木氏や伊達氏の例などともあわせて考えると、一間一〇〇文の賦課基準となっていたと断定してよいように思われる。

史料のもう一つは今川義元の判物（「秋山文書」）である。

京都御要脚の為、棟別を免許の事

百文　　六郎右衛門

参貫六百文　　惣　郷　分

（印文「如律令」）
㊞　参貫七百文者《てへり》

右、前々免許の御判を頂戴せしむと雖も、此の一返、京都御用たるの間、来る晦日以前ニ酒井弥六方へ持ち寄すべし。若し訴訟と号し、日限延引に於いては、譴責せしむ者也。仍つて件の如し

天文十九戌

四月廿日

安部

六郎右衛門なる人物の棟別銭一〇〇文が免除されている。これだけでは、一間分なのか二間分なのか、あるいはそれ以上なのか分からないが、もし、何間か分であれば、そのように書くのではなかろうか。これは、六郎右衛門の屋敷一間（一軒）に賦課される棟別銭が一〇〇文であり、それが免除されたものであると思われる。よって、今川氏の棟別銭賦課は一間あたり一〇〇文だったと考えられる。

今川氏は、寺社などに棟別免除の特権を与えることが多く、領内のすべての家屋から棟別銭を徴収していたわけではないが、一間一〇〇文とすれば、全体ではかなりの額になったはずで、これが今川氏の財政基盤となったことはたしかである。

この段銭および棟別銭は守護役の系譜を引く一種の国役《くにやく》である。段銭は領民のうち百姓に特にかかわるもので、それ以外の商人・職人たちにも商売役・職人役といった役が賦課されていた。また、や特殊な例としては、棟別銭が免除される代わりに毛皮を年に一〇枚納入することが義務づけられた皮役というものもあり、ほかに鮎役などもあった。これらなどは、荘園領主に負担した万雑《まんぞう》公事の系譜を引く諸役といってよい。

前述したように、領民は年貢・公事・夫役の三つを基本的に負担していたが、このうち夫役は、四《し》分一役《ぶいちやく》とよばれた普請人足役や伝馬《てんま》役などが含まれており、本来は人夫役なので、自分が労役に出てそれを果たすのが原則だった。ところが、そのうち労役に出る代わりに銭で払う者も出てきて、夫役も一種の公事になっていった。これも今川氏の収入源となったのである。

百姓の公事拒否とそれへの対応

百姓たちにしてみれば、年貢を払うだけでも大変だったのに、その上、段銭や棟別銭などの公事を負担しなければならず、さらに夫役も賦課されたわけで、義元が本格的に三河へ進攻していった段階において、百姓の困窮は極限状況にあった。そのあたりのことを、つぎの今川義元判物（「天野文書」）から読みとっていこう。

犬居三ケ村定置法度の事

一、山中被官・百姓等、景泰（天野）に対し非儀の訴訟を企て、他の手に属し、剰《あまつさ》へ直ニ奉公せしむべきの由申し上ぐると雖も、許すべからざる事

一、百姓等年貢引負、或は隣郷山林不入の地徘徊せしむるについては、相届け、法度に任せ成敗を加ふべし。并山中寺庵等小寺領・屋敷以下相違無き処、地頭に背き直に支配すべきの旨、判形等申し上ぐと雖も、許容すべからざる事

一、当知行分百姓等抱へ置く野山・屋敷等不作せしめ、陣番、夫公事以下について迷惑の由、訴訟せしむと雖も許容すべからず。其の上在所徘徊に於いては、誰の被官・百姓たりと雖も、在所お（を）追払ふべき事

右、条々、相違有るべからず。此の旨を以て、弥《いよいよ》奉公を抽んずべきの状、件の如し

天文十九年十一月十三日

治部大輔（今川義元）（花押）

天野安芸守殿（景泰）

「犬居三ケ村」というのは、「犬居山中三ケ村」とも出てくるが、犬居《いぬい》・平山《ひらやま》・大嶺《おおみね》のことをいう。この三カ所は、すでに天文九年（一五四〇）の段階に、この文書の宛名でもある天野景泰に安堵されていた。

ところが、今川義元の三河進攻にともなう連続した軍事的緊張状況のもと、犬居三ケ村の百姓たちの負担は増大し、ついには第一条目にみえるように、領主である天野景泰に対し、訴訟をおこすまでになった。

第二条目で、具体的な百姓たちの抵抗の様子がわかる。ここでは「徘徊」と表現されているが、農民闘争の一手段としての逃散《ちょうさん》をさすことはまちがいない。

また第三条目で、もう一つの抵抗形態として、「陣番、夫公事以下」を勧めないという、公事・夫役拒否の動きがあったこともうかがわれる。

こうした百姓たちの動向に対し、義元は、この三カ条の法度にみえるように、強権発動で臨んでいた。百姓たちの行為をすべて「許容すべからず」と否定し、領主天野景泰の肩をもっている。これは、この時点での今川氏の権力は、百姓を抑圧し、百姓たちからの年貢・公事・夫役による領国経営の上に成りたっていたからにほかならない。それはまた、領主である天野景泰ら、今川氏家臣たちの思惑とも合致していたのである。

桶狭間合戦後、今川領国が短期間で瓦解していく背景には、この段階での、侵略戦争遂行の軍事費を求めるための、無理な財源確保策があったこともみておく必要があるだろう。

金山開発

前述したように、駿河・遠江・三河三カ国の年貢収入は思ったほど多くなく、またいまみたとおり、公事・夫役徴収も思うようにいかなかったにもかかわらず、それでも、今川氏が今川文化とよばれる高度な文化水準を維持することができ、また絶え間ない侵略戦争を続けることができた背景は、金山収入があったからである。

今川氏の場合、すでに戦国大名初代に数えられる氏親の段階から、安倍金山・井川金山において金の産出があったことが知られている。なお、ふつう、安倍金山・井川金山というように分けてよんでいるが、上図からもうかがわれるように、二つは一体化していた。ただ、安倍川上流部分の金山を安倍金山とよび、大井川上流部分の金山を井川金山とよんでいるだけである。

もっとも、安倍金山・井川金山は実際はいくつかの金山から成っており、たとえば安倍金山は、梅ケ島金山・大河内金山など、それぞれの金山名でよばれることもあり、このうちの梅ケ島金山もこまかくみていけば、日影沢金山・入島金山・関の沢金山・湯ノ森金山といった金山から成りたち、それらの総称として梅ケ島金山を構成していたのである。この点は井川金山も同様で、笹山金山などいくつかの金山によって成りたっていた。

金の採取方法は、氏親のころは砂金採取が主で、それには川金《かわかね》採取、すなわち沢流しの方法と柴金《しばかね》

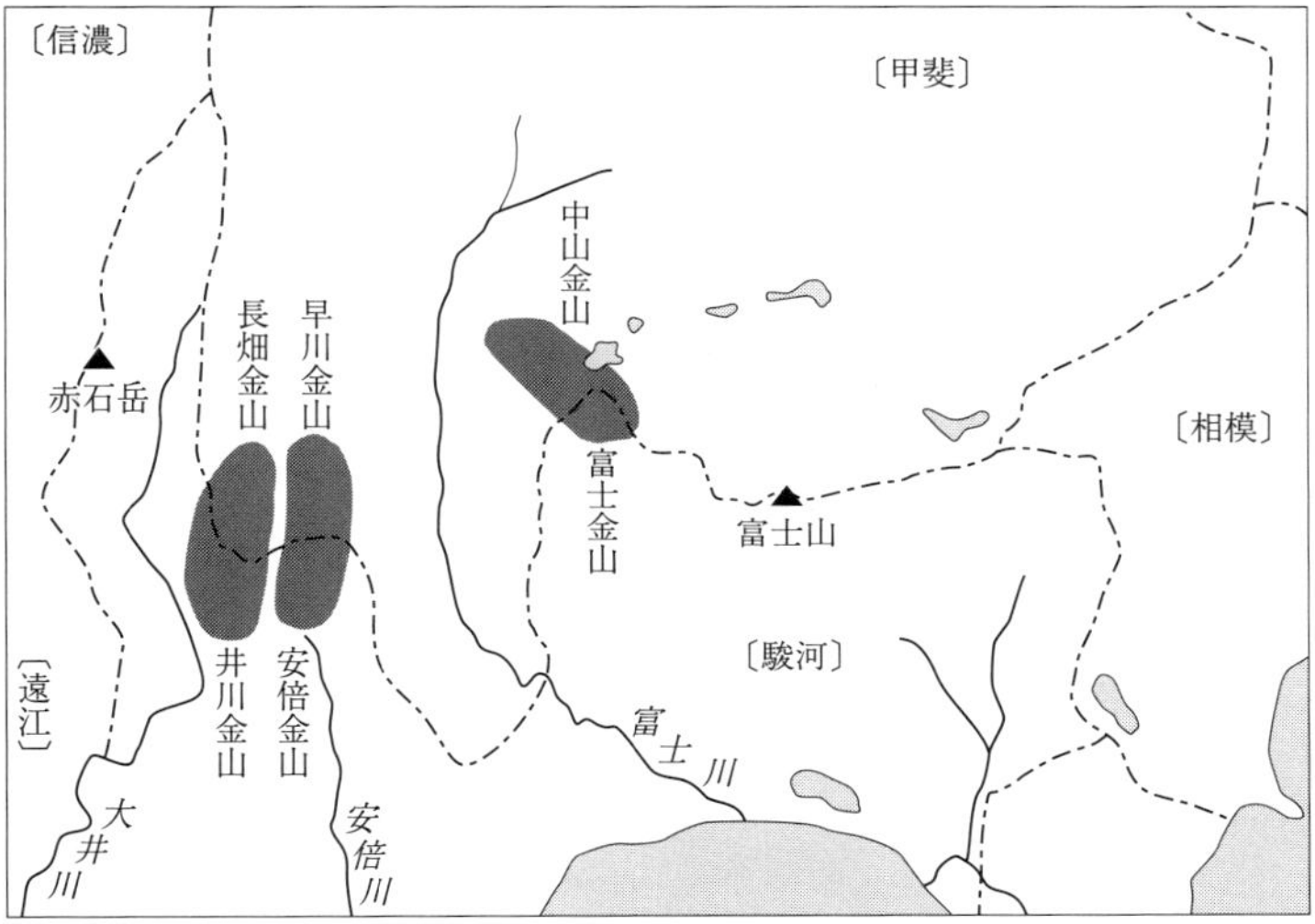

駿河・甲斐国境の金山

採取、それに追《お》っ掘《ぽ》りとよばれる方法があった。川金採取は、古代以来の方法として知られており、「ねこだ」とよばれる藁製の蓆《むしろ》と、「ゆり板」とよばれる選別用の板を使った原始的な方法である。

柴金採取とよばれる方法は、柴間《しばま》という古い時代の川底の土砂をすくってそれを人工の堀に流し、あとは川金採取と同じ段取りで砂金を得る方法である。

もう一つの追っ掘りというのは少し変わっていて、砂金が上流から下流に流れる際、川の両岸などの雑草や小灌木の根に付着することが多く、その付着した雑草や小灌木を抜いて砂金を取るという方法である。今川氏親が、この追っ掘りの権利を浅間社の村岡大夫に与えていることが知られている。

氏親・氏輝段階はこの砂金採取が中心であったが、義元のころには、新しい産金方法がこれら駿河の金山にも入ってきた。なお、このころには富士金山も稼動している。

灰吹き法の導入

この新しい産金方法というのが灰吹き法とよばれるものである。灰吹き法がわが国に伝えられたのは、天文二年(一五三三)といわれている。博多の豪商神谷寿禎《じゅてい》が、朝鮮から灰吹き法の技術をもった宗丹《そうたん》・桂寿《けいじゅ》を日本に連れてきて、石見銀山で実際に行わせたのが最初とされる。当初は銀採取に用いられたが、やがて金採取にも応用され、またたく間に全国の金山・銀山に広まっていったのである。

この灰吹き法の最大の利点は、金鉱石から金を精錬できるという点にあった。これは、わが国の産金史からみても画期的なことであり、砂金採取に限界を感じていた義元がこの精錬法にとびついたことはいうまでもなく、また、実際、産金量は飛躍的に増大したと考えられる。

これが今川領国の財政を支え、軍事費の捻出に悩む義元を救ったのではないかと思われる。

3　商品流通と伝馬制

陸上交通と太平洋岸航路

周知の通り、明治維新を語るときのキーワードとして「富国強兵」がある。戦国時代も実は「富国強兵」がキーワードとなっていた。そして義元は、国を富ませるために、商品流通を盛んにすることを考えたのである。

義元の領国駿河・遠江・三河の三カ国を東西に東海道が通っている。この時代、道は全国に数知れないほど通っているが、東海道ほどの交通量はほかではみられなかったと思われる。義元は、この東海道を国づくりに生かそうとしたわけである。

中世を通して、東海道は京都と鎌倉を結ぶわが国最大の幹線道路であった。そのため、軍馬のいきかう戦乱の舞台ともなってしまったわけであるが、甲相駿三国同盟が成立してからは、むしろ東海道は物資輸送、つまり商品流通のための道としての色彩を濃くしていたのである。

この時代、商人たちによる京都―駿府間の陸上交通は盛んに行われており、それに伊勢の大湊から伊良湖岬、掛塚、小川などを経由して江尻に至る太平洋岸航路もかなり発達し、今川領国で産出された特産品の茜《あかね》などが京都に運ばれるなど、商品流通経済の発展は、特産品の奨励とも連動していたことがわかる。

城下町駿府の豪商

そうした東海道を使った商品流通の実際の担い手は、今川氏の城下町駿府の豪商たちであった。

義元時代の駿府の豪商としてよく知られているのが友野氏である。義元は友野氏を駿府の商人頭に任命し、商人たちをたばねさせていた。義元の天文二十二年（一五五三）二月十四日付の友野二郎兵衛尉宛判物（「友野文書」）によると、その第一条目に「当府、前々より商人頭たるべきの事」とあるので、それ以前から商人頭に任じられていたことがわかる。

義元は、駿府の商人を一人ひとりつかむのではなく、商人頭の友野氏にたばねさせていたのである。

その代わり友野氏には、諸役免除の特権を与え、また木綿役徴収の権利も与え、保護をしている。ちなみに、友野氏のつぎにランクづけられる豪商が松木氏で、この両家はともに甲斐の出身であった。甲斐出身の甲州商人が今川氏の城下町駿府に根をおろし、義元に優遇されていたわけである。ほかに、滝・太田・畠川・山本・市野・長島・大野・古市・星野・神《かみ》氏などの豪商がいた。

駿府はこのように、義元のお膝元で、豪商の友野氏を商人頭とする何人かの豪商とたくさんの商人たちによって城下町としての繁栄をみたわけであるが、それ以外の町はどうだったのだろうか。

見付の町人自治

一例として、遠江の見付についてみておきたい。見付は、見付の町人百姓が年貢をそれまでより五〇貫文余分に納める代わりに、代官による支配を排し、町人百姓による自治を獲得した町として知られている。和泉の堺と同じような自治都市が今川領国にもあったというのである。

その論拠とされてきたのが、つぎの文書(「大久保文書」)である。

(印文「義元」)
遠江国見付府の事

右、本年貢百貫文ニ相定むるの処、五拾貫文の増分を以て、百姓職の事訴訟申すの間、代官を停止し、一円領掌し畢。てへれば、毎年百五拾貫文納所すべし。若《も》し無沙汰に於いては、則ち改易せしむべき者也。仍《よ》つて件の如し

天文十

五月五日

見付府

町人百姓

つまり、これまでの通説的理解は、町人たちが、それまでの年貢が一〇〇貫文だったものを、「五〇貫文余分に出すから、代官を停止してほしい」と要望があり、義元はそれを認め、代官を引き上げさせ、それによって見付における町人の自治が獲得されたとする。

この解釈だと、見付は、この年、すなわち天文十年（一五四一）から町人自治が認められた自治都市になったということになる。ところが、この文書の読み方については異説も出されているのである。山中（現姓山室）恭子氏がその論文「中世の中に生まれた『近世』――戦国大名今川氏の場合」（『史学雑誌』八九編六号）で、この文書をとりあげ、「見付が天文十年より前に代官によって支配されており、それを年貢上乗せで停止になったとするのはおかしい。むしろ、この年に今川が代官を置こうと策動し、見付町衆の抵抗にあってその計画が頓挫したと解釈すべきではないか」と述べている。

私も、天文十年のこの文書をもってはじめて見付が自治都市になったとは考えない。自治の伝統がそれより前からあったのではなかったかと考えている。というのは、見付の町は、東海道の宿駅であるとともに、当時は近くまで遠州灘を航行する船が入ることができる今の浦という湖水があり、湊町でもあり、経済的に裕福な町だったからである。そしてもう一つ、見付周辺を支配する強大な武家権力が長らく不在だったからというのも理由としてあげられる。

遠江の守護大名斯波氏は、遠江の直接支配に乗り出さなかったばかりか、ふつうならば守護代を置いて支配させるところ、越前の守護代の甲斐氏に遠江守護代を兼務させる状況であった。近隣する国ならいざしらず、越前と遠江のように離れていれば、越前守護代の甲斐氏が遠江を支配することは無理である。そうした状態も、堺と似ていたといえる。

ただ、見付の自治はこのあとそう長くは続かなかった。やはり、義元の力は強大だったということになる。

天文十年の段階は、義元もまだ家督をついで五年しかたっておらず、また、遠江の支配もそう強固だったわけではない。しかし、遠江から三河にまで版図を広げていった段階で、いつまでも、町衆の自治を許しておくことは義元としてはできなかった。天文十年のときには挫折したが、天文十九年（一五五〇）のことを書いた文書には、見付に代官がいたことは事実なので、見付の自治はすでにその時点では失われていたことがうかがわれる。

職人の編成

駿府の商人たちが、今川義元によって任命された商人頭友野二郎兵衛尉によってたばねられていたことをみたが、職人たちはどうなっていたのだろうか。

当時の文書には、職人頭といった表現はみえないので、職人全体を統轄するようなポストは置かれていなかったものと思われる。それは、ひと口に職人といっても、さまざまな職種があり、ひとまとめにすることはできなかったからであろう。

その代わり、職種ごとに「大工」がいた。「大工」というと、いわゆる「大工さん」を連想し、建築技術者に限定して考えてしまいがちである。しかし、建築技術者としての「大工さん」は、番匠大工からきており、本来は、番匠たちをたばねる最高技術者のことをいっていたのである。そのことは、今川氏関係の文書にも、番匠大工のほか、鋳物師《いもじ》大工、塗師大工といった文言が出ることからもうかがわれる。

今川時代の職人としては、文書によって裏づけられるものだけでも、この番匠・鋳物師・塗師のほか、鍛冶師・大鋸引《おがびき》・山造・轆轤《ろくろ》師・紺掻《こんがき》・酒作・畳刺・皮作・紙漉《かみすき》など多岐にわたっている。

つぎに、これら職人のうちから、特記事項をいくつかピックアップしておきたい。

鋳物師については、天文十二年（一五四三）六月十一日付の今川義元書状（「真継家文書」）につぎのようにみえる。

内裏様仰せ下され候鋳物師の儀、諸役門次棟別ならびに諸関渡駒口諸商売役等、ことごとく以て御免許の節目、院宣の旨にまかせ、分国中相違なく申しつけ候。この段しかるべく候様に意を得申し入れらるべく候。恐々謹言

天文十二

六月十一日　　義元

真継弥五郎殿

この真継弥五郎は久直《ひさなお》といって、このころの真継家の当主で、代々、蔵人所小舎人《ことねり》の地位を世襲していた。当主は京都在住なので、駿府にはその配下の鋳物師が来往していたものと思われる。この文書は、義元が鋳物師に諸役を免許するという内容になっているが、これは鋳物師の営業権を認可したものでもあったと思われる。

塗師は、天文十五年(一五四六)十二月二日付、塗師御大工左衛門太郎宛義元の印判状(「判物証文写」)にはじめてあらわれる。この文書ではただ「塗師御大工」としかみえないが、これよりあとの文書に「中河大工」と出てくるので、「中河大工」すなわち中川大工が塗師のトップであったことがわかる。中川大工の作った漆塗りの椀は特に中川椀とよばれ、珍重されていたようである。

鍛冶師は特に駿府に集住していたわけではなく、槍や刀などの銘からうかがえるものとして、島田鍛冶が有名である。たとえば京都から東海道を下って駿府を訪れた公家の山科言継は、その日記『言継卿記』の弘治二年(一五五六)九月二十三日の項に、「大井川を過ぐ、一里島田に至る。鍛冶の多き在所なり」と書きとめている。

ほかに、遠江の伊平《いだいら》鍛冶、高天神鍛冶の名が知られている。

大鋸引の文書の上での初見は弘治二年十月十三日付、禰宜《ねぎ》惣七郎宛の義元判物(「石田文書」)で、「大鋸壱丁」にかかる役が義元によって免除されたというものである。これは、道具としての大鋸一挺というだけでなく、職人としての大鋸引をさしているものと思われる。

ちなみに大鋸というのは、二人で引く大きな鋸のことで、この大鋸の出現によって、丸太から材木を簡単に得ることができるようになった。それまでの割板の段階から飛躍的に進歩した製材道具だったのである。そのため大鋸引は、植林の業務とも密接に関係し、山造や轆轤師・木地《きじ》師などと近い存在であった。

なお、戦国時代という時代相を反映し、皮作、すなわち皮革職人は、軍事的意味あいで重要な位置づけを与えられていた。皮は軍事物資であり、皮作は軍需産業としての位置づけもされていた。義元が皮作に対し統制を加えていたことは、つぎの朱印状（「七条文書」）からも明らかである。

（印文「義元」）
定置 皮作商売の事
一、在々所々に於いて売買せしむべき事
一、皮作の外売買の儀停止の事
一、毛皮の宿相定め、売買せしむべからざる事
一、押し買ひすべからざる事
一、御用の時は、誰の被官たると雖も、違乱に及ぶべからざる事
右、皮作八郎右衛門・彦太郎両人ニ堅く申し付くべし。その上御用の時、無沙汰せしむるについては、重ねて皮留の儀、仰せ付けらるべし。若し違乱の族に於いては、彼の者前商買永く相留むべき者也。仍って件の如し
天文十八己酉

八月廿四日
大井掃部丞殿

皮作の八郎右衛門と彦太郎の二人をトップにすえ、この二人に領国内の皮革業に関する独占権を与え、皮革の確保をはかっていたのである。

皮は、そのまま胴丸などとして使われたり、刀や槍の握りの部分に巻いて使われるほか、鎧の鉄片と鉄片をつなぐ部分にも用いられ、武器の必需品であった。「皮留」という表現がみられることにも、今川氏が皮作の支配に特に力を入れていたことがうかがわれる。

伝馬制と伝馬役の実際

義元の領国経営をみていく上で、商品流通に深くかかわるのが陸上交通・海上交通である。当時の太平洋岸航路についてはすでに少しふれたので、ここでは陸上交通、その中心となる今川氏の伝馬制《てんませい》についてみておきたい。

伝馬制は、守護公権の系譜を引くものだということが明らかにされており、今川氏でも、すでに氏親が制定した「仮名目録」の第二十四条に交通・流通統制権を今川氏が握っていたことを物語る記述があり、早い段階から制度化されていたことをうかがうことができる。しかし、実際の伝馬手形とか伝馬掟となると遅く、今川氏発給文書で伝馬文言の初見は天文二十年（一五五一）三月二十七日付のつぎの伝馬手形（「柳沢文庫所蔵文書」）である。

伝馬（朱印、印文「如律令」）壱疋、相違無く之を出すべき者也。仍つて件の如し

天文廿年（朱印、印文「義元」）三月廿七日

下山御中

伝馬には有賃伝馬と無賃伝馬があった。有賃伝馬は宿および伝馬業を営む問屋の収入となるが、公用の無賃伝馬および、有賃伝馬でも「一里十銭を除く」などと減額が指示されている場合は、逆に負担となった。これが伝馬役というわけである。

交通量の増大によって、宿および問屋にとっては、この伝馬役の負担は相当な重荷となり、ついには今川氏に対して訴えをおこす宿もあらわれた。つぎの丸子《まりこ》宿の場合が、そのころの宿の実態を示している。やや長文にわたるが、伝馬役がいかに宿を圧迫していたかを知る意味で、全文引用しておきたい。

（朱印、印文「如律令」）丸子宿伝馬の事

右、公方荷物の事は、壱里拾銭を除き、その外の伝馬壱里拾銭取るべきの旨、先年相定むる処、事を左右に寄せて相紛ると云々。然る間、自余に相替はり、余慶の地無き為により、当宿怠転に及ぶの旨、只今訴訟を企つ条、向後に於いて、公方荷物の事は、壱里拾銭を除き、彼の印判に三浦内匠助、判形を加ふべし。若《も》し判形無きに於いては、縦《たと》ひ公方荷物たりと雖も、壱里拾銭之を取るべし。

その外上下伝馬の事は、壱里拾銭出さざるに於いては、伝馬之を立つべからず。但し、地下宥免の上、公方儀無沙汰せしめ、その上在所衰微せしむに於いては、此の定め相違有るべきの旨、先の印判に任す所、仍つて件の如し

永禄三年庚申年

四月廿四日

丸子宿中

この文書（「東京逓信博物館所蔵文書」）は、永禄三年（一五六〇）四月二十四日付で、その翌月十九日、尾張の桶狭間で義元が織田信長に討たれる直前のものである。ただし、すでにその段階では、駿河の支配は子の氏真にゆだねられており、したがってこの文書の発給者も氏真である。しかし丸子宿の「怠転」、すなわち退転とか衰微といった事態は義元の段階からおきていることはいうまでもない。

このころのたび重なる三河・尾張への軍事行動が公用伝馬の増大となり、丸子宿にかぎらず宿の伝馬負担増につながったものと考えられる。

4 寺社・宗教統制

雪斎の寺院政策

すでに述べたように、義元自身、梅岳承芳という名の臨済宗の僧であった。兄氏輝の死後、その菩提寺として臨済寺を建立し、その住持に太原崇孚、すなわち雪斎を迎えたことは、義元の寺院政策が、臨済寺を中心に推進された事実を物語るものといえる。

義元の寺院政策として、一つは、真言宗などの寺院で衰えていたり、廃絶していたものを臨済宗に改宗し、復興をはかっていることである。またもう一つ、領国内の臨済宗寺院について、臨済寺を頂点とする本末関係に組みこみ、その統制を強めていった点があげられる。

ただ、このように述べると、臨済宗寺院のみを優遇し、他宗寺院を排斥したかのような印象をうける恐れがあるので、ひと言付け加えておきたい。義元は臨済宗だけを優遇していたわけではなかった。たとえば義元は祈願寺の制度を作り、領国の安全を祈念するための寺院を祈願寺として指定しているが、その主なものを宗派別にみるとつぎのようになる。

真言宗　財賀寺（三河）・西楽寺（遠江）・摩訶耶《まかや》寺（遠江）

浄土宗　大樹寺（三河）

曹洞宗　全久院（三河）・龍津寺（駿河）

これでみても、臨済宗だけに限定されていたわけでないことがわかるし、ほかに菩提所とか無縁所といった形で今川氏と特別な関係をもつ寺も臨済宗には限定されていなかった。

なお、祈願寺については、義元は一定の制限を加えていた。一種の宗教統制といえるもので、「仮名目録追加」第十八条につぎのようにみえる。

一、祈願寺の住持たる者、故なく進退あらためながら、寺を他人に譲与の一筆出す事、甚だ以て自由の至り、曲事也。出家退屈の上、落堕せば、寺は速やかに上げ置くのよし、寺奉行を以て披露すべし。相応の住持申し付くべき也

祈願寺の住持については、今川氏のしばりがあったことがわかり、また「寺奉行」の存在も確認できる。

寺領安堵と棟別銭等の免除

義元の時代、小さな庵まで含めると、領内にどのくらいの数の寺院があったかは不明である。おそらく相当な数にのぼっていたと思われる。その厖大な数の寺院を今川氏がすべて直接掌握していたとみるのは早計である。給人たちの私領内の寺院は、それぞれの給人たちによって維持されており、当然のことながら、給人たちによる寺領安堵がなされていた。

一例をあげておこう。一八〇ページに引用した天文十九年（一五五〇）十一月十三日付の「犬居三

ケ村定置法度之事」に、「山中寺庵等、小寺領屋敷以下、相違無き処、地頭に背き、直に支配すべきの旨、判形等申し上ぐと雖も、許容すべからざる事」とあるように、「地頭」すなわち天野景泰の私領内の寺庵が、天野景泰の支配ではなく、今川氏の直接支配を受けたいという希望をもっていた様子がわかる。

しかし、それに対し義元は明確に拒否していたわけで、給人の私領にある寺庵までは義元の統制が及んでいたわけではなかった。ただ、これも歳月がたつうちに変化がみられ、義元の子、氏真の段階になると、たとえば永禄九年（一五六六）九月三日付の今川氏真判物（「清見寺文書」）に、天沢寺の末寺中の記載として、「清水梅蔭庵之事、是ハ金遊斎私領之内」とみえる。

金遊斎《きんゆうさい》というのは今川氏の重臣の一人朝比奈金遊斎芳線《ほうせん》のことで、清水の梅蔭庵《ばいいんあん》がその私領の内だったことを示している。この梅蔭庵が今川氏の本末関係に組みこまれていたことを示しており、それだけ、私領内の寺庵も次第に今川氏権力の統制下に入っていったことを物語っている。

ところで、寺領の寄進とか安堵という場合、ふつうは、

遠江国赤尾山長楽寺々領
右、本寺領参拾貫文、先規の如く不入として寄附せしむ。此の外増分銭参拾貫文の事、臨時の祈禱料所として還附せしむる也。てへれば、国家安全の懇祈を抽んずべきの状、件の如し
天文八己亥十一月十二日

治部大輔（花押）

赤尾山
長楽寺

というように（「長楽寺文書」）、本来ならば今川氏の蔵に入るべき六〇貫文が、「不入として」、そっくりそのまま長楽寺に寄進される形であった。この場合、六〇貫文は今川氏から長楽寺に与えられた寺領ということになり、ちょうど給人が私領を与えられるのと同じである。

給人が与えられた私領の貫高に応じて軍役その他の諸役を勤めたように、寺院の場合は、与えられた寺領の貫高にみあう「国家安全の懇祈」などをつとめたのである。

なお、給人の中に棟別銭を免除される代わりに軍役などをつとめたケースがあったが、それと同じことが寺院においてもみられるので、つぎにみておきたい。藤泉院宛の今川義元判物（「旧藤泉院文書」）をあげておく。

駿河国泉郷の内戸田村藤泉院の事

右、修善院開山積室和尚の寄進、先判之有ると雖も、乱中紛失の条、重ねて判形を出す所也。前々の如く、寺領壱町、寺中門前屋敷棟別拾間の分、免許せしむ。但し、拾間の分、乱中により、在家退転と云々。然りと雖も、家出来に於いては、何時たりと雖も、十間分、先規の如く免除せしむべ

し。修善院殿開山所たる間、地頭の綺之を停止し、不入申し付くる所也。仍つて件の如し

天文廿一年

二月廿九日　　　　　　　　　　　治部大輔（花押）

藤泉院

義元は、藤泉院に寺領一町を安堵するとともに、「寺中門前屋敷」一〇間分の棟別銭を免除するとしている。本来、棟別銭は今川氏に納入すべきものなので、それが免除されるということは、一〇間分の棟別銭一貫文が藤泉院に寄進されたと同じ意味である。

この場合、藤泉院が修善院殿と言う人物の開山所であることが特に免除された理由となっているが、ほかには祈願所であることが理由であったり、菩提所・位牌所であることが理由であったりさまざまであった。中には、「河東一乱」により、伽藍が兵火で焼けてしまったため、その復興のために棟別銭が免除されたというケースもあった。

こうした免除特権が付与されていない寺社は棟別銭の納入が義務づけられていたのである。

神事を通しての在地支配

以上、義元の寺院支配についてみてきたが、つぎに神社の関係をみておきたい。今川氏初代の範国が、はじめて駿河守護となったとき、駿河一宮である富士浅間社の新宮である富士新宮（静岡浅間神社）に詣で、神前に駿河守護就任を報告したことはよく知られている。その富士新宮と同じ場所に、駿河惣社である神部《かんべ》神社も祀られており、古代において国司が惣社

に奉幣を行った伝統をうけつぐことも今川範国は意識していたものと思われる。

では、そうした神威を背景にして領国を支配していこうとする意識は戦国大名となった今川氏にどのようにうけつがれていたのだろうか。

以前、加藤哲氏は「戦国大名と神社——一宮・惣社をめぐって」(國學院大学史学大学院会『史学研究集録』第三号)で、戦国家法の多くが、その第一条目に神社関係の条文をもってきていることに注目し、神威による戦国大名の領国支配の意図について論じたことがあった。今川氏の場合、氏親が制定した「仮名目録」も、義元が制定した「仮名目録追加」も、どちらも第一条目は神社関係の条文ではなく、加藤氏の指摘は今川氏ではあてはまらない。

ただ、国守としての第一声を発した形となる第一号発給文書の宛先は、義元の場合は浅間社であり、義元の場合もそのことを意識していたことは確実であり、惣社である浅間社の神威を背景にもとうとしていたことは明らかである。

義元の初見文書は天文五年(一五三六)六月六日付の小坂瑞応庵宛の「某禁制写」(「駿河志料所収文書」)である。『静岡県史』資料編は「某」としているが、『駿河志料』が「今川家判物朱印」と記すように、義元の発給文書と思われる。

ところが六月六日というのは、例の花蔵の乱の真最中であり、国守としての立場で出された禁制ではない。やはり、玄広恵探を討ち、国守となったことがはっきりした六月十日が、義元が正式に家督をついだ日とみるべきであろう。そして、その六月十日に出された国守としての第一声が、浅間社の

神官村岡大夫に宛てられたものであった（「村岡大夫文書」）。すなわち、

（黒印、印文「承芳」）
□
来る廿日、当宮御神事やぶさめ銭の事、年々の如く相違無く取りさたすべき者也、仍つて件の如し

天文五

六月十日

村岡

というものである。

これは、義元が浅間社の神事である流鏑馬《やぶさめ》の祭礼銭の徴収権を村岡大夫に安堵したもので、義元が浅間社のもつそれまでの特権を保障したことを意味し、それは同時に、義元も浅間社の神威を必要としていたことを示している。

ちなみに、駿府の浅間社における神事はここにでてくる流鏑馬であったが、「河東」地域、すなわち駿河国のうち富士川以東においては、富士本宮である富士宮浅間社の風祭《かざまつり》神事であった。前述したように、この地域は「河東一乱」があった影響で、義元による風祭神事の掌握はだいぶ遅れ、天文二十一年（一五五二）からとなっている。

今川氏の領国である駿河と武田氏の領国である甲斐との境にそびえたっているのが富士山である。昔から富士山のような高い山は霊山とされ、多くの場合、山岳修験が生まれているが、富士山の駿河側、すなわち南側斜面ではじまったのが村山修験とよばれるものである。

義元と村山修験

富士山の南麓中腹に村山というところがあり、そこに富士山興法《こうほう》寺という名の山岳寺院があった。室町期の文書や銘文などによってみると、大鏡《だいきょう》坊・池西《ちせい》坊・辻《つじの》坊・閼伽井《あかい》坊・峰坊・法明坊・清水坊・中尾坊・慶覚《けいかく》坊・弁暁《べんぎょう》坊・三女《さんじょ》坊・東光坊・三光坊といった坊の存在が明らかとなるが、次第に退転する坊も出て、義元のころには、大鏡坊・池西坊・辻坊のいわゆる「村山三坊」が中心となっていた。義元はこの「村山三坊」を通して村山修験を統制していたのである。

ところで、大高康正氏の「中世後期富士登山信仰の一拠点──表口村山修験を中心に」(『帝塚山大学大学院人文科学研究科紀要』第四号)によると、富士山興法寺には、衆徒と山伏という二階層が存在し、前述の坊は衆徒が住した坊であり、山伏はその坊に付随する存在で、富士参詣の道者を導いた先達《せんだつ》であったという。ただ、大高氏も指摘するように、衆徒も山伏と同様、富士山で山岳修行をつんでいることから、広い意味で山伏の範疇に含んでもよいのではないかとみている。

義元は村山修験に、彼ら山伏が道者に対してもっている権利を認める代わり、それを〝御恩〟とした見返りとしての〝奉公〟を求めている。長谷川弘道氏は、「宗教的な存在だけでなく今川氏に対して軍事的奉公も勤めていた存在であったと考えられる」(「戦国大名今川氏の使僧東泉院について」『戦国史研究』第二十五号）といい、『富士宮市史』上巻は、その任務を密偵と推定している。つまり、情報交換や指令の使者として使われたのではないかとする。

その点で注目されるのがつぎの文書（「村山浅間神社文書」）である。

（朱印、印文「義元」）
今度伊豆江透（通）る山伏預け置かるの条、駿・遠両国山伏に申し付け、怠慢無く番等の事、次第を遂げ、之を勤むべし。若し無沙汰の輩は下知を加ふべき者也。仍つて件の如し

天文十一壬寅

九月

大内

安（按）察使房

これでみると、義元は、駿河・遠江の山伏に対し、伊豆へ通行する山伏の監視をさせていたことがわかる。「番」とあるところをみると、何人か交替で順番に監視にあたっていたのであろう。

また、山伏は廻国が仕事なので、情報伝達にはうってつけであった。しかも山伏姿なので、他国へ難なく入りこめるし、山岳修行で足腰を鍛え、また実際、足も速かったと思われる。今川氏の諜報機関としての役割を負わせられていたことは十分考えられるところである。

5 「仮名目録追加」制定の意味

義元の父氏親が亡くなる直前の大永六年（一五二六）四月十四日に三十三カ条の「今川仮名目録」を制定したことはすでにみたとおりである。それから二六年たった天文二十二年（一五五三）二月二十六日、義元が「仮名目録追加」二十一カ条を制定している。

氏親の「仮名目録」とのちがい

これは、その表題が示す通り、父の制定した三十三カ条への追加ということになるが、単なる追加というわけではなかった。一部は、条文の修正といった性格の部分も含まれている。たとえば、「仮名目録追加」第十三条をみると、

一、田畠山野境問答対決の上、越度の方、知行三ケ一を没収すべき旨、先条これあると雖も、あまり事過ぎたる歟《か》のよし、各訴訟に任せ、問答の牓示境一ばいを以て、公事理運の方へ付け置くべき也

とある。ここに、「先条」とあるのが、氏親が制定した「今川仮名目録」の第二条にあるつぎの条文である。

一、田畠并山野を論ずる事あり。本跡糺明《きゅうめい》の上、あまつさへ、新儀を構ふる輩、道理無きに於ては、彼の所領の内、三分の一を没収せらるべし。此の儀、先年議定し畢

これでみると、氏親段階では、敗訴者が所領の三分の一を没収されていたわけであるが、義元段階になると、それではあまりに厳しすぎるということで、境相論《さかいそうろん》の訴訟対象となった土地の広さの二倍の土地を敗訴者が勝訴者に渡すよう緩和されている。「仮名目録追加」といいながら、このような修正も盛りこまれていたわけで、置かれた状況に即した的確な判断がなされていたことが分かる。

内容的に「仮名目録」と「仮名目録追加」をくらべてみると、追加には、名田の売買や借米などに関する規定が大幅に減っているのに対し、家臣統制に関する規定が増加していることが指摘できる。これは、領国経営にあたっての問題の所在が微妙に変化していることを物語っているものと思われる。よくいわれることであるが、義元の追加で何といっても一番注目されるのは、第二十条である。戦国大名としての義元の立場を明確に宣言している部分でもあるので、この条文について掘り下げて検討しておきたい。

不入権の否定

「仮名目録追加」第二十条は他の条文とくらべてかなり長文である。重要な条文なので、煩をいとわず全文引用しておこう。

一、不入の地の事、代々の判形を戴し、各露顕の在所の事は沙汰に及ばず。新儀の不入、自今以後、

之を停止す。惣別不入の事は、時に至て諸役免許を申し付け、又、悪党に付ての儀也。諸役の判形申し掠《かす》め、棟別・段銭沙汰せざるは私曲也。棟別・段銭等の事、前々より子細有て、相定むる所の役也。然りと雖も、判形に載せ、別して忠節を以て扶助するにをいて(於)は、是非に及ばざる也。不入とあるとて、分国中守護使不入など申す事、甚だ曲事也・当職の綺《いろひ》、その外内々の役等こそ不入の判形出す上は、免許する所なれ。他国のごとく、国の制法にかゝらず、うへなしの申し事、沙汰に及ばざる曲事也。旧規より守護使不入と云ふ事は、将軍家天下一同の御下知を以て、諸国守護職仰せ付けらる事也。守護使不入とありとて、御下知に背くべけん哉(や)。只今はをしなべて、自分の力量を以て、国の法度を申し付け、静謐する事なれば、守護の手、入る間敷《まじき》事、かつてあるべからず。兎角の儀あるにをいては、かたく申し付くべき也

多くの場合、この第二十条では、ここに引用した最後の部分、すなわち「只今は……」以下が、戦国大名としての義元の自信のあらわれとして使われる。たしかに、守護大名段階とはちがい、「自分の力量」で領国経営を推進していこうとする義元の決意の表明ではあるが、前段の不入権とのからみで、この部分の表現も生きてくるわけで、不入権についてもみておかなければならない。

文中、「守護使不入」という表現がみえる。これは、義元のころまで続いてきた一つの中世的権利であり、これも文中にみえる「うへなしの申し事」と連動している。「うへなし」、つまり「上がいない」、「上を上とも思わない」といった人々の行動が義元段階までみられ、義元はそうした不入の特権、

「うへなしの申し事」の否定に動いたことが、この条文の主題であった。つまり、「守護使不入」を楯とした治外法権的な動きへの牽制《けんせい》だったわけである。

その点で、有光友學氏が「この時期の三河国における在地状況が、『守護使不入』を楯とした一揆体制が強固に構築されていたことを物語るであろう。とするならば、今川氏の三河国支配は、まず何よりもこのような『他国のごとく、国の制法にかから』ない『守護使不入』を楯とした一揆体制を『うへなしの曲事、不及沙汰曲事也』（「かな目録追加」第二十六条）として解体しなければならなかったといえよう。」（『戦国大名今川氏の研究』）と指摘している点は重要である。

義元が、実際に三河支配に乗り出してからあとに「仮名目録追加」が制定されていることの意味をあらためて考えてみる必要があろう。

「訴訟条目十三カ条」

黒川本の「仮名目録追加」には、引き続き十三カ条におよぶ訴訟に関する法令をまとめた掟書が記されている。表題はないので、単に「訴訟条目」とか、「訴訟条目十三カ条」の名でよんでいる。

十三カ条のどこにも、もちろん冒頭部分、末尾部分にも制定者をうかがわせる記述はない。ただ、第一条目に、毎月二日・六日・十一日は駿河・遠江の裁判を行い、月の後半、十六日・二十一日・二十六日は三河の裁判を行うということがみえ、駿河・遠江・三河がいずれも今川氏の領国であることから、今川氏が制定した「訴訟条目」と推定されてきたものである。

ところが最近、「松平奥平家古文書写」が世に出たことによって、この「訴訟条目」は、今川氏が制定したものだということが確実となった（勝俣鎮夫「今川氏『敵内通法』について」『戦国史研究』第三十五号）。

「訴訟条目」の第十二条に、「但し、適地の内通か、謀叛をくはたて、并窃盗、強盗、博奕等の人数の返忠は、但し（縦いヵ）、主人たりといふとも、国を守護する法度たるの間、披露せしむべき事也」という条文があり、これが、新出の「松平奥平家古文書写」の天文二十二年（一五五三）三月二十一日付の今川義元判物写にみえる文言とみごとに照応しているのである。そこには、

一、親類被官百姓以下、私の訴訟越訴を企つる事、堅く之を停止せしむ。但し、敵内通法度の外の儀、之有るについては、越訴に及ぶべき事

とあり、これは明らかに、「訴訟条目」の第十二条の条文をうけたものだということがわかる。「訴訟条目十三カ条」は、義元が「仮名目録追加」を制定した天文二十二年二月二十六日とほぼ同じころ、やはり義元によって制定されたものだということが確定したわけである。

ところで、その「訴訟条目十三カ条」の中で特に注目されるのは、第二条で「たよりなき者訴訟のため、目安の箱、毎日門の番所に出し置く上ハ……」とある目安箱の設置である。

ふつう訴訟は、寄親寄子制の場合、寄子が寄親を奏者として訴え出る形となる。しかし、寄親寄子の関係にない領民もたくさんいたわけで、そうした「たよりなき者」のために目安箱を設けたのは、

戦国大名としての今川氏の先進性を示すものであろう
　こうした義元の領国経営は、他の戦国大名家とくらべてみても遜色がないだけでなく、むしろ、最も進んでいた部類に属するのではないかと思われる。

第六章　駿府の今川文化

1　戦国三大文化

義元のときに戦国大名今川氏は黄金時代を迎えるわけであるが、そうした繁栄を背景に駿府の今川文化が花を開くことになる。そこで、まず、そもそも義元にとって、文化を摂取することにどのような意味があったのか、また戦国武将にとって文化とはなんだったのかについてみておきたい。

戦国武将にとって文化とは

戦国武将にとっての文化は、広い意味で今日の教養にあたるものとみてよいのではなかろうか。人の上に立つものが身につけていなければならない教養であり、それは一種のステイタスでもあった。戦国大名やその重臣たちは、他の武士たちの上に立つためにふつうの武士たちのように、ただ武芸にすぐれているというだけでなく、幅広く各方面のことにも通じ、それなりの人格を形成しなければならなかった。人格を磨くもの、それが文化というわけである。

一般的に戦国武将の文化というと、あとでふれる和歌・連歌や茶の湯などがあげられるが、それらは武将たちが身につけた文化の一部にすぎない。たとえば手紙などを書くときのしきたり、きまりである書札礼《しょさつれい》や、先例に関する知識としての有職故実《ゆうそくこじつ》なども立派な文化であった。

では具体的に、戦国武将たちが身につけていた文化にはどのようなものがあったのだろうか。今川氏に限らずあげておこう。

まず、和歌・連歌と茶の湯は〝必須科目〟といった趣がある。和歌の場合、ただ和歌を詠めるというだけでなく、『古今集』に通じ、また背景に『源氏物語』『伊勢物語』といった王朝古典文学の知識ももっていなければならなかった。茶の湯とともに立花を習った武将も多い。

また、たとえば伊勢貞仍《さだより》の著わした『宗五大草紙』(一五二八年成立)によると、当時、武将たちの間で、大鼓《おおつづみ》・小鼓《こつづみ》・太鼓《たいこ》をはじめ、笛・尺八・音曲・謡《うたい》がはやっていたことがわかる。こうした歌舞音曲、能、狂言なども文化として重視されていたのである。

そして、やや意外な印象をうけるのは、いわゆる「盤上の遊」と「包丁」であろう。「盤上の遊」は、囲碁・将棋、それに双六などであるが、これらが同僚たちとのコミュニケーションを保つ上で役にたったものと思われる。「包丁」は料理のことで、ルイス・フロイスの著わした『日欧文化比較』にも、「ヨーロッパでは普通女性が食事を作る。日本では、男性がそれを作る。そして貴人たちは、料理を作ることを立派なことだと思っている」と出てくる。

ほかに、純粋に文化というよりは今日的な教養の意味に近いが、「算用」とか「算術」と表現されている計算能力も文化に含まれている。前田利家が愛用のそろばんで計算をしていたことはよく知られている。

なお、蹴鞠も文化の範疇に入る。ただ鷹狩とかになってくると、文化というよりは武芸の方に入れた方がよいのかもしれない。その他、医薬に関する心得もまた武将たちにとっては文化であり、多くの武将が身につけている。

こうした文化を、各地の戦国武将が習得していたわけであるが、どの大名も同じレベルに到達していたというわけではなく、摂取の度合にかなり違いがあった。

戦国三大文化の類似点

全国的におよそ一五〇の戦国大名家が登場した中で、特に文化を重視していたと思われるのが、駿河の今川氏と、越前一乗谷の朝倉氏、それに周防山口の大内氏であった。この三つを戦国三大文化とよんでいる。

この三つの文化には、いくつかの類似点がある。一つは、京都から公家を積極的に招いていることで、三大名とも京都指向が強かったことが指摘されている。

今川氏のことについてはあとでくわしく述べるが、大内氏の場合、大内義隆《よしたか》の正室は京都の万里小路《までのこうじ》秀房《ひでふさ》の娘であり、側室のうち二人までは貴族の出身だったことがわかっている。一人は小槻《おづき》伊治《これはる》の娘、もう一人は広橋兼秀《かねひで》の娘である。

朝倉氏の場合、正室・側室を京都の公家出身者で固めるということはなかったが、京都の公家清原宣賢《のぶかた》を招いたりしており、京都からの公家を積極的に招いているという点では共通している。

類似点の二つ目は、文化の内容面での類似性である。いま述べた朝倉氏に招かれた清原宣賢は、一乗谷で都合九年間、朝倉氏の子弟に「論語」「孟子」「大学章句」などの講義を行っていた。また、当代一の医易の大家といわれた一栢《いっぱく》を招いて、一乗谷で、明の熊宗立《ゆうそうりゅう》が注釈した「八十一難経」という医書を出版している。これが越前版とよばれるもので、大内氏も大内版、今川氏も駿河版とよばれる印刷事業を行っていて、出版文化という点で共通する。

そして類似点の三つ目は、茶の湯である。大内氏は、大陸との交易を独占した時期もあって、唐物の名物茶器をたくさんもっていた。義隆のころには、四畳半、さらに三畳敷の茶室が造られ、重臣クラスの武将たちもそれぞれ茶室をもっていたという。

朝倉氏においても「数寄の座敷」があったことが知られ、一乗谷朝倉遺跡の発掘現場からも、おびただしい数の茶道具が出土している。

今川氏も、義元の段階に茶室と路地庭《ろじにわ》があったことが明らかであり、茶の湯が盛んであった。そのことについては後述する。

2　京都風公家文化と五山の文化

駿府へ流寓した公家たち

ここでいよいよ、具体的に駿府の今川文化についてみていくことにしたい。戦国大名今川氏の場合、京都の公家との通婚という点でみると、今川氏親の姉が正親町三条実望《さねもち》に嫁いでいったのがはじめである。この実望は、自分の荘園が駿河にあったこともあり、享禄三年（一五三〇）に没するまでの二十一年間を駿府ですごすほどであった。よくいわれるように、応仁・文明の乱以降、公家たちが所有する地方の荘園は次第に武士たちによって奪われ、生活の基盤を失ったため、つてを求め、地方の有力戦国大名を頼っていった好例といってよい。

なお、実望の子公兄《きんえ》も、大永元年（一五二一）から天文十三年（一五四四）まで二十余年、駿府にとどまっていた。京下りの公家たちにとって、駿府は過ごしよいところだったのであろう。

義元自身は、すでに述べたように、甲斐の戦国大名武田信虎の娘と結婚しているが、父氏親は、京都の公家中御門宣胤の娘と結婚していた。義元はその二人から生まれているので、公家の血が半分流れていたことになる。

次頁の図に示したように、宣胤の娘、すなわち寿桂尼の兄にあたる中御門宣秀《のぶひで》も、子宣綱《のぶつな》とともに駿府に下向しており、さきにみた大内氏と同様、今川氏も京都下りの公家を積極的にうけ入れていたことがわかる。

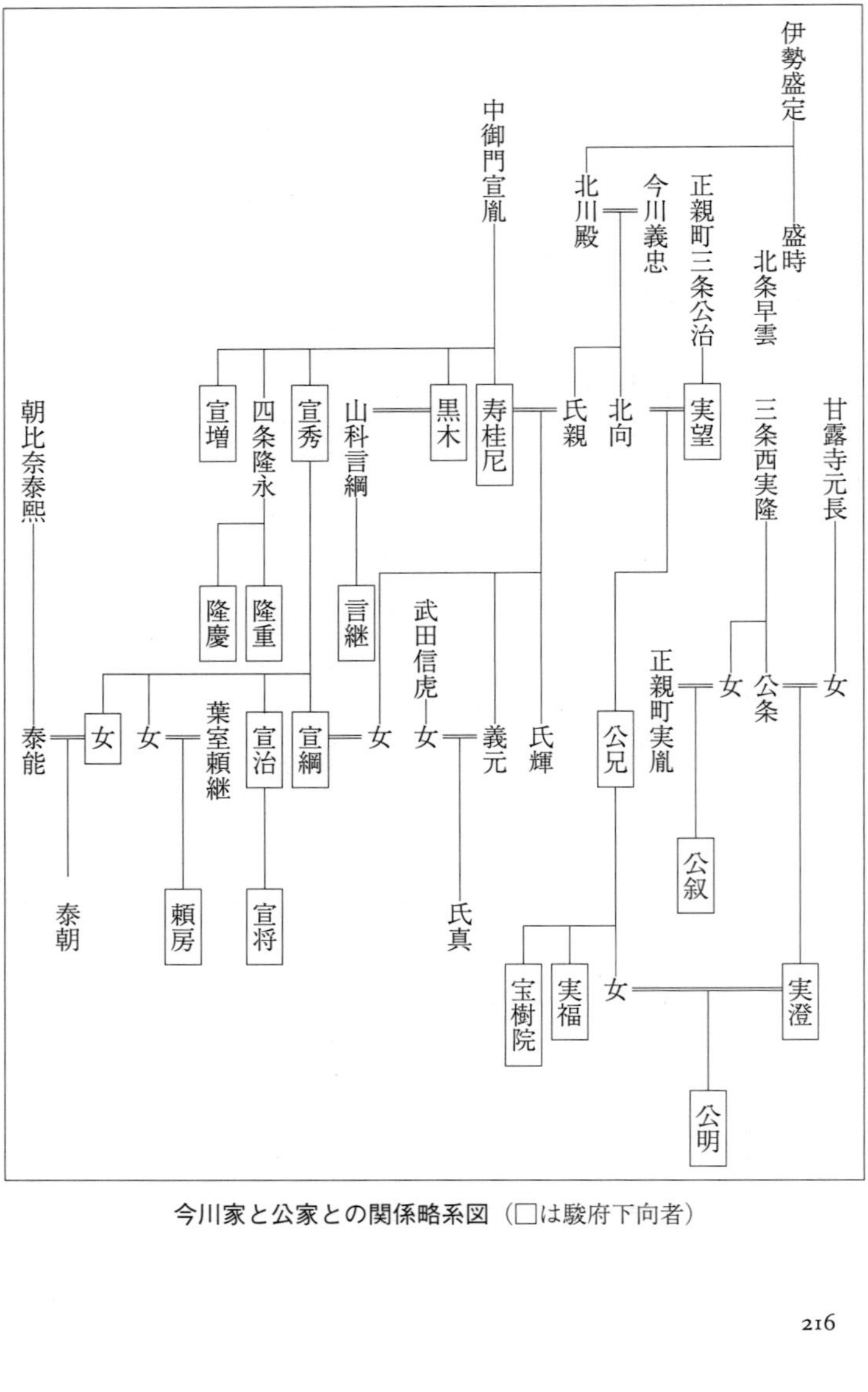

今川家と公家との関係略系図（□は駿府下向者）

正親町三条実望・公兄のように、二十年以上も駿府に滞在したものはやや例外だったとしても、数年間、駿府を訪れるといった程度の公家はたくさんいた。たとえば、冷泉為和《ためかず》、同為益《ためます》、坊城俊名《としな》、四条隆重《たかしげ》、四辻季重《すえしげ》、勧修寺《かじゅうじ》尹豊《これとよ》、飛鳥井《あすかい》雅綱《まさつな》、同雅教《まさのり》、三条西《さんじょうにし》実澄《さねずみ》などの名前があがってくる。ほかに、たった半年間であるが、山科《やましな》言継《ときつぐ》も駿府に滞在していた。

いまここに名前をあげたうち、冷泉為和は和歌の名門であり、飛鳥井雅綱は蹴鞠の名手である。彼らが、今川氏によって生活の面倒をみてもらう礼として、今川氏当主の義元やその子氏真、さらに重臣たちに和歌を教え、蹴鞠などを伝授していたのである。

駿府は京都を模した「小京都」

こうしたことから、今川文化を、公家文化、あるいは京都風公家文化と表現することがある。たしかに京都色の強い文化だったことはまちがいない。それは町造りにも反映されていた。

よく、大内文化の中心地、周防の山口を「西の京」ということがある。駿河の府中、すなわち今川氏時代の駿府が「東の京」とよばれた徴証はないが、今川氏親・義元は、「東の京」をめざして町造りを進めたのではないか。つまり、京都を模した「小京都」造りである。

徳川家康が都市改造のために安倍川の流れを西に移すまで、安倍川は駿府の町の中を流れていた。今川氏はこれを京都の鴨川にみたてたのだろう。今川氏時代の商業の中心地であった本町とか今宿《いまじゅく》（現在の呉服町・七間町・両替町・紺屋町・人宿町のあたり）が碁盤状市街になっているのは、京都の町割りを模したものと思われる。

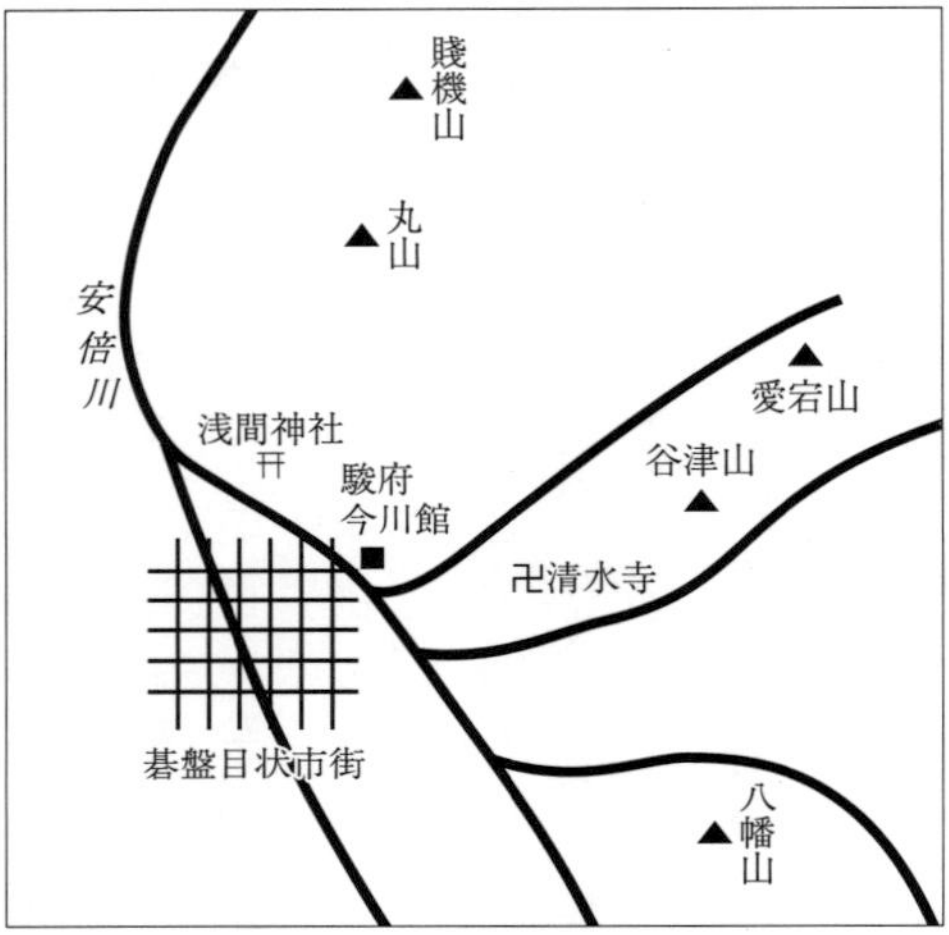

駿府における京都関係地名等

また、京都と同じ名称の清水寺や愛宕《あたご》山・丸山も京都を意識したものといわれており、今川氏の京都指向の強さを裏づけている。

残念ながら、義元段階の駿府がどの程度発展し、人口がどれくらいあったかについては不明である。ただ、氏輝の時代の享禄三年（一五三〇）に駿府で火事があったときの様子が、京都にいた三条西実隆の日記『実隆公記』同年三月三日条に「二千余軒回禄」とみえている。つまり、たった一度の火事で、駿府で二〇〇〇軒が焼失してしまったというのである。

駿府でのできごとを京都で書いた、いわば伝聞記事なので、どこまでその数に信憑性があるかわからないが、駿府の町がかなり家屋の密集した町として発展していたことは読みとることができるであろう。

五山の文化の影響

ところで、ここまで京都の影響として公家の文化を中心にみてきたが、京都文化として、五山の文化を落とすわけにはいかない。今川文化のもう一つの柱である禅宗文化について、つぎにみておくことにしよう。

『静岡県宗教法人名簿』の一九七〇年版によって、県内の宗派別寺院数を数えると、左の表のようになる。

もちろん、これは現代の比率なので、この比率がそのまま戦国時代にあてはまるわけではないが、大体の傾向は読みとることができるのではなかろうか。

これからも明らかなように、曹洞宗と臨済宗の寺院で実に全体の六九・六％におよんでいる。つまり、三分の二は禅宗寺院ということになり、この比率は戦国時代においても大きく変わることはなかったと思われる。

宗派別寺院比率

宗派	寺院数	%
曹洞宗	1,195	47.2
臨済宗	567	22.4
日蓮宗	336	13.3
真言宗	95	3.8
浄土真宗	76	3.0
日蓮正宗	42	1.7
時宗	31	1.2
黄檗宗	21	0.8
天台宗	12	0.4
その他	156	6.2
計	2531	100

『静岡県宗教法人名簿』（1970年版）による

よくいわれるように、曹洞宗と臨済宗は同じ禅宗でもちがいがあり、曹洞宗は地方の中小武士層を外護者としたのに対し、臨済宗の方は時の権力者とつながりをもって教線を伸ばすという傾向があり、守護大名・戦国大名と結びついていた。事実、今川氏歴代の菩提寺を調べると、二代範氏が真言宗の慶寿寺、七代氏親が曹洞宗の増善寺であるほかはすべて臨済宗であった。

なお、氏親が曹洞宗の増善寺に葬られたのにはわけがあって、氏親がまだ龍王丸とよばれていたころ、一族の小鹿範満が家督代行をつとめていたわけであるが、小川《こがわ》の法永《ほうえい》長者（法栄長者とも）とよばれた長谷川氏に保護されていたことがあった。その長谷川氏の菩提寺が曹洞宗の林叟院《りんそういん》で、その侍者だった賢仲《けんちゅう》繁哲《はんてつ》の影響をうけて育ったという経緯がある。この賢仲繁哲は伊勢新九郎盛時、すなわち北条早雲の弟ともいわれる人物だったのである。

駿河および遠江は曹洞宗が盛んだったところで、特に森の大洞院《だいとういん》と、榛原《はいばら》の石雲院《せきうんいん》が中心となって教線を伸ばし、石雲院の崇芝《そうし》性岱《しょうたい》のところから名僧が育ち、前述した林叟院の賢仲繁哲のほか、岡部梅林院の界巌繁越《かいがんはんえつ》、榛原円成寺《えんじょうじ》の季雲永嶽《きうんえいがく》、小笠華厳院の隆渓《りゅうけい》繁紹《はんしょう》などが知られている。もう一人、辰応正寅《しんのうしょういん》も崇芝性岱の弟子であった。

成人し、戦国大名今川氏の当主となった氏親が、明応十年（一五〇一）、辰応正寅を招いて駿府郊外に増善寺を建立し、自分の菩提寺としたのは、辰応正寅が子どものころ影響をうけた賢仲繁哲の同門の弟子だったからではないかと思われる。

ただ、今川文化という面でみると、やはり曹洞宗よりは臨済宗の方が影響は大きかった。五山の文化は臨済宗の文化だったからである。

九九ページでみたように、太原崇孚、すなわち雪斎が栴岳承芳、つまり、のちの義元をともなって上洛したとき、はじめに入ったのが臨済宗の建仁寺だった。建仁寺は五山文学のメッカであり、義元はそこではじめて五山の文化にふれている。

雪斎は、五山文学にどっぷりひたっている建仁寺の禅に疑問をもち、のちに義元を連れて建仁寺を飛び出し、妙心寺へ移っているが、五山の文化すべてを否定してしまったわけでなかったことは、その後の雪斎および義元のおこないをみれば明らかである。その一つが『聚分韻略《しゅうぶんいんりゃく》』の刊行だった。『聚分韻略』は、鎌倉時代、虎関師錬《こかんしれん》が著わした詩作のための韻書である。五山文学の中心は漢詩文の創作ということになるが、漢詩を作るとき、絶句にしても、律詩にしても、韻をふまなければならない。「平仄《ひょうそく》をあわせる」というのがそれである。『聚分韻略』は、そうした音韻の手引書であった。

雪斎がこの『聚分韻略』を天文二十三年（一五五四）、弟建乗のいる善得寺で木版印刷させている。これを善得寺版とよび、雪斎自身が駿府の臨済寺で印刷した『歴代序略』とあわせ、駿河版とよんでいる。

ちなみに『歴代序略』は中国の歴史書で、『聚分韻略』にしても『歴代序略』にしても一般庶民が読めるような本というわけではなく、せいぜい今川氏の重臣とか、都下りの公家たちが恩恵を受ける程度だったとは思われるが、今川氏の文化レベルの高さを示すものとなっていることはまちがいない。

なお、五山の文化というと、どうしても五山文学だけに目がいってしまう傾向がある。しかし、書院造・庭園・水墨画なども五山の文化の範疇に入れるものである。

3 義元が好んだ文化

茶の湯

永禄三年（一五六〇）五月十九日、義元が沓掛城から大高城に向かう途中の桶狭間で休憩をとり、そこで台子《だいす》の茶会をやっていたということが、江戸時代はじめに著わされた『老人雑話』に載っている。つまり義元は、その日の緒戦、丸根砦・鷲津砦の陥落を喜び、陣中で茶会を開いて油断しているところを、織田信長の奇襲部隊に攻撃され、首を取られたというのである。

逸話集としての性格上、この話がどこまで事実なのかはわからない。しかし義元の時代、今川家中において茶の湯が盛んだったことを考えると、桶狭間で台子の茶会を開いていたというのも、意外と事実だったのではないかと思えてくる。

今日までのところ、残念ながら義元が茶会を開いていたというたしかな史料は一つもない。後述する、和歌会についてては史料がたくさんあるのとくらべると、はたして、それで「茶の湯が盛んだった」といいきれるものかという疑問がうかんでくるかもしれない。ただ、状況証拠となりうるものはかなりある。

まず一つは、義元が、茶の湯に必要な名物茶器といわれるものをいくつももっていたという点である。たとえば、千利休の高弟である山上宗二《やまのうえのそうじ》が天正十六年（一五八八）に著わした『茶器名物集』の「御絵の次第」に、

一、　遠浦帰帆　　北条殿
　　其の昔は連歌師宗長所持、
　　昔雪斎所持、其後今川義元所持、

とみえ、茶掛《ちゃがけ》の絵として有名な玉礀《ぎょっかん》筆の「遠浦帰帆《えんぽきはん》」が、いまは北条氏の所持であるが、その前の所蔵者が今川義元だったことを伝えている。

また、義元本人ではないが、義元の軍師でもあるここに名の出た雪斎が、牧谿《もっけい》筆「中観音・左右猿鶴」の絵を所持しており、義元・雪斎が茶掛の絵の名品を蒐集していたことがうかがわれる。

義元の子氏真が、後年、織田信長に名物茶器として知られる千鳥《ちどり》の香炉・宗祇の香炉・百端帆《ひゃくたんほ》の釣花入などを献上しているが、これらは、義元から氏真に相伝されものと考えられ、義元はかなりの数の名物茶器を所持していたものと思われる。

状況証拠の二つ目は、駿府今川館に茶室があったと推定される点である。たとえば、武田信玄の軍師駒井高白斎の日記『高白斎記』の天文十九年（一五五〇）正月二十九日の条をみると、「重て御振舞。御数寄屋の座に於て御茶、御酒、御太刀下さる。栗毛・糟毛の馬進上」とみえる。これは高白斎が武田からの使者として駿府の今川館を訪ねたときのことなので、今川館の中に数寄屋、すなわち茶室があったことが明らかである。

この今川館の茶室については、時代がかなり下るが、元禄七年（一六九四）版行の『古今茶道全

今川館址推定地発掘調査風景（1982年11月頃）

書』巻の五「信」に、「駿州義元公路地庭」の図が掲載されていて注目される。

これは路地庭を主体とした図なので茶室は簡略にしか描かれていないが、この図によって義元時代の駿府今川館に茶室があったことがうかがわれる。

状況証拠の三つ目としてあげられるのが、駿府を訪れた山科言継の日記『言継卿記』である。言継は弘治二年（一五五六）九月に到着し、翌年三月に駿府をたって京都にもどるまでの約半年間、駿府に滞在していた。その間、当主義元はもとより、義元の母寿桂尼や、今川氏の重臣たちとの交流があり、その様子が『言継卿記』からうかがわれるわけであるが、茶に関する記述が実に多い。茶筅《ちゃせん》や茶杓《ちゃしゃく》が贈り物としてやりとりされ、時には袋入りの抹茶用の葉そのものも贈ったり、贈られたりしており、今川氏の重臣クラスまで茶の湯が浸透していたことがわかる。

そして、この今川氏重臣たちとのからみで、状況証拠の四番目がある。義元の重臣二人が泉州堺の津田宗達《そうたつ》の茶会に招かれていたことが、『宗達自会記』にみえるのである。すなわち、

同（弘治三年）四月八日朝、人数　関口《するがの国》刑部　将（少輔）　岡辺
一、だいす（台子）　平釜　桶　がうし　柄杓立
一、床　船子、懸候、
一、床　文琳壺、四方盆に、少脇に、
一、　台天目、籠より、但、後はだいす上に、
一、　珠徳茶杓、かうらい（高麗）茶碗、すゞ

というもので、駿河国の「関口刑部将（少輔）」と「岡辺」の二人が、堺の津田宗達の朝会に参席していたことがわかる。

ちなみに、「関口刑部将（少輔）」は関口氏広（親永とも）で、義元の妹婿とされる武将で、徳川家康の正室築山殿の父であり、義元の側近の一人であった。「岡辺」は、『言継卿記』の弘治三年正月二十二日条に「関口刑部少輔、岡辺太郎左衛門、見物のため上洛云々」とある「岡辺太郎左衛門」と一致するので、やはり、今川重臣の一人岡部太郎左衛門のことだということがわかる。ただし、名乗りについては不明である。

いずれにせよ、義元の重臣クラスの者が、堺の茶人の茶会において正客をつとめている事実は、当時の今川家中で、茶の湯が盛んだったことを雄弁に物語るものである。

和歌・連歌と詩作

さて、戦国三大文化の一つに数えられる今川文化のもう一本の柱は和歌・連歌である。和歌は、今川氏の初代今川範国にはじまり、歴代当主が特にたしなんでいたものなので、今川氏の〝お家芸〟といってもよいのではないかと思われる。

義元の父氏親が三条西実隆に和歌の添削指導を受けていたことは有名で、義元本人は、駿府流寓中の冷泉為和の直接指導をうけ、腕を磨いていた。

義元が今川家の家督をついでからは、毎年正月十三日が歌会始の日と定められ、冷泉為和の『為和集』（『私歌集大成』中世Ｖ上）によると、毎月十三日が「月次会《つきなみ》」の日だったことがわかる。義元主催の歌会が毎月定例会として開かれていたのである。また、少なくとも天文十三年（一五四四）からは「七夕会」も開かれ、京都の公家たちとの交流により、王朝風の歌会が駿府においても開催されていた様子がうかがわれる。

こうした定例の歌会のほか、年中行事にかかわる歌会も随時開かれており、たとえば、天文十四年（一五四五）八月十五日の十五夜のときは、「河東一乱」で義元は、出陣中にもかかわらず、陣中で歌会を催している。『為和集』に、

（天文十四年七月）
同廿三日、義元臨済寺へ門出。同廿四日、人数立、義元ハ廿四日之暁月出て出陣。すぐニ富士之ふもと善徳寺へ着陣。

八月十五夜、人々来臨当座。十五夜当日。

すミの山めくれる秋も中空に月のしももてうつむ雲霧

とある。

そのほか、京都から公家が駿府を訪れてくれば歌会を開いてもてなしている。天文十五年（一五四六）六月二日に三条西実澄と四辻実遠が訪れたときの様子は、同じく『為和集』に、つぎのようにみえる。

早春鶯　六月二日於義元亭　京都より三条西実澄卿・四辻実遠卿下向甲州へ罷越之間一会張行。

さそハるるをのか心の花をのミしるへにきゐる春のうくひす

随時、義元主催による歌会が開かれていたことがわかる。なお、前述したように、義元の歌会始は毎年正月十三日であったが、これは、義元個人の歌会始ではなく、今川家の歌会始、もっといえば、今川家当主が主催する歌会始という性格のものだった。

そのことを鮮明に示しているのが『言継卿記』の弘治三年（一五五七）正月の記事である。この年正月、山科言継は、何と二度、「会始」に出席している。一度目は十三日、二度目は二十九日で、それぞれ主催者が異なっていた。十三日の「会始」は氏真、二十九日は義元が主催者である。今川家としての歌会始が毎年正月十三日に開かれていたことからすると、弘治三年の正月には、すでに家督が義元から氏真に譲られていたことを意味しているようにも思われる。義元にとって、歌会始は、それだけの重みをもっていたということになる。

ところで義元の時代は、和歌にくらべると連歌の方はかなり下火になっていた。氏親のときには連歌師の宗長がいて、出陣連歌なども盛んに行われているが、義元の時代には連歌会のことはほとんど出てこない。たとえば、連歌師宗牧《そうぼく》が天文十三年（一五四四）十二月に義元を訪ねているが（『東国紀行』）、そこで連歌会が開かれた形跡がない。

ただ義元の場合、和歌と漢詩の「和漢会」、すなわち和漢聯句《れんく》は好きだったようである。これは、やはり、若いころ建仁寺で五山文学の影響をうけていたからであろう。漢詩の詩作は得意だったものと思われる。

たとえば、まだ栴岳承芳と称していた時代、天文二年（一五三三）十二月のことになるが、藤枝の長楽寺で、駿河下向中の仁和寺の尊海僧正と和漢の聯句をしていることが尊海の紀行文『あつまの道の記』（『群書類従』第十八輯）にみえる。すなわち、

藤枝長閑寺(楽)といふ所に善徳寺(得)いますほどに、立よりぬれば、和漢の一折興行。発句所望あれば、

ゆきやらてはなや春まつ宿の梅　　喜卜(尊海)

友三話歳寒　　九英(雪斎)

扣氷茶煎月　　承芳(義元)

というもので、喜トすなわち尊海僧正が発句をよみ、それをうけて、雪斎と承芳が漢詩をつけているのである。

各種芸能を愛好

今川家初代の範国が、駿府に観阿弥《かんあみ》・世阿弥《ぜあみ》父子を招き、浅間社で能を演じさせたことはよく知られている。そうした伝統をうけついだものか、義元も能が好きだったらしい。越智観世の一族、十郎という能役者が駿府今川館にいて、義元の生前、「鉢の木」など十五番を演じたことがあったといわれている。

そうした当主義元の芸能好きが反映していたものと思われるが、当時の駿府には女房狂言の一座が訪れるなど、他の地域にくらべて文化的環境は群を抜いていたようである。

たとえば、弘治三年（一五五七）二月十二日から六日間、駿府の新光明寺の境内で、勧進の女房狂言が興行されているが、『言継卿記』によると、初日は五〇〇から六〇〇人ぐらいの見物人だったものが日をおうにつれてふえ、十三日には一四〇〇人から一五〇〇人くらいにふくれあがったという。駿府には、そうした文化を享受し、理解できる人間がそれだけいたということを示している。

ほかには、義元本人が愛好したかどうかわからないが、蹴鞠と香がある。

蹴鞠は、京都から駿府に流寓してきた公家の一人飛鳥井雅綱の指導になるもので、義元の子氏真はこの蹴鞠にのめりこんでおり、自ら演じているほどであった。

香は、男性よりも女性が中心で、今川家においても、義元の母寿桂尼たち、館の中の女性に好まれていた。『言継卿記』によると、当時、十炷香《じゅちゅうこう》が特に盛んだったという。これは、あらかじめ香木を四種類用意し、一、二、三の三種の香を各々三個ずつ揃えておき、それと「客」と称する四種目の香を一つ準備する。この十個の香を順不同に焚《た》き、その香りの異同を判別するというものである。あてた数の一番多い人が勝ちとなるわけで、厳粛なものではなく、一種のゲーム感覚の遊びであった。懸賞が出され、一番多くあてた人が一番たくさんの賞品を手にしたという。

第七章　桶狭間の戦い

1　出陣のねらいは何か

上洛説

永禄三年（一五六〇）五月十日に先陣が、十二日には義元本隊が、合わせて二万五〇〇〇の大軍で駿府今川館を出陣し、東海道を西に上っていった。この出陣が五月十九日の桶狭間の戦いという結末を迎えることになるわけであるが、もちろん、出陣の時点で、桶狭間という地名は義元の意識には全くない。

一般的には、このときの出陣を、義元が上洛するための軍事行動だったととらえ、それが通説とされてきた。当時、足利将軍家の力が衰え、「御所が絶えれば吉良がつぎ、吉良が絶えれば今川がつぐ」と、今川家に伝えられてきた将軍家継承順位に関する伝承を背景に、衰退した室町幕府を、足利家一門として立て直そうとしたという解釈である。

たとえば、小瀬甫庵《おぜほあん》の『甫庵信長記』には、

爰《ここ》に今川義元は、天下を切て上り、国家の邪路を正《ただざ》んとて、数万騎を率し、駿河国を打立しより、遠江・三河をも程なく切りしたがへ、恣《ほしいまま》に猛威を振ひしかば、当国智多郡、弱兵共は、豫参《よさん》の降人に成たりし者どもも多かりければ、信長卿よりも、鳴海近辺数箇所取出の要害を拵《こしらへ》させ給ふ。

とあり、「天下を切て上り」と、天下に号令することを目的にしていたという解釈をしている。ここには、特に京都とか、上洛といった文言はみえないが、天下イコール京都とみてまちがいない。

実際に、「都」という表現がみえるのは、寛永十四、五年（一六三七、八）の成立とされる『松平記』で、そこには、「急き尾州へ馬を出し、織田信長を誅伐し、都へ切て上らんとて、永禄三年五月、愛智郡へ発向す」と、信長を討ったあと、そのまま京都を目ざそうとしていたとする。『改正三河後風土記』に至っては、「義元かくと聞、さらば其信長を討亡し、京都に旗押立、天下を統一せんと思い立」と、ご丁寧にも、京都に旗を立てるのが目的だったと記している。

これらの史料を信用すれば、義元の目的は上洛することだったということになる。しかし、はたしてそうなのだろうか。

私は、これら上洛説の根拠とされる史料が、『甫庵信長記』にしても『松平記』にしても、また『改正三河後風土記』にしても、いずれも、かなりのちになって書かれたもので、史料としての信憑

性が低いと考えている。しかも、比較的信憑性が高いとされる太田牛一《ぎゅういち》の『信長公記』や大久保彦左衛門忠教《ただたか》の『三河物語』には、上洛説を匂わせるような記述が全くみられないところも気になる。

桶狭間の戦いを語る場合、勝者となった信長の側にたてば、ただ、尾張に侵攻してきた今川義元を討ったというより、上洛途上の義元を討ったとする方が、信長株は上がるはずである。その方がダイナミックであり、読み手に強いインパクトを与える形になる。時代が下るにつれ、史書に上洛説がみえるようになるのは、そのためではなかろうか。

そしてもう一つ、私が義元上洛説に異を唱えるのは、このときの出陣を前にして、義元が上洛のための事前の工作を全くやっていなかったからである。もし、上洛を目ざすなら、尾張の信長はともかくとしても、美濃の斎藤義龍や、南近江の六角承禎など、通過地点となる大名や、あるいは京都の公家たちになんらかの政治工作をしていたはずである。それが全くみられないということは、義元にとって、この時期、尾張より西は問題としていなかったからであると思われる。

ただ、この点については、二二五ページで述べた弘治三年（一五五七）の義元側近の上洛をこれにかかわらせる見解もある。たとえば、米原正義氏は、『戦国武将と茶の湯』の中で、関口氏広と岡部太郎左衛門の堺訪問について、つぎのように述べている。

今度の今川義元側近の泉州堺訪問、天王寺屋津田宗達の茶会に参じたのは、京都見物という名のもとに、実は三年後におこす義元の軍事行動、すなわち上洛のための西進と係わりがあるかも知れない。

しかし、このときの二人の上洛によって、今川義元と京都関係者の間で何らかの連携が成ったという事実はなく、政治工作とするには無理があるように思われる。

結局、上洛説は否定するしかない。それに代わって浮上してきたのが三河確保説と織田方封鎖解除説である。

三河確保説と織田方封鎖解除説

この二つの説は共通する部分もあるので、一緒にみておきたい。まず、三河確保説であるが、最初に提起したのは久保田昌希《まさき》氏である。久保田氏は、「戦国大名今川氏の三河侵攻」（『駿河の今川氏』第三集）において、今川氏の三河関係文書の発給数を問題とし、東三河における文書数にくらべ、西三河はまだ少なかったのではないかという問題点を提示した上で、つぎのように結論づけている。

……永禄三年五月八日、義元は三河守に任官した。三河における最高の支配者となったわけであり、ここに三河一国を完全に掌握しようとする名目的契機がおとずれたのである。したがって義元が目指したものは上洛ではなく、むしろ三尾国境付近におよぶ大規模な示威的軍事行動ではなかったろうか。

ここにもふれられているように、この年五月八日、義元は三河守に任官している。それとこのときの出陣が連動していたことは事実だろう。

ちなみに、この三河守任官も、従来は上洛説にからめて解釈されてきた。つまり、念願の三河守に任官した義元が、治部大輔から三河守になり、さらに将軍となっていった足利尊氏と同じコースを歩んでいることを意識したというもので、このときの軍事行動を、自らが将軍になるためとする考え方である。しかし、この考えも無理があるといわざるをえない。

ところで、今川氏発給文書を整理すると、たしかに久保田氏の指摘のように、東三河に多く、西三河に少ない。しかし、そこから今川氏の力が西三河に及んでいなかったとするのは早計ではなかろうか。第一に、西三河には松平氏の勢力があり、今川氏としては、〝間接統治〟の形をとらざるをえなかったと考えられるからである。また、東三河は天文十五年（一五四六）ころから支配がはじまっているのに対し、西三河の方は、天文十八年の小豆坂の戦い以後で、わずか三年ではあるが、時間差がある。この差も文書量に反映されていたと思われる。

私は、永禄三年の時点では、すでに義元は三河を完全に掌握しており、このときの二万五〇〇〇の大軍を擁しての出陣が三河の完全な確保のための出陣とは思えないのである。

さて、この久保田昌希氏の三河確保説とやや似ていて、その延長線上に位置づけられるのが藤本正行氏の織田方封鎖解除説ということになる。もっとも、この命名は藤本氏の説を私なりに表現したものであるので、あらかじめお断わりしておきたい。

藤本正行氏は、『信長の戦国軍事学』で、つぎのように述べる。

鳴海城は今川方の補給線の最先端にある上、もともと織田方の勢力圏内にあったものを調略で奪ったものである。そこで今川方は城を確保するために大兵力を投入したのだが、付け城で封鎖された場合、かえって維持が困難になる。義元が出陣した原因はここにある。

要するに、今川方の鳴海城の奪取→付け城による信長の鳴海城封鎖→救援（後詰《ごづめ》という）に出動する義元という手順を踏んで、桶狭間合戦は起きた。

つまり、今川方が信長から奪った鳴海城に対し、信長が丹下砦・善照寺砦・中島砦の三つの付け城を築き、鳴海城を封じこめようとしたため、義元は、後詰のため出陣したというのである。藤本氏は、さきの文章に続けて、「この時点で義元にとっての急務は、鳴海・大高両城への補給と、織田方の封鎖の排除であった」と述べている。私が藤本説を織田方封鎖解除説と表現したのもこの文章からきている。

たしかに、永禄三年の時点でみると、今川方となっていた大高城に対して、信長が丸根砦・鷲津砦という二つの付け城で封じ込めようとしていたことは事実で、桶狭間の戦いがあった五月十九日の未明から早朝にかけて、今川軍によってこの二つの織田方の付け城が落とされている。

したがって、この流れでいくと仮に義元が桶狭間で討たれるというアクシデントがなければ、今川軍は、つぎの攻撃目標である鳴海城の三つの付け城に襲いかかり、それを落としたにちがいない。その意味では、先の三河確保説より、この織田方封鎖解除説の方が蓋然性が高いといえよう。

ただ、このとき、義元は二万五〇〇〇という大軍をこの戦いに投入している。しかも、ふだん陣頭にあまり姿をみせない義元自らが出陣していることを考慮すると、織田方によって封鎖された鳴海城・大高城の救援だけがねらいだったのではないようにも思われる。義元の目的は別なところにあったのではなかろうか。

尾張での領土拡張をねらう

前述した三河確保説にしても、この織田方封鎖解除説にしても、この時期の今川義元の実力を過小評価しているように思えて仕方がない。

信長に関する年表をみると、大抵の場合、永禄二年（一五五九）三月のところに、「信長、岩倉城を攻め、織田信安を追放し、尾張統一に成功」といった項目があり、〝尾張統一〟の文字が躍っている。しかし、これは、信長が尾張における織田一族の反対勢力一掃に成功しただけで、厳密には〝尾張統一〟といえるようなものではなかったのである。

尾張国は八郡からなり、北の羽栗《はぐり》・丹羽《にわ》・中島・春日井《かすがい》の四郡を上四郡とよび、かつては上四郡守護代岩倉城の織田氏が実権を握っていた。南の愛知・海西・海東・知多の四郡を下四郡とよび、下四郡守護代の清須織田氏が実権を握っていた。信長の家は、この下四郡守護代清須織田氏の「三家老」とか「三奉行」とよばれた一家にすぎなかった。

信秀・信長の二代で尾張の統一に突き進んだわけであるが、反対勢力は一掃しても、それと同時期、

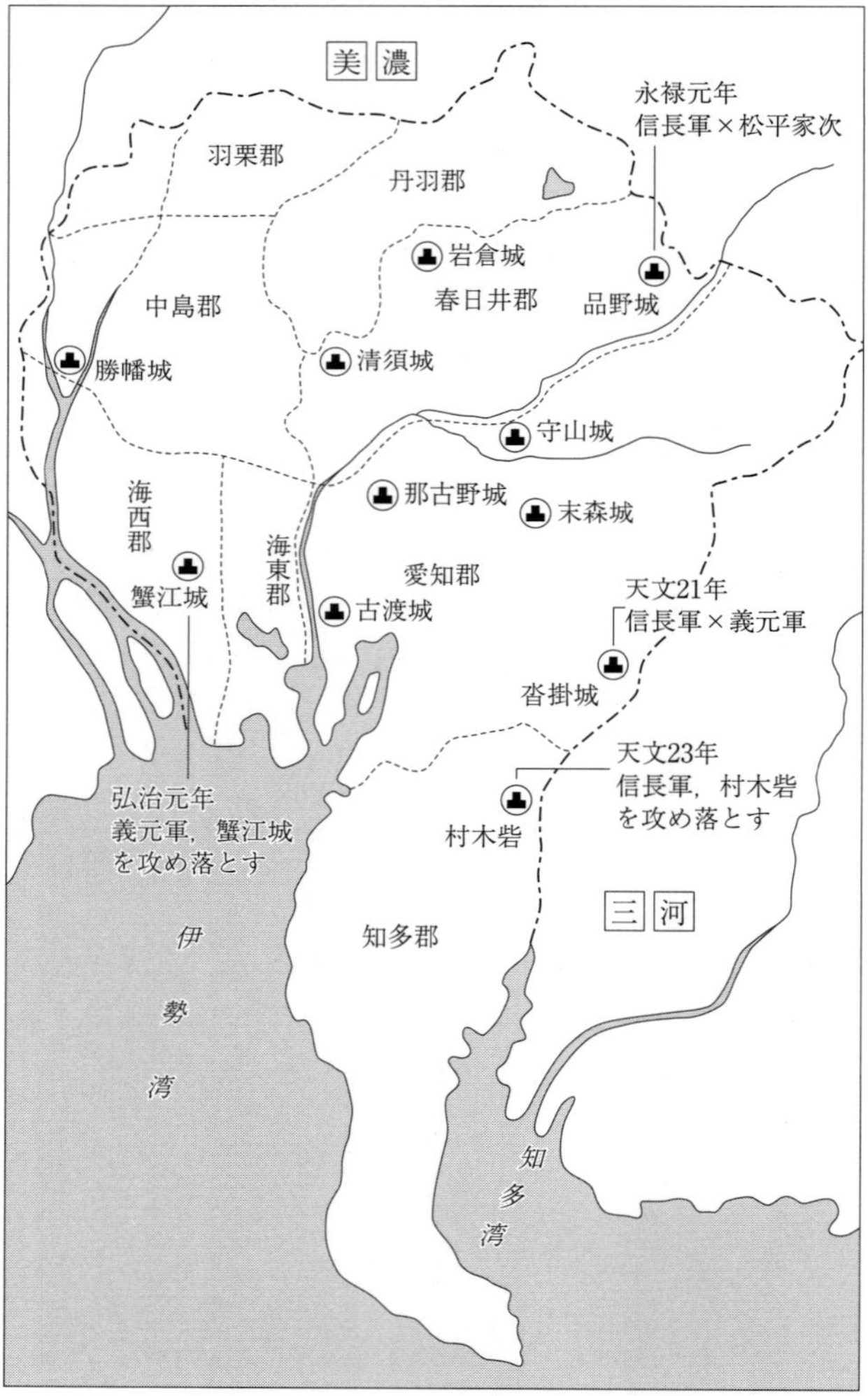

尾張まで伸びていた今川氏の版図

三河にまで版図を広げてきた今川義元の勢力が尾張国内に伸びてきていたのである。

鳴海城・大高城が今川方の手に落ちていたことはすでにみた通りであるが、北の方、春日井郡の品野城（瀬戸市上品野）も今川方となっており、知多郡にも今川氏の力が伸びていた。さらに注目すべきは、海西郡の蟹江城（愛知県海部郡蟹江町）も今川方となっていたのである。そうした状況を、『信長公記』はつぎのように記している。

上総介信長、尾張国半国は御進退たるべき事に候へども、河内一郡は二の江の坊主服部左京進押領して御手に属さず。智多郡は駿河より乱入し、残りて二郡の内も乱世の事に候間、慥《たしか》に御手に随はず。此式《このしき》に候間、万《よろづ》御不如意千万なり。

ここに「河内一郡」とあるのは海西郡のことをさしており、知多郡・海西郡のかなりが今川領となっていたことがわかる。

つまり義元は、こうした状況をふまえ、織田方へのさらなる侵略を試みようとしたのではなかろうか。二万五〇〇〇という、この時点での今川氏の最大動員兵力すべてを投入し、しかも自ら陣頭にたって指揮をとるという義元の決意は、尾張における今川領の拡大、最終的に尾張の奪取というところにあったものと思われる。

その決意は、このとき義元が馬ではなく輿《こし》に乗って出陣しているところにもあらわれている。桶狭間の戦いのとき、義元が輿に乗って出陣していたことは広く知られており、従来はこれすらも、本書の冒頭で述べたお歯黒の一件とともに、軟弱武将の証明のようにいわれてきた。曰く、「足が短くて馬に乗れなかった」、曰く、「太りすぎていて馬に乗れなかった」等々である。

しかし、輿に乗ることは、室町将軍家から特に許された地方の有力大名に与えられた特権であった。義元は、尾張の小戦国大名織田信長とその家臣たちに圧力をかけるため、そうした特権を誇示し、輿に乗って出陣したものと思われる。鳴海城・大高城に対する織田方の封鎖を解除するためだけならば、そのような示威的行動は不必要だろうし、何よりも、義元本人が出陣する必要性はなかったのではなかろうか。

義元が尾張侵攻を本格化させた理由は二つあったと私は考えている。一つは、戦国大名の宿命といってしまってもよいが、領土を拡張し続けなければたちゆかない戦国大名そのものの性格に起因している。領土を拡張し、その拡張する戦いに参陣した部将たちに恩賞を与えることによって主従制が維持できたからである。戦国大名は、常に他領侵略を義務づけられていたといってよく、義元もその例外ではありえなかった。前述した「甲相駿三国同盟」があるので、いきおい、侵略の鉾先は尾張に向けざるをえなかったことになる。

もう一つの理由は、那古野城の奪還を意図していたことである。義元の頭の中に、「那古野城はもともと今川の城だ」という意識があったのではなかろうか。この点について、『静岡県史』通史編2中世は、『言継卿記《ときつぐきょうき》』にみえる「今川那古屋殿」との関連で注目すべき指摘を行っている。

『言継卿記』によると、言継が帰洛する際、駿河国藤枝で、「今朝、今川那古屋殿へ隼人《はやと》を遣はし、太刀にて礼を申し候ひをはんぬ」とあり、弘治三年（一五五七）三月の段階で、駿河に「今川那古屋殿」がいたことがわかる。『静岡県史』もいうように、これが、織田信秀によって那古野城を逐われた今川氏豊をさすかどうかはわからないが、那古野城主ゆかりの「今川那古屋殿」とよばれた人物が義元の近くにいたことは確実で、前述したように、氏豊は義元の弟であった。その城の回復をはかろうとしたことは十分考えられるところである。

結論として、この永禄三年五月の義元の出陣は、鳴海城・大高城を足場に、那古野城のあたりまで今川領に組みこむためであったと、私はとらえている。

こうした、私の義元による尾張への領土拡張説・尾張奪取説という主張をさらに補強する新しい研究が生まれているので、つぎにみておきたい。長谷川弘道氏の「永禄三年五月の軍事行動の意図」（『戦国史研究』第三十五号）である。そこで長谷川氏は、

この年（永禄三年）三月、今川氏の奉行人関口氏純は、伊勢外宮からの遠江・三河における平均役賦課（正遷宮費用）の依頼に対して、義元の意を受けて、遠江は認められないが、三河については了承するとした上で、「但三州手始令落之候、相残国々之儀、同前ニ可被仰越候、将又近日義元尾州境目進発候」と返答している。

と、「作所三神主宛氏純書状写」(「古文書集」東京大学史料編纂所架蔵)の一部を紹介・引用しながら永禄三年五月の義元出陣の意図について考察を加えている。

そこで長谷川氏は、一国平均役の賦課からみると、すでに義元は三河を領有・支配しているという認識があり、残った国々についても、手始めに落とした三河と同様に許可するとし、三河以外の国々の攻略および平均役化した勧進許可の可能性を示唆しているとした。

「相残国々」の中に尾張が入ることはいうまでもないが、「国々」という以上、一国ではないわけで、長谷川氏は、それを尾張と伊勢・志摩とみている。つまり、義元のねらいは尾張奪取だけではなく、伊勢・志摩まで視野に入れていたというのである。その当否は今後の検討にゆだねるとして、ここでは、この段階の、義元による尾張侵攻の意図を確認しておきたい。

2 出陣準備と今川軍団

家督は氏真に譲られていた

少し前まで、今川氏に関する本では、義元から氏真への家督相続は、義元が桶狭間の戦いで死んだときとされてきた。ところが、有光友學氏が「今川義元――氏真の代替りについて」(『戦国史研究』第四号)で、桶狭間の戦いで義元が討たれる以前、具体的には、永禄二年(一五五九)五月二十日より前に、家督が氏真に譲られたことを明らかにした。研究というものはおもしろいもので、「死後相続」が思いこみで、生前相続だったことが明らかになると、その後、従来から知られていた史料にも光が当てられることになり、有光氏の説をさらにさかのぼらせる見解が登場した。

長谷川弘道氏は「今川氏真の家督相続について」(『戦国史研究』第二十三号)において、永禄元年八月十三日付で出された氏真印判状で、氏真が家の祓いを依頼していることに注目し、その役目は従来は義元がつとめていたので、そこでは完全に家督が交替していたとする。さらに、長谷川氏は、家督交替を弘治三年(一五五七)正月十三日までさかのぼらせることが可能だとしている。その根拠は、その前年まで、義元主催で開かれていた新年の定例日正月十三日の歌会始が、氏真主催で開かれていたからである。

また、当時、駿府に滞在していた山科言継の『言継卿記』の同年正月四日条に、「屋形五郎殿」と記されている。これで、少なくとも、弘治三年正月には、義元から氏真に家督が生前相続されていたことがわかる。

義元は、支配が安定している駿河の支配をすでに氏真に任せていた。それは、そのころの文書発給者をみると明らかで、三河・遠江には義元の文書が多く、義元としては、支配がしやすい駿河をまだ若い氏真に任せ、一種の政治見習いをさせていたものと思われる。

その上で、義元自ら、三河から尾張への侵攻を具体化していくことになる。これは、父と子の分業であった。

「戦場掟書」は偽文書か

義元が、尾張への軍事行動をおこすにあたって、尾張より西の戦国大名と連絡をとった痕跡がないことについてはすでにみた通りである。このような場合、たとえば、美濃の斎藤義龍《よしたつ》と連絡をとりあい、いわゆる「遠交近攻」によって尾張に駒を進めるということもありえたが、義元はその方法はとらなかった。単独で尾張侵攻を計画したのである。では、その計画を家臣や領民に公にしたのはいつからだったのだろうか。他領侵攻の場合、あまりあからさまに「攻めるぞ」という姿勢を示せば、敵も用心し、防備など警戒態勢を整えることにもなるわけで、準備は隠密裡に進められたと思われるが、それでもなんらかのアクションがあって当然である。

この事前準備については、従来、前年永禄二年（一五五九）三月二十日付の義元の定書写が「戦場掟書」とよばれ、義元が一年も前から準備を進めていた証拠といわれてきた。「戦場掟書」（「松林寺文書」）の文面はつぎのようになっている。

定

一、兵粮并馬飼料着陳（陣、以下同じ）の日ヨリ下行たるべき事

一、出勢の日次相違無く出立せしめ、奉行次第其の旨を守るべき事

一、喧咙口論仕立候はば、双方其の罪遁がれ間鋪《まじき》事

一、追立使押買狼藉有る間敷《まじき》事

一、奉行人先主江暇を乞はず主取仕り候はば、見付次第当主人江相届け、其の上を以而急度申し付くべし。又届け之有りて奉公人を逃がし候はば、当主人越度たるべき事

一、城囲みの時、兼て相定むる攻手の外一切停止の事

一、合戦出立先陣後陣の儀、奉行の下知を専《もつぱ》らにすべき事

以上

永禄二年三月廿日　　治部大輔（花押）

現在、これと同文の文書がもう一通「青木文書」にある。

この文書について、久保田昌希氏は内容に疑問があるとしている（「今川義元桶狭間出陣の真相」『歴史と人物』一九八一年三月号）。私も同意見である。たとえば、ここにみえる第三条は、すでに『仮名目録』で喧嘩両成敗が規定されており、周知のことで、いまさら掟として書かれるというのは不自然であり、何より、この「松林寺文書」にしても「青木文書」にしても、花押がこの期の義元の花押とは似ても似つかない形をしている点は明らかにおかしい。

また仮に、こうした「戦場掟書」が出されたとすれば、今川氏の全領国に一斉に出されたはずで、そうなれば、現在に伝わるものがたった二通ということはありえないはずである。

こうした点から、私は、この「戦場掟書」といわれるものは、偽文書の公算が大きいとみている。

この二通の「戦場掟書」が義元の事前準備に関する史料から除外されることになると、たしかなも

のは、つぎの「七条文書」一点だけとなる。

(印文「調」)当国において滑皮二拾五枚、薫皮二拾五枚の事
右、来年買ふべき分、相定むるごとく、員数只今急用たるの条、非分なき様申し付くべき者也。仍《よ》つて件の如し

永禄二年

八月八日

大井掃部丞殿

一読して明らかなように、ここには、近々出陣するといった文言はない。ただ、一九一ページで述べたように、皮革は軍需物資であった。義元が、皮革の総元締めともいうべき大井掃部丞《かもんのじょう》に対し、来年納める予定だったものを、「急用」につき、すぐ揃えよと命じていたことがわかる。この「急用」という文言にこめられた義元のねらいはおのずと明らかであろう。義元としては、この段階ではまだいつになるかはわからなかったとしても、大動員をかける意向をもっていたことは確実である。

今川軍は二万五〇〇〇

では、その大動員で集められた軍勢はどのくらいだったのだろうか。これについて、私はすでに本書でも今川軍二万五〇〇〇という記述をしてきている。私が二万五〇〇〇とした根拠を含め、ここで今川軍の軍勢の数についてふれておきたい。

このときの今川軍の数について、一番多い数を記しているのは、織田方の史料である『道家祖看《どうけそかん》記《き》』で、六万余としている。ついで、史料としての信憑性が高いことで定評のある『信長公記』が「御敵今川義元は四万五千引率し……」と記している。そのため、『信長公記』に依拠する形で、このときの今川軍を四万五〇〇〇だったとみる人は多い。

しかし私は、六万はもとより、四万五〇〇〇でも多すぎるのではないかと考えている。たとえば、毛利元就の最盛時、中国地方一〇カ国を支配した段階ですら、最大動員兵力は六万であった。駿河・遠江・三河の三カ国に尾張の一部が加わっただけの義元に、四万五〇〇〇もの動員力があったとは思えない。

ただ、『信長公記』が四万五〇〇〇と記したのには、何かわけがあったのではなかろうか。考えられることの一つは、今川方が織田方を圧倒するため、「今川軍は四万五〇〇〇」と宣伝していた可能性である。織田方の戦意を喪失させるため、実際より多い数をうわさとして流したことは考えられる。そしてもう一つは、織田方の記録のしかたである。

合戦の場合、どうしても、勝った方としては、いかに少ない軍勢で相手を撃ち破ったかを自慢したくなるものである。つまり、勝った側の軍勢の数が誇大宣伝の材料として使われる傾向にあった点をみておく必要があるのではなかろうか。

不思議なことに、当の今川氏の史料には、このときの軍勢がどのくらいだったか書かれたものがない。ただ幸いなことに、同盟者だった北条氏と武田氏の関係史料によってある程度のことがわかってくる。

北条氏の『北条五代記』によると、このときの今川軍は二万五〇〇〇とする。また、武田氏の『甲陽軍鑑』では二万余としている。しかし、『北条五代記』にしても『甲陽軍鑑』にしても、史料としての信憑性は低く、仮に、信憑性の高さだけからいえば、前述の『信長公記』に軍配があがってしまうところである。

では、『信長公記』の四万五〇〇〇でなく、『北条五代記』の二万五〇〇〇の方を是とする根拠はなんなのかがつぎに問題となる。

この点について、私は、近世大名の軍役基準を参考にしたいと考えている。一般的にいわれているのは一万石につき二五〇人である。今川氏の時代は石高制《こくだかせい》ではなく貫高制《かんだかせい》なので、そのままの基準で計算することはできないが、おおよその数値をはじきだすことは可能である。

秀吉が行った太閤検地のデータを集計した「慶長三年検地目録」をもとに試算すると、尾張の領有区分をどう判断するかで数字の変動があり、また、太閤検地の時点と義元の時代とでは生産力もちがうので、確定的ではないが、すでにみたように金山からの収入もあり、石高に換算すれば九〇万石から一〇〇万石ぐらいはあったと思われる。つまり、一万石二五〇人の計算でいけば、今川軍の最大動員兵力は、二万二五〇〇人から二万五〇〇〇人となるのである。

もっとも、この二万五〇〇〇人をすべて専業武士と考えてしまうのは早計で、当時の軍勢の圧倒的大多数は徴発された百姓であった。これは、戦国時代を実際に経験した大道寺友山《だいどうじゆうざん》が『落穂集』という本の中で、戦場で一〇〇〇人の死者があれば、そのうち、侍は一〇〇人から一五〇人にすぎなかったと述べていることからもうかがわれる。この比率は兵農未分離状況の今川軍団にもあてはまり、桶狭間に動員された二万五〇〇〇のうち、二万数千は百姓だったことになる。

　これは、今川氏の寄親寄子制という一七二ページでみた今川軍の軍団編成からも説明がつく。村落の土豪、すなわち地侍が、寄子として出陣していく際、数人の被官を連れて出ていくことになるが、その被官はすべて百姓だったからである。

　また、それとは別に、今川氏は小荷駄《こにだ》隊などのため、百姓を陣夫として徴用していた。村ごとに一人とか二人とか出させていたものであるが、桶狭間の戦いのときも各村から徴用されていた。そのことを示す珍しい文書（「森竹兼太郎氏所蔵文書」）がある。今川氏真判物写である。

当郷年来陳夫（陣、以下同じ）之を相勤むと雖《いへど》も、刈屋陳の刻、百性（姓）等困窮に就いて逐電に及ぶの上、陳夫一円免許たるの旨申すの間、今度奉行人仁相尋ぬるの処、歴然たる由申すの条、儀に任せ、向後一切免許し畢。殊に材木以下別して奉公せしむるにより、自余に準ぜざるの条、永く相違有るべからざる者也。仍つて件の如し

　永禄四辛酉年十一月十六日　氏真書判在

　　尊俣

　　坂本

長津俣
朝倉六郎右衛門尉殿

ここに「刈屋陳(陣)」とあるのが桶狭間の戦いである。尊俣《そんまた》・坂本・長津俣《ながつまた》の村々から徴用された陣夫が、困窮のため逐電してしまったことがわかる。今川軍二万五〇〇〇には、こうした陣夫も多数含まれていたのである。

3 尾張に侵攻する義元

駿府を出陣

今川軍の先鋒が駿府今川館を出陣したのは永禄三年五月十日である。先鋒軍の大将は遠江の井伊谷城の城主井伊直盛《なおもり》で、この先鋒軍には松平元康《もとやす》が一〇〇〇の兵を率いて従軍していた。

先鋒は、一番最初に敵と戦いになるわけで、一種の弾よけ部隊といった側面もあった。もちろん、手柄をたてる機会もそれだけ多いということにはなるが、義元が井伊直盛を先鋒軍の大将に指名したのは、手柄をたてさせてやろうという温情とみるよりは、譜代家臣の温存といった意味あいの方が強かったと思われる。

しかし、井伊直盛にしても松平元康にしても、そこで戦功をあげ、義元に忠誠度を評価してもらうことは、その後の今川軍団の中での自己の位置づけを大幅にアップさせることになり、そうしたねらいがあったことも事実である。

先鋒軍のあとに続くように、二万五〇〇〇の大軍が続々と出陣していったが、義元本隊の出陣は十二日だった。その日、義元本隊は藤枝に泊った。『当代記』に、怪異現象のあったことが記されている。

義元三川《(河)》表ぇ発向の時、奇特の夢想これあり。夢中に花倉、義元に対して云ふ。このたびの出張相止めらるべしと也。義元曰く、貴辺は我が敵心たる也。これを用ふべからずと答ふ。花倉又云う。今川の家、廃すべきことをいかでか愁へざるかと云ふ。夢さめをはんぬ。その後、駿河の国藤枝を通られける時、花倉、町中に立たれけると義元見て、刀に手を懸けらるゝ。前後の者一円これを見ず。奇特と云々。

「花倉」とあるのは、例の花蔵の乱で、義元と家督を争った玄広恵探のことである。義元が出陣する段になって、その玄広恵探が義元の夢枕にたち、「今度の出陣は止めた方がよい」と忠告していたというエピソードである。合戦で敗れた側に類似の話は多いので、本来ならこれも一笑に付されるような代物である。しかし、『当代記』はかなり史料としての信憑性が高く、そこにこのように書かれていることは興味深いことといわなければならない。

夢想なので、義元が夢でみたことを誰かに話していなければ伝わるわけもなく、『当代記』の著者の創作と思われてもしかたがないところであろう。これは私の想像であるが、藤枝を通ったとき、義元が急に刀に手をかけたのをみた近臣が、「いかがなさいました」と聞き、それに対して義元が夢想のことを話したのではなかろうか。その後、それを聞いた近臣が桶狭間の戦いの後、駿府にもどり、誰かにそのことを語り、『当代記』が書かれるころまで、うわさとして残っていた可能性がある。

翌十三日、義元本隊は懸川《かけがわ》城まで進んだ。懸川城には重臣筆頭の朝比奈泰朝《やすとも》がいるが、泰朝が義元本隊と合流したのか、先を進んだのかは明らかではない。

十四日には引馬《ひくま》城まで進んだ。そこも重臣飯尾乗連《のりつら》の城である。十五日、三河の吉田城に入り、十六日には岡崎城に到着している。そして、翌十七日、義元本隊は池鯉鮒《ちりふ》に到着したが、その日、先鋒はすでに三河と尾張の国境である境川を越えて尾張に侵入している。

もっとも、このときの今川先鋒軍には、「いよいよ国境を越えた」といった張りつめた気持ちはなかったと思われる。このころは、三河国とか尾張国といった古代律令制で定められた国境線よりも、たとえば、今川軍と織田軍が実際に衝突しているあたりが実質的な国境線として意識されていたと思われるからである。

大高城への兵糧入れ

翌十八日、義元も国境を越え、尾張国に入り、沓掛《くつかけ》城に入城した。城主は近藤景春《かげはる》といって、はじめ松平広忠の家臣であったが、織田信秀の力が大きくなるとともに織田方につき、今度は今川方の勢力が伸びてきたら今川方となった、去就が定まらない部将である。

徳川家康関係の史料であるが、『朝野舊聞裒藁《ちょうやきゅうぶんほうこう》』に、「十八日、今川義元、池鯉鮒より尾張国沓掛に至り、諸将をあつめて軍議あり」とあり、そこで、先鋒軍の大将クラスを集めて軍議が開かれたことがうかがわれる。結果的には、義元にとってこれが最後の軍議となってしまった。

ただ、実際に、そのときの軍議でどのような相談がなされたのかについては、史料がなく不明である。その後の経過からみると、十八日のうちに、松平元康に対し、大高城への兵糧入れが命ぜられた可能性は高い。

おそらく、義元本隊とは別に、すでにかなりの軍勢が鳴海城や大高城といった今川方の前線の城に入っていたのであろう。たとえば、『三河物語』には、「沓懸・成見(鳴海)・大高ヲバ取て匆《もち》タレバ、沓懸之城にハ駿河衆入番有リ。成見之城ヲバ岡部之五郎兵衛ガ居タリ。大高にハ、鵜殿長匆(持)番手に居タリ」と記され、鳴海城に岡部元綱《もとつな》、大高城に鵜殿長持《うどのながもち》が入っていたことを伝えている。ただ、実際は鵜殿長持はまちがいで、「正行院過去帳」によると、長持は弘治二年（一五五六）九月十一日に歿しているのが確実なので、その子長照《ながてる》ではないかと思われる。

義元は、翌十九日、沓掛城から大高城に進む予定でいたので、あらかじめ松平元康に大高城への兵糧入れを命じたものであろう。元康は、その夜のうちに大役を無事果たしそのまま大高城にとどまり、十九日未明にはじまる大高城の付け城として信長によって築かれた丸根砦・鷲津砦のうち、丸根砦攻めに加わっているのである。これも、十八日の沓掛城で開かれた軍議で決められた予定の行動と思われる。

つまり、十九日の午後に義元本隊が大高城に到着する前に、織田方の二つの付け城、丸根砦・鷲津砦を陥落させておく必要があったからである。

沓掛城を出て桶狭間に向かう

松平元康による丸根砦攻めが十九日の何時ごろからはじまったのかについてはわからない。たとえば、『武徳編年集成』は「十九日黎明」とし、『桶狭間合戦記』は「十九日未明」とするが、黎明とか未明というだけでは漠然としすぎている。

しかし、よく知られているように、清須城の織田信長が、今川軍による丸根砦・鷲津砦の攻撃を知り、わずか六騎で城をとび出したのが午前四時ごろといわれている。ということは、少なくともその一時間前には、丸根砦の佐久間盛重が緊急事態を信長に報告する使者を派遣していた計算になる。私は、今川軍による丸根砦攻め・鷲津砦攻めは、十九日の午前三時ごろにはじめられたとみている。

沓掛城の義元が、その日、何時ごろ城を出て大高城に向けて出発したかはわからない。沓掛城と大高城の距離を考えると、早朝の出発ではなく、午前八時ごろであろう。そのころには、丸根砦・鷲津砦の攻撃がはじまっていることは義元の耳にも入っていたはずである。

大高城に向けて進軍中、時間の流れからすると午前十一時ごろのことと思われるが、丸根砦・鷲津砦陥落の知らせが義元に届いた。それと前後して、佐々政次・千秋季忠ら信長軍の先鋒も討ち取ったという知らせが入り、義元はかねての手はず通り、桶狭間山の陣所に入り、昼食休憩をとることになった。

少し前まで、「桶狭間の戦い」といえば、義元軍が進軍中、谷底のような狭いところで一列に伸びきった状態で昼の休憩に入り、そこを、太子ケ根という山の上から信長軍が攻め下り、義元が討たれたと理解されてきた。

その後、『信長公記』に「おけはざま山」とあるのが注目され、義元本隊は谷底のようなところではなく、山の上で休憩をとっていたことが明らかとなり、戦いの経過についても、従来のとらえ方とはかなりちがってきている。

事実、『伊束《いそく》法師物語』という史料によれば、今川軍の先鋒がすでに十七日の段階で桶狭間に陣を築いていたことが明らかである。総大将の休憩場所としての陣所が事前に築かれていたわけで、「昼どきになったから」といって、行軍中、何の備えもなく、しかも谷底のようなところで昼食休憩をとったというわけではなかったのである。おそらく、予定通り、昼ごろ、義元は桶狭間山の陣所に入ったのであろう。

『信長公記』に、「十九日午剋《うまのこく》、戌亥《いぬゐ》に向て人数を備へ、鷲津・丸根攻落し、満足これに過ぐべからず、の由候て、謡を三番うたはせられたる由候」とあるので、緒戦の勝利に気をよくし、謡をうたっていたことがわかる。前述したように、『老人雑話』によれば、そのとき台子の茶会も開いたとするが、その真偽については定かでない。

4 桶狭間で討たれる

意外と少人数だった義元の本隊

このときの今川軍は、全体では二万五〇〇〇という大軍だった。当時の信長の最大動員兵力は三〇〇〇から、せいぜい四〇〇〇どまりだったと思われるので、まともにぶつかっていれば、義元が討たれるはずはない。当時、「兵多きが勝つ」というのが常識で、そのために、各戦国大名たちも〝富国強兵〟に力を入れていたからである。

では、なぜ義元は、少人数の信長に討たれることになってしまったのだろうか。そのことをみていくためには、五月十九日、今川軍がどのような戦術をとろうとしていたのか、軍勢をどのように展開していたのかをみておかなくてはならない。

この日義元本隊は、朝、沓掛城をたって、夕方、大高城に入る予定でいた。義元本隊がどのくらいの人数によって構成されていたのか記したものがなく不明であるが、私は、これが今川軍の主力ではなく、義元護衛部隊といった性格だったと考えられることから、せいぜい五〇〇〇ぐらいだったのではないかとみている。今川軍主力は、岡部元綱らが率い、鳴海城の前線にまで進んでいたのではないだろうか。これと、やはり、すでに松平元康ら大高城に入っている兵もあり、今川軍二万五〇〇〇のうち約二万は、前方に進んでいたと考えられる。

五月十九日の今川軍は、同時に三つの軍事行動をやろうとしていたのではないか。一つは、これから義元が入ろうとする大高城を安全にするため、織田方からの付け城である丸根砦・鷲津砦を落とすこと。二つ目は、義元本隊の沓掛城から大高城への移動である。そして三つ目として、鳴海城に兵力を集中させ、織田方の付け城である善照寺砦・丹下砦・中島砦を落とすことであった。

このうち、最初の丸根砦・鷲津砦は目的通り陥落させることに成功した。そして、二つ目の軍事行動が展開されている途中、敵将信長の攻撃をうけ、首を取られる結果となった。今川軍主力が、鳴海方面に進んでいて、手薄なところを信長に襲われたのである。襲われたときの様子を『信長公記』は、「初めは三百騎ばかり真丸になつて、義元を囲み退きけるが……」と描写しているが、わずか三〇〇の旗本に守られているにすぎなかったことがわかる。

今川軍は全体ではたしかに二万五〇〇〇という大軍であったが、肝心の義元本隊は思ったより少ない軍勢だったのである。それは、桶狭間付近はもとより、鳴海城と大高城を結ぶ線あたりまで、すでに今川領になっているという安心感が根底にあったからであると思われる。我々はどうしても、「三河までが今川領で、尾張は織田領」と考えてしまいがちであるが、この時代、国境は日々変化していたといってよい。永禄三年五月十九日の時点でみれば、義元は、明らかに今川領の尾張桶狭間付近を通過しようとしていたのである。

信長の正面攻撃

では、このとき、今川軍の主力が鳴海付近まで進出してきている状況の下で、信長はどうして今川領の桶狭間付近にまで精鋭部隊を率いてもぐりこむことができたのだろうか。

従来は、この謎を解くキーワードとして、さかんに迂回奇襲という言葉が使われ、それで説明されてきたように思う。一例として、迂回奇襲説を最も簡潔に示していると思われる『桶狭間合戦記』を引用しておこう。

……信長自ら引率せらるる人数ハ、善照寺砦の東の狭間へ引分け勢揃して三千兵なり。信長諸士に向て、敵今朝の勝軍にほこつて、大将も士卒も我を侮《あなど》り、油断して有し所を、其不意を討たハ大利を得ん事掌の中にあり。汝等《なんじら》、此戦にハ分捕功名すへからす。唯《ただ》壱人も敵多く討捨にせよとのたまへハ、諸士ハはや勝たる心地して、則ち旗を巻き、兵を潜め、中島より相原村へかゝり、山間を経て太子か根の麓に至る。時に天俄《には》かに黒雲たなひき覆《おほ》ふて、暴風熱田の方より頻《しき》りに吹来りて、大雨車軸を流することく。然《しか》るに幸ひ味方ハおひ風、敵ハ向ひ風にて、沙石氷を擲《なげう》つに異ならず。信長太子か根より急に田楽狭間《でんがくはざま》へ取り掛り、大音声《だいおんじょう》にて、敵此雨に途を失ふへし、討て入れと下知せらる。

ここにみえるように、信長は、中島砦まで進んだあと、そのまま東海道を進まず、相原村の方に向かい、山あいを通って太子ケ根の麓に到着したというのである。東海道には今川軍が充満していたので、それとの衝突を避け、今川方に奇襲を察知されないよう相原村の方へ迂回したというわけで、これが、迂回奇襲説がいわれる場合の定番の攻撃ルートとされている。

『桶狭間合戦記』では、太子ケ根の麓とされていたものが、いつしか太子ケ根（太子ケ嶺）の山の上から谷底の桶狭間に奇襲をかけたというように描かれるようになっていったが、この迂回奇襲説は、『信長公記』の記述によって、今日では否定されている。

前述したように、このとき義元は谷底のようなところで休憩をとっていたわけではなく、桶狭間山の山の上で休んでいたのである。

この点について、従来の通説だった迂回奇襲説に最初に疑義を唱えた藤本正行氏は『信長の戦国軍事学』で、つぎのように述べている。

信長が山際まで軍勢を進めたところで、豪雨になった。それが織田軍の背中、今川軍の顔に吹きつけ、しかも楠を東に倒したというから、織田軍は東向きに進撃したことになる。雨が上がったところで戦闘を開始するが、ここに東向きに戦ったとあるから、織田軍は中嶋砦を出て東に進み、東向きに戦ったわけで、堂々たる正面攻撃ということになる。

つまり、信長率いる精鋭部隊は、中島砦から東に進み、桶狭間山を東から攻め上ったというのである。ここで藤本氏は、従来の迂回説を否定するとともに、このときの攻撃は奇襲攻撃ではなく正面攻撃だったと、奇襲説も否定している。

ただ私は、迂回説はたしかに否定されるが、このときの信長の攻撃は、広い意味での奇襲の範疇に入るのではないかと考えている。義元にとっては、たとえ、全く考えてもみなかったところから、それが正面だったとはいえ、敵があらわれたわけで、これは明らかに奇襲である。

また、このとき、信長は三〇〇〇の兵のうち、一〇〇〇を、善照寺砦に残したといわれている。つまり、信長本隊がそこにとどまっているように今川軍に思わせていたわけで、こうした軍事行動は、奇襲作戦においてよくとられる手である。桶狭間の戦いは、正面奇襲という珍しい戦法だったのではないだろうか。

義元はどこで討たれたか

「谷底のようなところで昼食休憩をとっていた」といわれるようになったのは、ただ、桶狭間という窪地を示す地名に引きずられたためだけではなかった。『信長公記』に、今川軍が深田に足をとられ、信長軍によって首を取られていった情景が描写されていたことも一因ではなかったかと思われる。では、桶狭間山で休憩していた今川軍が、なぜ、深田のある低湿地で戦う羽目に陥ったのだろうか。このことは、現在、桶狭間古戦場として伝えられる場所が二カ所あることとの理由ともかかわってくる問題なので、つぎに少しくわしく追いかけてみたい。

桶狭間古戦場を一度でも訪れた人は、そこに古戦場が二カ所あることにびっくりした経験をおもちではないだろうか。豊明市栄町南館に「桶狭間古戦場」があり、そこから南西へおよそ二キロほどいったところにも「桶狭間古戦場」がある。こちらの方は名古屋市緑区桶狭間北三丁目という地番になっている。どちらも桶狭間山といわれるような高いところではなく、低いところに位置している。

この日、桶狭間山で昼食休憩をとっていた今川軍を信長率いる二〇〇〇の精鋭奇襲部隊が正面から

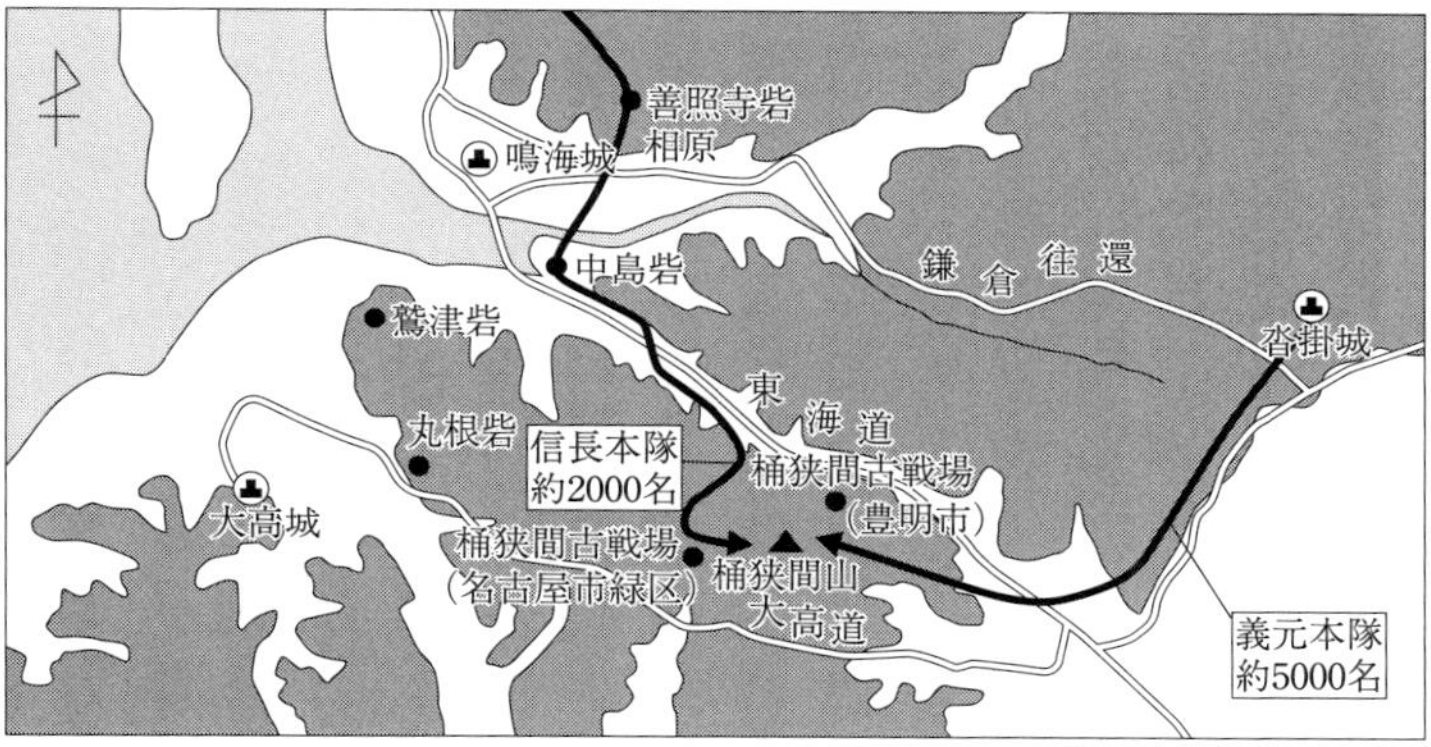

桶狭間の戦い関係略地図

攻撃をはじめた。戦場になったのは桶狭間山という山の山腹ないし山頂であったはずである。にもかかわらず、古戦場が山上ではなく平地で、しかも二カ所あるというのはどういうことなのだろうか。

実は、その謎は『信長公記』を読み進むことによって氷解する。『信長公記』に、信長が、「すはかゝれ〳〵」と攻撃を命じたあとの様子がつぎのように描写されている。

> 旗本は是なり。是へ懸れと御下知あり。未剋《ひつじのこく》、東へ向てかゝり給ふ。初めは三百騎ばかり真丸になつて、義元を囲み退きけるが、二・三度、四・五度帰し合はせ〳〵、次第々々に無人になりて、後には五十騎ばかりになりたるなり。
>
> 信長も下立《おり》つて、若武者共に先を争ひ、つき伏せ、つき倒ほし、いらつたる若もの共、乱れかゝつてしのぎをけづり、鍔《つば》をわり、火花をちらし火焔をふらす。然りといへども、敵身方（味）の武者、色は相まぎれず。爰《ここ》にて御馬

廻・御小姓歴々手負・死人員《かず》を知らず。服部小平太、義元にかゝりあひ、膝の口きられ倒伏す。毛利新介、義元を伐臥せ頸《くび》をとる。是偏《これひとへ》に先年清洲の城において、武衛様を悉《ことごと》く攻殺し候の時、御舎弟を一人生捕り、助け申され候、其冥加忽《たちま》ち来つて、義元の頸をとり給ふと人々風聞候なり。運の尽きたる験《しるし》にや。おけはざまと云ふ所は、はざまくてみ、深田足入れ、高みひきみ茂り、節所と云ふ事限りなし。深田へ逃げ入る者は所をさらずはいづりまはるを、若者ども追付き〳〵二つ・三つ宛手々に頸をとり持ち、御前へ参り候。頸は何《いづ》れも清須にて御実検と仰出だされ、よしも（義元）との頸を御覧じ、御満足斜《なな》めならず。もと御出《い》で候道を御帰陣候なり。

やや長い引用になってしまったが、義元の最期の場面が手にとるようによくわかる描写なので、煩をいとわず引いておいた。

これによって明らかなように、義元は、わずかの旗本に守られながら桶狭間山から撤退をはじめている。問題はその方角である。『信長公記』には、どの方角に撤退していったかの記述がない。これは、急な奇襲攻撃で、義元が、「攻撃されたらどういう防御態勢をとる」、あるいは、「逃げるときはどこをめざす」と、事前の指示をしていなかったからであろう。

信長軍が正面から奇襲してきたのをみて、蜘蛛の子を散らすように、統率がない状態で敗走しはじめてしまったものと思われる。その際、いま来た道を戻って沓掛方面に逃れようとした人々と、これから入ろうとしていた大高城をめざそうとする人々の二つのグループに分かれ、桶狭間山を北東に向かって駆け下りたグループが討たれたのが豊明市の方の桶狭間古戦場、桶狭間山を南西に向かって駆け下りたグループが討たれたのが名古屋市緑区の方の桶狭間古戦場だったのではなかろうか。

もっとも本来は、二つの古戦場を含み、桶狭間山の部分も入れた広い範囲が戦場となったわけで、たまたま、寺の境内地などとして残った二カ所が今日、桶狭間古戦場として整備されているにすぎないというのが実際のところであろう。

5　敗走する今川軍

義元の首を要求した岡部元綱

五月十九日の戦いで、義元は討たれ、同時に義元の重臣たちも多く討たれている。そのときの今川方戦死者は、『信長公記』は三〇〇〇とし、『武徳編年集成』は「驍士五百八十三人、雑兵二千五百」とし、『落穂集』『武徳大成記』などは二五〇〇としている。二五〇〇から三〇〇〇が討死したとみてよいように思われる。

雑兵の首はそのまま打ち捨てられ、部将の首五〇〇ほどが清須に集められ、翌五月二十日、首実検が行われている。信長は、戦いの最中、義元の同朋衆を一人生け捕りにしており、その同朋衆を立ち会わせて首実検を行った。これは、信長の用意周到ぶりを示すものといえる。というのは、信長方に、今川方の家臣たちの顔と名前の一致する者はほとんどいなかったからである。

信長は、敵将の首一つひとつ、同朋衆にみせ、その首がなんという部将のものなのかをチェックしたのである。ちなみに、『信長公記』には、この同朋衆の名前は伝わらないが、他の史料によって、権阿弥という同朋衆だったことが判明している。

首実検が済んだあと、信長はそれらの首を埋め、首塚を作らせている。『信長公記』に、

清洲(須)より廿町南須賀口、熱田へまいり候海道に、義元塚とて築かせられ、弔のためにとて千部経をよませ、大卒塔婆を立置き候らひし。

とみえるのがそれである。清須より二〇町というので、約二キロメートルほど南の海道沿いに築かれたことがわかる。「義元塚」と命名したからには、当然、義元の首もそこに埋められたのであろう。

ところが、そのあと義元の首だけは、さきの同朋衆、すなわち権阿弥に持たせ、駿府に送り返されているのである。『信長公記』はその理由について記していないが、『武徳編年集成』の記述によって、信長が義元の首を駿府に送り返すことになったいきさつがわかる。『武徳編年集成』には、

尾州愛智・春日井・知多三郡ノ内ノ諸城ヲ守ル今川方皆逃亡スト雖《いへども》、鳴海ノ一城ハ岡部五郎兵衛真幸堅ク守リ、当廿日以来信長勢ヲ引受ケ防拒セシム。今川ノ元老書ヲ贈リ城を避渡スベキ由ヲ諭スト雖、肯《うべな》ハズ。信長大ニ感ジ、和ヲ整へ、且《かつ》岡部ガ望ニ応ジ、僧十人ニ義元ノ首ヲ持セ、浮屠《ふと》権阿弥ヲ添テ鳴海ニ遣ハシ、遂ニ彼城ヲ得ラル。岡部ハ義元ノ首ヲ請ヒ得テ、鳴海ヨリ本国ニ赴《おもむか》

ントシ、参州ニ入ケルガ……

とみえ、岡部五郎兵衛真幸が、鳴海城に籠り、「義元の首を返してくれるまで籠城を続ける」といっていたことがわかる。

ここには、岡部五郎兵衛真幸と出てくるが、これは岡部五郎兵衛元綱のことである。義元の時代、義元から偏諱を与えられて元信と名乗り、ついで元綱と改名し、その後、氏真から同じように偏諱を与えられたので真幸と改名したものと思われる。

今川軍が義元の死によってわれがちに三河方面に逃げ帰ってしまったのに対し、岡部元綱一人、主君義元の首の返還を要求して踏みとどまったことは事実だったらしく、大久保彦左衛門忠教も『三河物語』の中で、

岡部之五郎兵衛ハ、義元打死被レ成《なされ》、其故(上)、扉懸(沓)之入番衆モ落行共、成見(鳴海)之城ヲ持傾(固)テ、其故(上)、信長ヲ引請て、一責責ラレて、其上にて降参シテ城ヲ渡シ、アマツサヱ信長え申、義元之首級《しゆきゆう》ヲ申請テ、駿河え御供申て下ケリ。御死界(骸)ヲ取置申て、御首級計《ばかり》之御供申て下事、類スク(少)無共、申尽シガタシ。此五郎兵衛ヲ昔之事のゴトクニ作ナラバ、武辺ト云、侍之義理ト云、普(譜)代之主の奉公ト云、異国ハ知ラズ、本朝ニハ有難シ。尾張之国より東にヲイテ、岡部之五郎兵衛ヲ知ラザル者ハ無。

義元の胴塚　大聖寺境内
（愛知県豊川市牛久保町）

と、岡部元綱のことを絶賛している。当時、このことは相当評判になったものと思われる。

こうして、首は駿府にもどり、氏真によって建立された義元の菩提寺である天沢寺に葬られた。

桶狭間から持ち去られたのは首だけなので、残る遺骸は義元の家臣たちによって駿府に運ばれることになった。ところが、時期が時期だけに、そのまま駿府まで運ぶことは無理だったのであろう。三河の牛久保《うしくぼ》（豊川市牛久保町）まできたところで、そこの大聖寺《だいしょうじ》に埋葬することになった。これが、現在、「義元の胴塚」とよばれているのである。

なお、氏真によって義元の葬儀が営まれたのは六月五日のことであった。それは、「明叔《みんしゅく》慶浚《けいしゅん》等諸僧法語雑録」（『妙心寺派語録』二）に、「天沢寺殿四品前礼部侍郎秀峯哲公大居士諸仏事　闍維六月五日」とあることによってわかる。鎖龕《さがん》を月航《げっこう》和尚が、掛真《けしん》を景筠玄洪《けいきんげんこう》がつとめている。

重臣の多くも戦死

先に述べたように、二万五〇〇〇で出陣した今川軍の戦死者は二五〇〇ないし三〇〇〇で、一割か一割ちょっとである。にもかかわらず、今川軍は総崩れになった。総大将の討死という予想外のできごとがショックを増幅させ、われがちに本国へ逃げ帰るという形になってしまったものと思われる。

ただ、前述した岡部元綱のように、鳴海城に踏みとどまろうとした部将もいたわけで、兵力差からいって、仮に総大将が討たれても、全軍総崩れの事態にはならなかったのではないかという思いがあることも事実である。

では、どうして今川軍はこのとき、総崩れという事態になってしまったのだろうか。最大の要因は、今川軍団の核ともいうべき支城主たち、すなわち、寄親クラスの部将がかなり討死してしまっているという点である。井伊谷城主井伊直盛《なおもり》、二俣城主松井宗信《むねのぶ》のほか、蒲原《かんばら》・三浦・庵原《いはら》・牟礼《むれ》・関口・四宮《しのみや》といった錚々《そうそう》たる家臣が皆討死をとげている。

たしかに、重臣筆頭といってよい懸川城主の朝比奈泰朝や、前述の岡部元綱らは生き残っているが、彼らが義元に代わって采配をふるということはできなかったのである。

そしてもう一つの要因は、今川軍団が一枚岩の団結によって成り立っていたわけではなかったという事実である。駿河本国は、長い間今川氏が守護・守護大名として君臨していたところで、その地域の家臣は多く、譜代家臣となっていたわけであるが、新しく侵略によって土地を広げていった遠江・三河の部将たちは、外様的な性格をもつ国衆《くにしゅう》、つまり国人領主で、今川氏の力が強いから、仕方がなく、その下に属すという形であった。つまり、義元の力が強いので、それに従属しているだけで、義元の死は、彼らにしてみれば、そうしたくびきからの解放を意味したのである。このことは、その後、今川領国がきわめて短期間に瓦解していくこととも関係しているわけで、それだけに、今川義元という一人の武将の存在がいかに大きいものであったかを物語っているといえそうである。

参考文献

本書全般に関するもの

小島広次『今川義元』（人物往来社、一九六六年）
小和田哲男『駿河今川一族』（新人物往来社、一九八三年）
小和田哲男編『今川義元のすべて』（新人物往来社、一九九四年）
義元の関係する史跡事典、文献目録、重臣の家の系図などを収め、「今川義元便覧」ともなっている。
小和田哲男監修『今川時代とその文化』（静岡県文化財団、一九九四年）
豊富な写真と図版による今川氏入門書となっており、また、「今川一族をめぐる〝タタリ〟の民俗学」など興味深いテーマも満載。
静岡県『静岡県史』資料編7中世三（一九九四年）、同8中世四（一九九六年）
この二冊は文書等が編年順の配列になっている。これと戦前に刊行された所蔵者別配列の『静岡県史料』（全五巻）を併用することをおすすめする。
静岡県『静岡県史』通史編2中世（一九九七年）
小和田哲男『今川氏の研究』小和田哲男著作集1（清文堂、二〇〇〇年）
小和田哲男『今川氏家臣団の研究』小和田哲男著作集2（清文堂、二〇〇一年）
小和田哲男『武将たちと駿河・遠江』小和田哲男著作集3（清文堂、二〇〇一年）

第一章　長き今川の流れ

川添昭二「遠江・駿河守護今川範国事蹟稿」（竹内理三博士還暦記念会編『荘園制と武家社会』吉川弘文館、一九六九年）
長倉智恵雄「広島大学蔵『今川家古文章写』の再検討」（『駿河の今川氏』四集、一九七九年、のち同氏『戦国大名今川氏の研究』東京堂出版、一九九五年に再録）
家永遵嗣「塩貝坂合戦の背景」（『戦国史研究』三五号、一九九八年）

第二章　父氏親と母寿桂尼

足立鍬太郎『今川氏親と寿桂尼』（谷島屋書店、一九三一年）
黒沢脩「今川家雪斎長老と寿桂尼」（『駿河の今川氏』一集、一九七五年）
久保田昌希「今川氏親後室寿桂尼発給文書について」（『駒沢史学』二四号、一九七七年）
宮本勉「龍津寺殿仁齢栄保大姉について」（『戦国史研究』三五号、一九九八年）
大塚勲『今川氏親・義元と家臣団』（私家版、二〇〇二年）

第三章　義元家督継承をめぐる謎

大久保俊昭「義元政権の成立と初期政策についての一考察」（『駿河の今川氏』九集、一九八六年）
平野明夫「太原崇孚雪斎の地位と権限」（『駿河の今川氏』一〇集）
前田利久「『花蔵の乱』の再評価」（『地方史静岡』一九号、一九九一年）
大石泰史「今川義元の印章とその機能―方形『義元』印と円形『如律令』印を中心に―」（『戦国史研究』二一号、一九九一年）

有光友學「今川義元の生涯」(『静岡県史研究』九号、一九九三年)
前田利久「今川氏輝文書に関する一考察」(『今川氏研究』創刊号、一九九五年)

第四章　甲相駿三国同盟の成立

磯貝正義「武田信玄の戦略・戦術—甲・相・駿三国同盟の成立—」(同氏編『武田信玄のすべて』新人物往来社、一九七八年)
大久保俊昭「『河東一乱』をめぐって」(『戦国史研究』二号、一九八一年)
平野明夫「今川義元の家督相続」(『戦国史研究』二四号、一九九二年)
大石泰史・黒田基樹「松平奥平家古文書写について」(『地方史静岡』二〇号、一九九二年)

第五章　卓越した領国経営

下村效「戦国大名今川氏の検地」(『国史学』七九号、一九六九年、のち同氏『戦国・織豊期の社会と文化』吉川弘文館、一九八二年に再録)
有光友學「戦国大名今川氏の歴史的性格—とくに『公事検地』と小領主支配について—」(『日本史研究』一三八号、一九七四年、のち同氏『戦国大名今川氏の研究』吉川弘文館、一九九四年に再録)
久保田昌希「今川領国体制下の三河検地」(杉山博先生還暦記念会編『戦国の兵士と農民』角川書店、一九七八年)
山中(山室)恭子「中世の中に生まれた『近世』—戦国大名今川氏の場合—」(『史学雑誌』八九編六号、一九八〇年)
有光友學「今川領国における伝馬制」(『歴史公論』一一五号、一九八五年)

桑田和明「戦国大名今川氏による寺領安堵について―駿河・遠江を中心に―」(『駿河の今川氏』一〇集、一九八七年)
長谷川弘道「戦国大名今川氏の使僧東泉院について」(『戦国史研究』二五号、一九九三年)
長谷川弘道「商業政策と駿府の豪商」(小和田哲男編『今川義元のすべて』新人物往来社、一九九四年)
勝俣鎮夫「今川氏『敵内通法』について」(『戦国史研究』三五号、一九九八年)
大高康正「中世後期富士登山信仰の一拠点―表口村山修験を中心に―」(『帝塚山大学大学院人文科学研究科紀要』四号、二〇〇三年)

第六章　駿府の今川文化

米原正義『戦国武士と文芸の研究』(桜楓社、一九七七年)
米原正義『戦国武将と茶の湯』(淡交社、一九八六年)
伊東正子「戦国時代における公家衆の『在国』」(『日本歴史』五一七号、のち菅原正子『中世公家の経済と文化』吉川弘文館、一九九八年に再録)
鶴崎裕雄『戦国の権力と寄合の文芸』(和泉書院、一九八八年)
佐々木忠夫「善得寺文化―駿河版『聚分韻略』を中心に―」(富士市教育委員会編『善得寺の研究―調査報告書―』一九八九年)
小和田哲男『戦国今川氏―その文化と謎を探る―』(静岡新聞社、一九九二年)

第七章　桶狭間の戦い

久保田昌希「戦国大名今川氏の三河侵攻」(『駿河の今川氏』三集、一九七八年)

小和田哲男『桶狭間の戦い』（学研歴史群像シリーズ合戦ドキュメント3、一九八九年、のち学研M文庫に再録、二〇〇〇年）
藤木正行『信長の戦国軍事学』（JICC出版局、一九九三年）
長谷川弘道「永禄三年五月の軍事行動の意図」（『戦国史研究』三五号、一九九八年）

おわりに

今川氏はこのあと、義元の子氏真が領国支配全体を担うことになるが、三河では「三州錯乱」、遠江では「遠州忩劇《そうげき》」とよばれる事態となり、国人領主たちの離反が相ついだ。結局、永禄十一年(一五六八)十二月、東から甲斐の武田信玄が駿河に、西から三河の徳川家康が遠江に同時に攻め込み、翌年五月、逃げこんだ懸川城を明け渡した時点で、戦国大名としての今川氏は滅亡した。今川氏は、こののち、江戸時代、高家として家名は存続させたが、大名としては生き残ることができなかったのである。

ここで懸川開城跡の今川氏のその後について簡単にふれておきたい。懸川城を出た氏真は、妻早川殿の父北条氏康の保護をうけることになり、一時、駿河国駿東郡の大平城に入った。のち小田原に移り、早川のほとりに屋敷を与えられて住んでいた。ちなみに、氏真の妻の名早川殿というのはそこからきたといわれている。

ところが、氏康の死後、家督をついだ氏政はすでにみた「甲相駿三国同盟」締結のとき、武田信玄の娘を娶っており、〝親武田派〟だった。居心地が悪くなった氏真は、先に懸川開城のとき、徳川家康から「武田を追い払った暁には駿河国をお返しする」との条件を提示されたことに一縷の望みを託し、家康を頼って浜松に来たのである。

家康は、天正三年（一五七五）八月、武田方の属城だった遠江の諏訪原《すわはら》城を奪い取り、牧野城と名を変えた後、氏真を城主にしている。家康としても、駿河の旧主だった氏真になんらかの政治的価値を認めていたのであろう。

ところが氏真には武将としての資質が備わっていなかったとみえ、二年後、牧野城主をやめさせられており、家康の居城だった浜松城に引き揚げている。以後、氏真の武将らしい働きは全くみられなくなるのである。

その後、家康から五〇〇石ほどの扶持をもらいながら、京都で暮らしており、そのころすでに出家して宗誾《そうぎん》と号し、公家たちと交流を深めている。やがて、慶長十七年（一六一二）、京都から江戸に下り、結局、翌々十九年（一六一四）十二月二十八日、江戸で没している。享年七七であった。

氏真の嫡男範以《のりもち》は父に先立って歿しており、範以の子直房《なおふさ》が家督をつぎ、氏真の孫にあたる直房が、寛永十三年（一六三六）、高家となって、ここから江戸時代の高家今川氏の歴史がはじまるのである。

こうした長い歴史をもつ今川氏であるが、桶狭間の戦いでの義元の不甲斐ない負け方ということも手伝って、今川氏、さらには今川義元に対する人気はきわめて低い。歴史雑誌が企画する「戦国武将人気度ランキング」で、義元が上位に入ったという例を私はみたことがない。

しかし、これは、ある意味で、「歴史は勝者が書く勝者の歴史」という側面がそのままあらわれたものといえるのではないだろうか。今川義元の領国経営は、当時の戦国大名による領国支配の最先端をいっており、武田氏や北条氏に与えた影響も大きなものがあった。この三戦国大名が滅んだあと、それら先進的戦国大名の領国経営を基礎に国づくりを進めた徳川家康にもそれは受けつがれていたのである。

義元が「戦国武将人気度ランキング」の上位に名を連ねるようになることを望むわけではないが、これまで〝軟弱武将〟のレッテルを貼られてきた義元に対し、少しでも見直す気運が生まれてくれば、筆者として望外の幸せである。

二〇〇四年四月

小和田哲男

今川義元年譜

和暦	西暦	齢	関係事項	一般事項
永正一六	一五一九	1	今川氏親の息として出生。母は中御門宣胤女（寿桂尼）。幼名方菊丸。	8・15伊勢宗瑞（北条早雲）歿。
大永　二	一五二二	4	この年か翌年、富士郡の善得寺に入る。養育係は九英承菊（太原崇孚・雪斎）。	
五	一五二五	7	兄龍王丸が元服し、氏輝と名乗る。	
六	一五二六	8	6・13父氏親歿。7・2増善寺で葬儀。	
享禄　二	一五二九	11		7・17三河の松平清康、尾張に侵攻する。
三	一五三〇	12	冬、方菊丸得度し、剃髪して承芳と号す。	
天文　元	一五三二	14	夏、建仁寺住持月舟寿桂が承芳の道号栴岳の字説を作る。	3・6連歌師宗長、柴屋軒で歿す。
二	一五三三	15	1・22駿府滞在中の冷泉為和と詩歌の会を催す。以後、10・4、11・9、12・10にも催す。	この年、博多の豪商神谷寿禎、灰吹法に成功する。
三	一五三四	16	建仁寺護国院で修行。	5月織田信長誕生。

四	一五三五	17	5・20駿府の善得院で琴渓承舜の七回忌仏事を営む。7月～8月甲駿国境で武田信虎軍と今川氏輝軍が衝突する。	12・5松平清康、家臣に殺される（守山崩れ）。
五	一五三六	18	3・17兄氏輝と彦五郎同日に死去。家督を庶兄玄広恵探と争う（花蔵の乱）。5・3将軍足利義晴の近習大館晴光が書状を遣わし、承芳に家督を認め、偏諱が与えられることを伝える。5・24玄広恵探派と梅岳承芳派が駿府で合戦。6・8北条氏綱の軍勢が駿河に攻め入り、玄広恵探軍と戦う。6・10梅岳承芳軍が花倉城を攻め、恵探は瀬戸谷に逃れ、普門寺で自刃。同日承芳の名で文書を発給する。8・10三条西実隆に家督相続の礼物を贈る。その書状に、「義元」と署名（「義元」名の初見）。	
六	一五三七	19	2・10武田信虎女（信玄の姉）を妻に迎える。2・16北条氏綱が駿河の東部に侵攻する（河東一乱）。4月北条氏綱と結んだ遠江見付城主堀越氏延を攻め滅ぼす。	10・3三条西実隆歿。
七	一五三八	20	嫡男龍王丸（氏真）が生まれる。	10・7北条氏綱、小弓公方足利義明・里見義堯連合軍を下総国府台の戦いで破る。

八	一五三九	21	この年正月までに正五位下・治部大輔に任じられる。	
九	一五四〇	22	秋、岡崎城を出ていた松平広忠を助ける。	5・11武田信虎・信濃佐久に侵攻する。一日に三十六城を落とすという。
一〇	一五四一	23	4月臨済寺の住持に明叔慶浚を迎える。	6・14武田信玄、父信虎を駿河に追放する。7・19北条氏綱歿。この年義元の支援を受けた松平広忠が岡崎城に復帰。12・26松平広忠の嫡男竹千代（徳川家康）誕生。
一一	一五四二	24	3・17氏輝の七回忌を臨済寺で挙行。	
一二	一五四三	25	7・23禁裏修理料として鳥目五万疋を献上。	8・25種子島に鉄砲伝来。
一三	一五四四	26		12月連歌師宗牧、駿府に滞在。
一四	一五四五	27	7・24駿府を出発し、善得寺に着陣。8・11信玄と善得寺で会見する。8・22今井狐橋の戦い。9・20長久保城に着陣。10月北条勢を逐い、河東を回復する。	
一五	一五四六	28	6・2三条西実澄・四辻実遠が今川館を訪れる。11月戸田宣成の三河今橋城を攻め落とす。	4・20北条氏康、河越夜戦で、古河公方足利晴氏・山内上杉憲政を破る。

一六	一五四七	29	9・5戸田堯光の三河田原城を攻める。	6・1武田信玄、「甲州法度之次第」を制定する。8・2松平竹千代、織田信秀の人質に取られる。
一七	一五四八	30	3・17氏輝の十三回忌を臨済寺で挙行。3・19小豆坂で織田信秀と戦う。4月妙心寺の大休宗休を臨済寺の開山とし、義元、秀峯宗哲の法号を与えられる。	2・14武田信玄、村上義清と信濃上田原で戦い破れる。秋織田信秀と斎藤道三が講和。12・30長尾景虎（上杉謙信）が越後春日山城に入り家督をつぐ。
一八	一五四九	31	11・8三河安祥城を攻め、信秀の長男信広を生け捕りにする。11・9信広と松平竹千代の人質交換が行われ、竹千代は駿府に送られる。	3・6松平広忠、家臣に殺される。
一九	一五五〇	32	6・2義元室歿す。	
二〇	一五五一	33		3・3織田信秀歿し、信長が家督をつぐ。
二一	一五五二	34	11・22義元の女、武田信玄の嫡男義信に嫁ぐため、駿府を出発。11・27義元の女と武田義信が結婚。	3月関東管領上杉憲政、謙信を頼って越後に逃亡する。
二二	一五五三	35	2・26「仮名目録追加」二十一カ条を制定。	1月武田信玄の女、北条氏康の嫡男氏政と婚約。8月武田信玄川中島で上杉謙信と戦う（第一

二三	一五五四	36	7月北条氏康の女、義元の嫡男氏真に嫁ぎ、「甲相駿三国同盟」が完成する。	次川中島の戦い）。12月武田信玄の女、北条氏政に嫁ぐ。
弘治 元	一五五五	37	7月第二次川中島の戦いに際し、武田方に援軍を送る。閏10月義元の斡旋により武田・上杉両軍講和を結ぶ。閏10・10太原崇孚（雪斎）歿。	3月松平竹千代、駿府今川館で元服し、義元から偏諱を与えられ、松平次郎三郎元信と名乗る。
二	一五五六	38	11・17詩歌の会に山科言継および駿府滞在中の天龍寺の策彦周良を招く。	9・11山科言継、駿府に下向のため京都を出発。翌年三月まで滞在。
三	一五五七	39	1月嫡男氏真に家督を譲る。	1・15松平竹千代、義元の臣、関口義広の女（築山殿）と結婚。このころ、松平元信は元康と改名。
永禄 元	一五五八	40	2・5義元の命を受けた松平元康（徳川家康）は岡崎城にもどり、加茂郡寺部城の鈴木重辰を攻める。	
二	一五五九	41		2・2織田信長、上洛して将軍足利義輝に謁す。3月信長、岩倉城を攻め、尾張をほぼ統一する。
三	一五六〇	42	5・8三河守に叙される。5・12義元本隊駿府を出陣。5・19尾張桶狭間で織田信長に討たれる。6・5臨済寺において葬儀が行われる。	

人名索引

あ 行

か　行

さ　行

た　行

な　行

は　行

ま　行

や　行

ら・わ行

事項索引

あ行

か　行

な 行

は 行

ま　行

や　行

ら　行

わ　行

《著者紹介》

小和田哲男（おわだ・てつお）

1944年　静岡県生まれ。
1972年　早稲田大学大学院文学研究科博士課程修了（文学博士）。
静岡大学講師，助教授，教授を経て，
現　在　静岡大学名誉教授。
著　書　『戦国武将』中公新書，1981年。
『後北条氏研究』吉川弘文館，1983年。
『織田家の人びと』河出書房新社，1991年。
『戦国三姉妹物語』角川選書，1997年。
『呪術と占星の戦国史』新潮選書，1998年。
『桶狭間の戦い』学研M文庫，2000年。
『小和田哲男著作集』（全7巻）清文堂，2000～02年。
『歴史探索入門』角川選書，2003年。
『黒田如水』ミネルヴァ書房，2012年。
『戦国史を歩んだ道』ミネルヴァ書房，2014年。
『東海の戦国史』ミネルヴァ書房，2016年。
『明智光秀・秀満』ミネルヴァ書房，2019年，ほか多数。

ミネルヴァ日本評伝選
今《いま》川《がわ》義《よし》元《もと》
——自分の力量を以て国の法度を申付く——

2004年9月10日　初版第1刷発行
2019年6月10日　初版第2刷発行
〈検印省略〉

定価はカバーに
表示しています

著　者　小和田　哲　男
発行者　杉　田　啓　三
印刷者　江　戸　孝　典

発行所　株式会社　ミネルヴァ書房
607-8494　京都市山科区日ノ岡堤谷町1
電話（075）581-5191（代表）
振替口座　01020-0-8076番

共同印刷工業・新生製本

ISBN978-4-623-04114-5
Printed in Japan

刊行のことば

歴史を動かすものは人間であり、興趣に富んだ人間の動きを通じて、世の移り変わりを考えるのは、歴史に接する醍醐味である。

しかし過去の歴史学を顧みるとき、人間不在という批判さえ見られたように、歴史における人間のすがたが、必ずしも十分に描かれてきたとはいえない。二十一世紀を迎えた今、歴史の中の人物像を蘇生させようとの要請はいよいよ強く、またそのための条件もしだいに熟してきている。

この「ミネルヴァ日本評伝選」は、正確な史実に基づいて書かれるのはいうまでもないが、単に経歴の羅列にとどまらず、歴史を動かしてきたすぐれた個性をいきいきとよみがえらせたいと考える。そのためには、対象とした人物とじっくりと対話し、ときにはきびしく対決していくことも必要になるだろう。

今日の歴史学が直面している困難の一つに、研究の過度の細分化、瑣末化が挙げられる。それは緻密さを求めるが故に陥った弊害といえるが、その結果として、歴史の大きな見通しが失われ、歴史学を通しての社会への働きかけの途が閉ざされ、人々の歴史への関心を弱める危険性がある。今こそ歴史が何のためにあるのかという、基本的な課題に応える必要があろう。評伝という興味ある方法を通じて、解決の手がかりを見出せないだろうかというのも、この企画の一つのねらいである。

狭義の歴史学の研究者だけでなく、多くの分野ですぐれた業績をあげている著者たちを迎えて、従来見られなかった規模の大きな人物史の叢書として、「ミネルヴァ日本評伝選」の刊行を開始したい。

平成十五年（二〇〇三）九月

ミネルヴァ書房

ミネルヴァ日本評伝選

企画推薦
梅原　猛
ドナルド・キーン
佐伯彰一
角田文衞

監修委員
上横手雅敬
芳賀　徹

編集委員
石川九楊
伊藤之雄
猪木武徳
今谷　明
今橋映子
熊倉功夫
佐伯順子
坂本多加雄
武田佐知子
竹西寛子
西口順子
兵藤裕己
御厨　貴

上代

＊俾弥呼　古田武彦
日本武尊　西宮秀紀
＊仁徳天皇　若井敏明
雄略天皇　吉村武彦
継体天皇　若井敏明
＊蘇我氏四代　遠山美都男
推古天皇　義江明子
聖徳太子　仁藤敦史
斉明天皇　武田佐知子
＊小野妹子・毛人・毛野　大橋信弥
＊額田王　梶川信行
弘文天皇　遠山美都男
天武天皇　新川登亀男
持統天皇　丸山裕美子
阿倍比羅夫　熊田亮介
＊藤原四子　木本好信
＊柿本人麿　古橋信孝
＊元明天皇・元正天皇　渡部育子
聖武天皇　本郷真紹
光明皇后　寺崎保広
＊孝謙・称徳天皇　勝浦令子
藤原不比等　荒木敏夫
橘諸兄・奈良麻呂　遠山美都男
吉備真備　今津勝紀
＊藤原仲麻呂　木本好信
道鏡　吉川真司
＊藤原種継　木本好信
＊行基　吉田靖雄

平安

＊桓武天皇　井上満郎
嵯峨天皇　西別府元日
宇多天皇　古藤真平
醍醐天皇　石上英一
村上天皇　京樂真帆子
花山天皇　上島　享
＊三条天皇　倉本一宏
藤原薬子　中野渡俊治
＊藤原良房・基経　瀧浪貞子
＊紀貫之　神田龍身
源高明　所　功
＊安倍晴明　斎藤英喜
＊藤原道長　朧谷　寿
＊藤原伊周・隆家　倉本一宏
藤原定子　山本淳子
＊藤原彰子　朧谷　寿
清少納言　三田村雅子
和泉式部　ツベタナ・クリステワ
大江匡房　小峯和明
＊阿弖流為　樋口知志
坂上田村麻呂　熊谷公男
＊源満仲・頼光　元木泰雄
平将門　西山良平
藤原純友　寺内　浩
最澄　吉田一彦
円珍　岡野浩二
＊空也　石井義長
奝然　上川通夫
＊源信　小原　仁
慶滋保胤　吉原浩人
＊後白河天皇　美川　圭
＊式子内親王　奥野陽子
建礼門院　生形貴重
＊藤原秀衡　入間田宣夫
平時子・時忠　元木泰雄
平維盛　根井　浄
守覚法親王　阿部泰郎
藤原隆信・信実　山本陽子

鎌倉

源頼朝　川合　康
＊源義経　近藤好和
源実朝　神田龍身
＊九条兼実　加納重文
九条道家　上横手雅敬
北条時政　野口　実
熊谷直実　佐伯真一
＊北条政子　関　幸彦
＊北条義時　岡田清一
曾我十郎・五郎　杉橋隆夫
北条時頼　山本隆志
北条時宗　近藤成一
平頼綱　細川重男
竹崎季長　堀本一繁
西行　光田和伸
鴨長明　浅見和彦
藤原定家　赤瀬信吾
＊京極為兼　今谷　明
＊兼好　島内裕子
重源　横内裕人
＊運慶　根立研介
快慶　井上一稔
法然　今堀太逸
栄西　中尾良信
明恵　西山　厚
＊親鸞　末木文美士
恵信尼・覚信尼　西口順子
覚如　今井雅晴
＊道元　船岡　誠
叡尊　細川涼一
＊忍性　松尾剛次
＊日蓮　佐藤弘夫
一遍　蒲池勢至
夢窓疎石　原田正俊
＊宗峰妙超　竹貫元勝

南北朝・室町

後醍醐天皇　上横手雅敬

＊護良親王 新井孝重
＊懐良親王 森　茂暁
＊赤松氏五代 渡邊大門
＊北畠親房 岡野友彦
楠正成 兵藤裕己
楠木正行・正儀 生駒孝臣
＊新田義貞 山本隆志
＊光厳天皇 深津睦夫
足利尊氏 市沢　哲
＊足利直義 亀田俊和
佐々木道誉 下坂　守
細川頼之 亀田俊和
円観・文観 田中貴子
足利義詮 早島大祐
足利義満 川嶋將生
＊足利義持 吉田賢司
足利義政 木下昌規
＊大内義弘 平瀬直樹
伏見宮貞成親王 松薗　斉
＊山名宗全 山本隆志
細川勝元・政元 古野　貢
畠山義就 呉座勇一
足利成氏 阿部能久
世阿弥 西野春雄
雪舟等楊 河合正朝
宗祇 鶴崎裕雄
＊満済 森　茂暁
一休宗純 原田正俊
蓮如 岡村喜史

戦国・織豊

北条早雲 家永遵嗣
＊北条氏政 黒田基樹
大内義隆 藤井　崇
斎藤氏三代 木下　聡
＊毛利元就 岸田裕之
＊毛利輝元 光成準治
＊小早川隆景・秀秋 光成準治
＊六角定頼 村井祐樹
＊今川義元 小和田哲男
＊武田信玄 笹本正治
＊武田勝頼 笹本正治
＊真田氏三代 笹本正治
＊三好長慶 天野忠幸
＊松永久秀 天野忠幸
＊宇喜多直家・秀家 渡邊大門
＊上杉謙信 矢田俊文
大友宗麟 鹿毛敏夫
島津義久・義弘 福島金治
＊長宗我部元親・盛親 平井上総
浅井長政 長谷川裕子
吉田兼倶 西山　克
山科言継 松薗　斉
＊雪村周継 赤澤英二
正親町天皇・後陽成天皇 神田裕理
足利義輝・義昭 山田康弘
織田信長 三鬼清一郎
織田長益 八尾嘉男
＊明智光秀・秀満 小和田哲男
豊臣秀吉 藤井讓治
豊臣秀次 矢部健太郎
＊北政所おね 田端泰子
＊淀殿 福田千鶴
蜂須賀正勝・家政 三宅正浩
前田利家 東四柳史明
山内一豊・忠義 長屋隆幸
＊黒田如水 小和田哲男
＊蒲生氏郷 藤田達生
石田三成 堀越祐一
＊細川ガラシャ 田端泰子
＊支倉常長 田中英道
千利休 熊倉功夫
＊長谷川等伯 宮島新一
顕如 神田千里
教如 安藤　弥

江戸

＊徳川家康 笠谷和比古
本多忠勝 柴　裕之
＊徳川家光 野村　玄
徳川吉宗 横田冬彦
＊後水尾天皇 久保貴子
後桜町天皇 所　京子
＊光格天皇 藤田　覚
崇伝 杣田善雄
＊春日局 福田千鶴
宮本武蔵 渡邊大門
＊池田光政 倉地克直
保科正之 八木清治
シャクシャイン 岩崎奈緒子
＊田沼意次 藤田　覚
細川重賢 安高啓明
＊二宮尊徳 小林惟司
末次平蔵 岡美穂子
＊高田屋嘉兵衛 生田美智子
＊林羅山 鈴木健一
吉野太夫 渡辺憲司
熊沢蕃山 川口　浩
＊山崎闇斎 澤井啓一
山鹿素行 前田　勉
＊北村季吟 島内景二
伊藤仁斎 澤井啓一
貝原益軒 辻本雅史
＊ケンペル B・M・ボダルト＝ベイリー
新井白石 大川　真
荻生徂徠 柴田　純
＊雨森芳洲 上田正昭
石田梅岩 高野秀晴
白隠慧鶴 芳澤勝弘
前野良沢 松田　清
平賀源内 石上　敏
本居宣長 田尻祐一郎
杉田玄白 吉田　忠
木村蒹葭堂 有坂道子
＊大田南畝 沓掛良彦
菅江真澄 赤坂憲雄
＊鶴屋南北 諏訪春雄
良寛 阿部龍一
＊山東京伝 佐藤至子
＊滝沢馬琴 高田　衛
平田篤胤 山下久夫
国友一貫斎 太田浩司
シーボルト 宮坂正英
本阿弥光悦 岡　佳子
小堀遠州 中村利則
狩野探幽・山雪 山下善也
尾形光琳・乾山 河野元昭
＊二代目市川團十郎 田口章子
伊藤若冲 狩野博幸
浦上玉堂 高橋博巳
＊佐竹曙山 成瀬不二雄
葛飾北斎 岸　文和
酒井抱一 玉蟲敏子
孝明天皇 青山忠正
＊和宮 辻ミチ子
徳川慶喜 大庭邦彦
島津斉彬 原口　泉
横井小楠 沖田行司
＊古賀謹一郎 小野寺龍太
＊永井尚志 高村直助
＊岩瀬忠震 小野寺龍太
＊栗本鋤雲 小野寺龍太
大村益次郎 竹本知行
河井継之助 小川和也

*西郷隆盛　家近良樹
*由利公正　角鹿尚計
*塚本明毅　塚本学
*月性　海原徹
*吉田松陰　海原徹
*高杉晋作　海原徹
*久坂玄瑞　一坂太郎
ペリー　遠藤泰生
ハリス　福岡万里子
オールコック　佐野真由子
アーネスト・サトウ　奈良岡聰智

近代

*明治天皇　伊藤之雄
*大正天皇　F・R・ディキンソン
*昭憲皇太后・貞明皇后　小田部雄次
大久保利通　三谷太一郎
山県有朋　鳥海靖
木戸孝允　落合弘樹
井上馨　伊藤之雄
*松方正義　室山義正
北垣国道　小林丈広
板垣退助　小川原正道
長与専斎　笠原英彦
大隈重信　五百旗頭薫
伊藤博文　坂本一登
井上毅　大石眞
*井上勝　老川慶喜

*桂太郎　小林道彦
*渡邉洪基　瀧井一博
*乃木希典　佐々木英昭
星亨　小林道彦
林董　奈良岡聰智
*児玉源太郎　小林道彦
*高宗・閔妃　木村幹
山本権兵衛　室山義正
*金子堅太郎　松村正義
高橋是清　鈴木俊夫
小村寿太郎　簑原俊洋
*犬養毅　小林惟司
原敬　季武嘉也
*加藤高明　櫻井良樹
牧野伸顕　小宮一夫
田中義一　黒沢文貴
内田康哉　高橋勝浩
平沼騏一郎　堀田慎一郎
*鈴木貫太郎　小堀桂一郎
宇垣一成　北岡伸一
*宮崎滔天　榎本泰子
*浜口雄幸　川田稔
幣原喜重郎　西田敏宏
関一　玉井金五
水野広徳　片山慶隆
広田弘毅　井上寿一
安重根　上垣外憲一
*グルー　廣部泉
*永田鉄山　森靖夫
東條英機　牛村圭
今村均　前田雅之

蔣介石　劉岸偉
石原莞爾　山室信一
近衛文麿　庄司潤一郎
*岩崎弥太郎　武田晴人
伊藤忠兵衛　末永國紀
*五代友厚　田付茉莉子
大倉喜八郎　村上勝彦
*安田善次郎　由井常彦
渋沢栄一　武田晴人
中野武営　佐賀香織
益田孝　鈴木邦夫
山辺丈夫　宮本又郎
武藤山治　阿部武司・桑原哲也
池田成彬　松浦正孝
西原亀三　森川正則
小林一三　橋爪紳也
大倉恒吉　石川健次郎
大原孫三郎　猪木武徳
*河竹黙阿弥　今尾哲也
イザベラ・バード　加納孝代
*林忠正　木々康子
*森鷗外　小堀桂一郎
*二葉亭四迷　ヨコタ村上孝之
*夏目漱石　佐々木英昭
徳冨蘆花　半藤英明
巌谷小波　千葉信胤
樋口一葉　佐伯順子
*島崎藤村　十川信介
泉鏡花　東郷克美
上田敏　小林茂

*有島武郎　亀井俊介
北原白秋　平石典子
菊池寛　山本芳明
芥川龍之介　髙橋龍夫
*宮沢賢治　千葉一幹
高浜虚子　坪内稔典
与謝野晶子　佐伯順子
*種田山頭火　村上護
*斎藤茂吉　品田悦一
*高村光太郎　湯原かの子
石川啄木　先崎彰容
萩原朔太郎
エリス俊子・栗原飛宇馬
*原阿佐緒　秋山佐和子
*狩野芳崖・高橋由一　古田亮
川村清雄　落合則子
*小堀鞆音　小堀桂一郎
竹内栖鳳　北澤憲昭
黒田清輝　高階秀爾
中村不折　石川九楊
横山大観　高階秀爾
*橋本関雪　西原大輔
小出楢重　芳賀徹
土田麦僊　天野一夫
岸田劉生　北澤憲昭
濱田庄司　濱田琢司
*山田耕筰　後藤暢子
松旭斎天勝　川添裕
中山みき　鎌田東二
佐田介石　谷川穣
*ニコライ　中村健之介

*出口なお・王仁三郎　川村邦光
*新島襄　太田雄三
新島八重　佐伯順子
木下広次　冨岡勝
海老名弾正　西田毅
嘉納治五郎
クリストファー・スピルマン
柏木義円　片野真佐子
津田梅子　田中智子
*澤柳政太郎　新田義之
河口慧海　高山龍三
山室軍平　室田保夫
大谷光瑞　白須淨眞
*久米邦武　髙田誠二
フェノロサ　伊藤豊
井上哲次郎　井ノ口哲也
三宅雪嶺　長妻三佐雄
*岡倉天心　木下長宏
志賀重昂　中野目徹
徳富蘇峰　杉原志啓
*竹越与三郎　西田毅
内藤湖南・桑原隲蔵　礪波護
*廣池千九郎　橋本富太郎
岩村透　今橋映子
*西田幾多郎　大橋良介
*金沢庄三郎　石川遼子
柳田国男　鶴見太郎
厨川白村　張競
*村岡典嗣　水野雄司

大川周明 山内昌之
西田直二郎 林 淳
*折口信夫 斎藤英喜
シュタイン 瀧井一博
*西 周 清水多吉
*福澤諭吉 平山 洋
成島柳北 山田俊治
福地桜痴 山田俊治
*村山龍平 早房長治
島田三郎 武藤秀太郎
田口卯吉 鈴木栄樹
*陸 羯南 松田宏一郎
黒岩涙香 奥 武則
長谷川如是閑 織田健志
*吉野作造 田澤晴子
山川 均 米原 謙
*岩波茂雄 十重田裕一
*北 一輝 岡本幸治
*穂積重遠 大村敦志
中野正剛 吉田則昭
*満川亀太郎 福家崇洋
*エドモンド・モレル 林田治男
*北里柴三郎 福田眞人
高峰譲吉 木村昌人
田辺朔郎 秋元せき
*南方熊楠 飯倉照平
石原 純 金子 務
*辰野金吾 河上眞理・清水重敦
*七代目小川治兵衛 尼崎博正

本多静六 岡本貴久子
ブルーノ・タウト 北村昌史

現代

昭和天皇 御厨 貴
高松宮宣仁親王 後藤致人
*李方子 小田部雄次
吉田 茂 中西 寛
マッカーサー 柴山 太
鳩山一郎 楠 綾子
*石橋湛山 増田 弘
重光 葵 武田知己
市川房枝 村井良太
*池田勇人 藤井信幸
高野 実 篠田 徹
和田博雄 庄司俊作
朴正熙 木村 幹
*田中角栄 新川敏光
宮沢喜一 村上友章
竹下 登 真渕 勝
*松永安左エ門 橘川武郎
鮎川義介 井口治夫
*出光佐三 橘川武郎
*松下幸之助 米倉誠一郎
渋沢敬三 井上 潤
*本田宗一郎 伊丹敬之
*井深 大 武田 徹
*佐治敬三 小玉 武

幸田家の人々 金井景子
*正宗白鳥 大嶋 仁
*大佛次郎 福島行一
*川端康成 大久保喬樹
*薩摩治郎八 小林 茂
坂口安吾 千葉一幹
太宰 治 安藤 宏
松本清張 杉原志啓
安部公房 鳥羽耕史
*三島由紀夫 島内景二
井上ひさし 成田龍一
R・H・ブライス 菅原克也
柳 宗悦 熊倉功夫
バーナード・リーチ 鈴木禎宏
熊谷守一 古川秀昭
川端龍子 岡部昌幸
藤田嗣治 林 洋子
*井上有一 海上雅臣
*手塚治虫 竹内オサム
古賀政男 藍川由美
*吉田 正 金子 勇
武満 徹 船山 隆
*八代目坂東三津五郎 田口章子
*力道山 岡村正史
*西田天香 宮田昌明
安倍能成 中根隆行
サンソム夫妻 平川祐弘・牧野陽子
*天野貞祐 貝塚茂樹

和辻哲郎 小坂国継
矢代幸雄 稲賀繁美
石田幹之助 岡本さえ
*平泉 澄 若井敏明
*早川孝太郎 須藤 功
安岡正篤 片山杜秀
青山二郎 田野 勲
島田謹二 小林信行
田中美知太郎 川久保剛
前嶋信次 杉田英明
*唐木順三 澤村修治
亀井勝一郎 山本直人
知里真志保 北原治郎太
*保田與重郎 谷崎昭男
石母田正 磯前順一
*福田恆存 川久保剛
井筒俊彦 安藤礼二
佐々木惣一 伊藤孝夫
小泉信三 都倉武之
*瀧川幸辰 伊藤孝夫
式場隆三郎 服部 正
大宅壮一 有馬 学
清水幾太郎 庄司武史
*フランク・ロイド・ライト 大久保美春
*中谷宇吉郎 杉山滋郎
今西錦司 山極寿一

*は既刊
二〇一九年六月現在